U0541355

中国政务公开发展报告
2021

田 禾 吕艳滨 主编

中国社会科学出版社

图书在版编目(CIP)数据

中国政务公开发展报告 . 2021 ／田禾，吕艳滨主编 . —北京：中国社会科学出版社，2022.1

ISBN 978 - 7 - 5203 - 9009 - 5

Ⅰ. ①中… Ⅱ. ①田…②吕… Ⅲ. ①国家行政机关—信息管理—评估—中国—2021 Ⅳ. ①D630.1

中国版本图书馆 CIP 数据核字（2021）第 259217 号

出 版 人	赵剑英
责任编辑	夏 侠 李 沫
责任校对	刘 健
责任印制	王 超

出　　版	中国社会科学出版社
社　　址	北京鼓楼西大街甲 158 号
邮　　编	100720
网　　址	http：//www.csspw.cn
发 行 部	010 - 84083685
门 市 部	010 - 84029450
经　　销	新华书店及其他书店

印　　刷	北京君升印刷有限公司
装　　订	廊坊市广阳区广增装订厂
版　　次	2022 年 1 月第 1 版
印　　次	2022 年 1 月第 1 次印刷

开　　本	710×1000　1/16
印　　张	21.75
插　　页	2
字　　数	346 千字
定　　价	119.00 元

凡购买中国社会科学出版社图书，如有质量问题请与本社营销中心联系调换
电话：010 - 84083683
版权所有　侵权必究

《中国政务公开发展报告（2021）》
编 委 会

主　　编　田　禾　　吕艳滨

成　　员（按照姓氏汉字笔画排序）

　　　　　王小梅　王祎茗　刘雁鹏　胡昌明　栗燕杰

学术助理（按照姓氏汉字笔画排序）

王雅凤	牛婉云	史青平	车文博	冯迎迎
刘梁伟	刘智群	齐　仪	李士局	李士钰
米晓敏	来雅娜	肖丽萍	余楚乔	陆麒元
陈　文	苑鹏飞	胡景涛	哈云天	洪　梅
袁紫涵	顾晨瀚	候素枝	郭楚滢	唐　菱
陶奋鹏	梁　洁	梁钰斐	彭执一	

撰稿人（按照姓氏汉字笔画排序）

王小梅	王　杰	王祎茗	王惠奕	王雅凤
王强力	王　赫	牛婉云	车文博	左　罗
冯迎迎	吕　倩	庄惠平	刘　庆	刘雁鹏
刘智群	齐　仪	米晓敏	李士局	李　佳
李　娜	李雪琦	李筱纳	杨　真	来雅娜
吴波勇	何　摧	余树林	余楚乔	宋　洋
宋　超	张一璇	张　力	张　月	张朝升
张　童	张睿君	张　蕾	陆麒元	陈　文
陈学岚	陈湘彧	邵　艳	罗　维	金宇卫
金　晶	金　鑫	周　伟	郑　超	赵圣伟
赵兵兵	赵慧敏	胡昌明	胡雪梅	胡景涛
侯建文	洪　梅	洪甜甜	袁晓光	耿明远
栗燕杰	顾晨瀚	候素枝	徐东沂	徐自建

高　伟　郭　伟　郭晓璇　郭楚滢　陶奋鹏
黄艳宇　曹先群　龚　斌　常　霞　梁　勇
董　军　蒋曾荣　韩玉明　韩兆兵　程艳林
雷继华　谭建军

中国社会科学院法学研究所简介

中国社会科学院法学研究所（Institute of Law，CASS），简称"中国社科院法学所"，是中国社会科学院所属的国家级法学研究机构、党和国家重要的法治智库。前身是根据董必武同志等老一辈法制奠基人提议于1956年筹建、1958年10月正式成立的中国科学院法学研究所，隶属于当时的中国科学院哲学社会科学学部。1977年，法学研究所随着哲学社会科学学部独立建制而转隶，并改用现名。现任所长为莫纪宏研究员，党委书记为陈国平研究员。

建所六十多年来，特别是改革开放四十多年来，中国社科院法学所在推动中国法学研究和法治实践方面做了大量工作，取得了突出成绩，被誉为法学研究的"国家队"。1980年初，法学所组织了全国第一个"人治与法治"专题讨论会，推动了法学界的思想解放和拨乱反正。法学所专家学者率先讨论了"法律面前人人平等""法的阶级性与社会性""法律体系协调发展"等法学重大理论问题，提出了"市场经济就是法治经济""依法治国、建设社会主义法治国家""尊重和保障人权"等重要的法律根本理念，并多次担任中央政治局法制讲座、中央政治局集体学习和全国人大常委会专题讲座主讲人，在很大程度上直接推动了中国的法学繁荣、法律发展和法治进程。

2008年，中国社科院法学所成立法治国情调查研究室（简称"法治国情调研室"），职能是在理论联系实际的基础上，对法学理论和法治建设问题进行实证调研和量化分析。法治国情调研室是法学所顺应国家法治建设的需要和法学研究发展的趋势，打破原有的部门法学科限制按照研究方法成立的新型研究机构。2011年法治国情调研室入选中国社会科学院实验室，2012年法治国情调研室的"中国国家法治指数研究"项目进入中国社会科学院首批创新工程。

摘　　要

《中国政务公开发展报告（2021）》继续以量化研究和实证研究的方法，对中国 2020 年政务公开情况进行了客观分析。

总报告围绕决策公开、管理服务公开、执行和结果公开、政策解读与回应关切、依申请公开等方面，继续对 49 家国务院部门、31 家省级政府、49 家较大的市政府、120 家县（市、区）政府开展政务公开工作第三方评估。评估显示，2020 年政务公开标准化规范化的探索推进正在加快，决策公开稳步推进，政务服务、行政执法、管理结果公开均有明显进步，但未来还需要进一步提升公开意识，找准公众需求，将公开融入政务活动全流程，提升信息化保障水平。

本书从学术界、政府部门、司法机关、律师等多个视角，总结了当前各地方各部门政务公开工作开展的创新和取得的成效，也分析了政务公开面临的问题，提出了完善建议。

本书首次对全国自贸区和自贸片区的政务公开工作开展了第三方评估，并发布了行政处罚信息公开、政府新闻发布、复工复产信息公开、健康类科普信息公开方面的调研报告。

Abstract

Development Report on the Openness of Government Affairs in China in 2021 continues to apply quantitative and empirical research methods to conduct objective analysis of the openness of government affairs in China in 2020.

The General Report of the book continues to carry out third-party assessment of the open government work of 49 departments under the State Council, 31 provincial-level governments, 49 governments of larger cities, and 120 county (city, or district) -level governments, focusing on such aspects of the work as openness of decision-making, openness of management and service, openness of implementation and its result, policy interpretation and response to public concerns, and disclosure of government information upon application. The assessment shows that, in 2020, China accelerated the explorations in the standardization and regularization of the open government work, steadily advanced the openness of decision-making, and made significant progresses in the openness of government service, administrative law enforcement, and management results. In the future, more efforts need to be made in further enhancing the awareness of openness, accurately identifying public demands, integrating openness into the whole process of government activities, and raising the level of guarantees.

The book summarizes from multiple perspectives, such as those of the academia, government departments, judicial organs and lawyers, the innovations and achievements made by governments at various levels and departments under them in the open government work, analyzes the existing problems in the work, and puts forward suggestions on improvement.

The book releases the first third-party assessment report in China on the open government work in free trade zones and free trade areas across the country, as well as a series of investigation reports on the disclosure of such information as administrative punishment, government press release, resumption of work and production during the prevention and control of the Covid-19 pandemic, and popularization of health-related scientific knowledge.

目　录

Ⅰ　总报告

2020年中国政务公开发展与2021年展望
　　……… 中国社会科学院法学研究所法治指数创新工程项目组（3）

Ⅱ　政务公开机制与保障

湖北省深化政务公开打造透明政府的实践与思考
　　……………………………… 湖北省政务管理办公室（73）
广州地区政府信息公开诉讼案件调研报告
　　——基于广铁法院2016年至2020年1168宗案件的分析
　　……… 广东省广州铁路运输中级法院行政审判庭课题组（87）
政府信息公开利益结构、诉讼解决与诉源治理
　　………………………… 王惠奕　王强力　李　佳（109）
从司法实践角度浅析政府信息公开工作的健全与完善
　　…… 张　童　徐东沂　陈学岚　曹先群　黄艳宇　金　鑫（120）
北京市西城区政务公开特色机制与创新探索
　　………………………… 西城区政务公开课题组（137）
推进政务公开建设法治天心的实践与探索
　　……… 湖南省长沙市天心区政务公开建设法治政府课题组（148）
聊城市茌平区推进基层政务公开的实践与思考
　　………………… 聊城市茌平区人民政府办公室（157）

Ⅲ 特定领域的政务公开

以政务公开促落实、促规范、促服务的税务实践
………………………… 国家税务总局税收宣传中心（171）

山东省济宁市民政领域政务公开的探索与实践
…………………………………… 山东省济宁市人民政府（182）

以服务企业"政策计算器"助推政务公开的苏州实践
………………………… 苏州市人民政府办公室课题组（192）

宁波市江北区开展事业单位法人年度报告改革试点的探索与实践
………………… 浙江省宁波市江北区事业单位登记管理局（204）

河南省平顶山市卫东区政务公开精准服务民生需求的实践与探索
………………… 河南省平顶山市卫东区人民政府办公室（219）

Ⅳ 政务公开评估报告

自由贸易试验区政府透明度指数报告（2020）
　　——以自贸区政府网站信息公开为视角
…… 中国社会科学院法学研究所法治指数创新工程项目组（233）

Ⅴ 政务公开调研报告

论具有一定社会影响的行政处罚决定的公开
………………………………………… 王　杰　张　力（269）

政府新闻发布的现状与展望
…… 中国社会科学院法学研究所法治指数创新工程项目组（286）

复工复产信息公开的现状与展望
…… 中国社会科学院法学研究所法治指数创新工程项目组（302）

健康类科普信息公开的现状与展望
…… 中国社会科学院法学研究所法治指数创新工程项目组（314）

后　记 ……………………………………………………………（330）

Content

I General Report

Openness of Government Affairs in China: Development in 2020 and Prospects in 2021
        Innovation Project Team on the Rule of Law Index of the Law Institute of Chinese Academy of Social Sciences (3)

II Mechanisms and Guarantees for the Openness of Government Affairs

Deepening the Openness of Government Affairs and Building a Transparent Government in Hubei Province
        Government Affairs Management Office of the Government of Hubei Province (73)

Investigation Report on Litigation Cases Relating to Government Information Disclosure in Guangzhou Area-Based on the Analysis of 1,168 Cases Handled by Guangzhou Railway Court Since 2016
        Research Group of the Administrative Tribunal of the Intermediate Court of Railway Transport of Guangzhou Municipality, Guangdong Province (87)

Government Information Disclosure: Interest Structure, Resolution of Disputes through Litigation and Control of Litigation Sources
        Wang Huiyi, Wang Qiangliand Li Jia (109)

Improving Government Information Disclosure Work: An Analysis from the Perspective of Judicial Practice
  Zhang Tong, Xu Dongyi, Chen Xuelan, Cao Xianqun, Huang Yanyu, and Jin Xin (120)

The Characteristic Mechanism for and Innovative Explorations of the Open Government Work in Xicheng District of Beijing Municipality
  Project Group on Open Government Work, the Government of Xicheng District of Beijing Municipality (137)

Advancing the Openness of Government Affairs and Building the Rule of Law in Tianxin District of Changsha Municipality
  Project Groupon the Openness of Government Affairs and Construction of a Law-based Government, the Government of Tianxin District, Changsha Municipality, Hunan Province (148)

Advancing the Openness of Grassroots Government Affairs in Chiping District of Liaocheng Municipality
  General Office of the People's Government of Chiping District, Liaocheng Municipality, Shandong Province (157)

III. Openness of Government Affairs in Specific Fields

Promoting Implementation, Standardization, and Service through the Openness of Government Affairs in the Field of Taxation
  Taxation Publicity Center of the State Administration of Taxation (171)

Openness of Government Affairs in the Field of Civil Affairs in Jining Municipality of Shandong Province
  The Civil Affairs Bureau of Jining Municipality, Shandong Province (182)

The Suzhou Practice of Promoting the Openness of Government Affairs and Servicing Enterprises with the "Policy Calculator"
  Project Group of the General Office of Suzhou Municipal People's Government (192)

The Pilot Reform of the System of Annual Reports of Public Institution Legal Persons in Jiangbei District, Ningbo City
  Public InstitutionsRegistration and Administration Bureau of Jiangbei District, Ningbo City, Zhejiang Province (204)

Carrying out Open Government Work and Accurately Meeting the People's Livelihood Needs in Weidong District of Pingdingshan City, Henan Province
      General Office of the People's Government of Weidong District, Pingdingshan City, Henan Province (219)

IV. Assessment Report on the Openness of Government Affairs

Report on the Index of Transparency of Government Affairs in Pilot Free Trade Zones in China (2020) -From the Perspective of Information Disclosure on Government Websites of Free Trade Zones
      Innovation Project Team on the Rule of Law Index of the Law Institute of Chinese Academy of Social Sciences (233)

V. Investigation Reports on the Openness ofGovernment Affairs

On the Disclosure of Administrative Penalty Decisions with Certain Social Influence
      Wang Jie and Zhang Li (269)

Current Situationand Prospect of Government Press Release in China
      Innovation Project Team on the Rule of Law Index of the Law Institute of Chinese Academy of Social Sciences (286)

Current Situationand Prospect of Disclosure of Information about the Resumption of Work and Production during the Prevention and Control of the Covid-19 Pandemic
      Innovation Project Team on the Rule of Law Index of the Law Institute of Chinese Academy of Social Sciences (302)

Current Status and Prospect of the Disclosure of Information about the Popularization of Health-related Scientific Knowledge
      Innovation Project Team on the Rule of Law Index of the Law Institute of Chinese Academy of Social Sciences (314)

Postscript   (330)

I

总报告

2020年中国政务公开发展与2021年展望

中国社会科学院法学研究所法治指数
创新工程项目组[*]

摘 要：2020年度，中国社会科学院国家法治指数研究中心、法学研究所法治指数创新工程项目组围绕决策公开、管理服务公开、执行和结果公开、政策解读与回应关切、依申请公开等方面，继续对49家国务院部门、31家省级政府、49家较大的市政府、120家县（市、区）政府开展政务公开工作的情况进行了第三方评估。评估显示，2020年政务公开标准化规范化的探索正在加快，决策公开稳步推进，政务服务、行政执法、管理结果公开均有明显进步，未来还需要进一步提升公开意识，找准公众需求，将公开融入政务活动全流程，提升信息化保障水平。

关键词：政务公开 政府透明度 法治指数 政府网站

2020年，中国社会科学院国家法治指数研究中心、法学研究所法治指数创新工程项目组（以下简称"项目组"）继续对各级政府政务公开情况进行调研和评估，本报告对此次调研和评估情况进行了总结分析。

---

[*] 项目组负责人：田禾，中国社会科学院国家法治指数研究中心主任，法学研究所研究员，中国社会科学院大学法学院特聘教授；吕艳滨，中国社会科学院法学研究所研究员、法治国情调研室主任，中国社会科学院大学法学院宪法与行政法教研室主任、教授。项目组成员：王小梅、王祎茗、车文博、冯迎迎、刘雁鹏、米晓敏、胡昌明、洪梅、栗燕杰（按姓氏笔画排序）。

一 评估对象、指标及方法

2020年的评估对象包括49家对外有行政管理权限的国务院部门、31家省级政府、49家较大的市政府、120家县（市、区）政府。项目组在上一年度评估的125家县（市、区）政府中剔除了排名靠后的25家，分别从上一年度百强县、百强区[①]中取前十位，并追加了上海市金山区和长沙市天心区两家主动要求评估的区政府。属于百强县、百强区但已依据上一年评估结果予以剔除或者已在保留评估名单中的则依次顺延抽取后续区县，最终选定120家县（市、区）。

2020年评估基本延续2019年的指标体系，一级指标[②]包括决策公开、管理服务公开、执行和结果公开、政务公开平台建设、依申请公开，仅在省、较大的市、县（市、区）政府三类对象的执行和结果指标中增加了对执法统计数据公开情况的考察。

评估截至2020年12月31日。其中，依申请公开仅对县（市、区）政府进行了评估验证，时间为2020年6月6日至10月23日，申请内容为要求公开"2019年本县（市、区）危房改造项目实际投入金额"。申请通过在线申请或信函渠道提出，在线申请优先采用政府门户网站依申请公开平台，无平台的则选择政府信息公开指南中公布的电子邮箱发送申请。上述方式无效的，则以挂号信方式提出申请。

二 总体评估结果

2020年是谋划"十四五"规划的关键之年，中共中央于2020年12

[①] 百强县、百强区数据来源于《2019年中国中小城市高质量发展指数研究成果发布》，《人民日报》2019年10月8日第8版。

[②] 关于评估指标的描述，可参见《中国政府透明度指数报告（2019）——以政府网站信息公开为视角》，载《中国法治发展报告No.18（2020）》，社会科学文献出版社2020年版，第175—176页。

月7日印发的《法治社会建设实施纲要（2020—2025年）》对推进法治社会建设、实现国家治理体系和治理能力现代化具有重要意义，2020年也是《关于全面推进基层政务公开标准化规范化工作的指导意见》《关于规范政府信息公开平台有关事项的通知》《关于政府信息公开工作年度报告有关事项的通知》实施的第一年，是《政府信息公开条例（2019修订）》（以下简称"新《条例》"）实施的第二年，各级政府和部门应根据政策文件要求，全面推进决策、执行、管理、服务和结果全过程、全流程公开，全面推广政务公开的标准化规范化，全面扩大公众参与，使社会大众全面深入参与到政府治理的各个环节，发挥信息发布、政策解读、回应关切三位一体、相辅相成的作用。评估发现，2020年全国政务公开工作成效显著。

（一）政务公开取得显著成效

1. 基层政务公开"两化"建设加快

2020年1月8日发布的《国务院办公厅关于全面推进基层政务公开标准化规范化工作的指导意见》提出，到2023年基本建成全国统一的基层政务公开标准体系，覆盖基层政府行政权力运行全过程和政务服务全流程。各地围绕标准化规范化工作，积极梳理主动公开事项清单，确定公开标准，强化平台建设，完善公开制度和流程，加强解读回应，探索政务公开专区、示范区、示范点建设，形成了全面推进标准化规范化的良好局面。

2. 决策信息公开继续稳步推进

《重大行政决策程序暂行条例》实施以来，各地在重大行政决策预公开方面呈现了诸多亮点。许多单位制定并对外公布本年度重大决策事项目录。2020年，有18家较大的市政府公开了重大决策事项目录，比上年增长了50.00%；有151家评估对象公开了2020年度重大决策草案，其中随草案同时发布草案解读或说明信息的有56家。多数评估对象开通了电子邮件、信函、在线平台、传真等多种渠道收集意见，方便群众参与。

规范性文件公开更加规范。在被评估的200家地方政府中，有199家对所属部门的规范性文件进行了集中统一公开。249家评估对象中，有136家标注了规范性文件的有效性，比上年新增了34家，有196家公开了近三年规范性文件清理信息，其中有124家发布的是2020年当年度的清理信息。

政策解读形式多样，解读内容质量更高。有超过98.00%的评估对象开通了政策解读类专门栏目，且多数单位栏目定位比较准确。有182家评估对象政策解读的内容重点阐释了文件制定背景及核心内容。部分地方政府还列明了解读人姓名等信息，如浙江省杭州市、河南省郑州市以及浙江省余姚市等。解读形式更加多样化，有191家评估对象使用了图解、视频解读以及H5解读等文字解读以外的形式进行解读。

3. 权力配置调整信息公开及时

多数地方政府能够及时公开机构改革后更新的权力清单。在抽查各地医疗保障、退役军人事务管理、卫生健康、应急管理、生态环境等部分涉及机构改革的部门时发现，有111家评估对象调整了所有被抽查部门的权力清单，72家评估对象调整了部分被抽查部门的权力清单，机构改革单位的权力清单调整情况较2019年有较大改进。

4. 行政执法信息公开更加规范

一是行政执法信息统一公开平台开通情况良好，2020年度地方政府开通比例近半，较2019年大幅增加。二是"双随机、一公开"规范化程度有所提升。有138家评估对象设置了"双随机"专栏，比上年增加了42家；有137家地方政府集中公开了所属部门的随机抽查事项清单。三是行政处罚结果信息公开情况较好。有188家地方政府的市场监督管理部门公开了2020年度行政处罚结果信息，总体公开率达到94.00%。

5. 服务公开水平进一步提升

一是政务服务事项目录的公开率进一步提升，国务院部门的公开率比上年度提升3.54个百分点，达91.30%，省、市、县三级政府继续保持100%。二是省级政府服务指南公开较规范。抽查的省级服务事项办事指南中，办理依据、申报条件、办理期限、办理流程、收费标准、联系方式或咨询渠道等要素的公开率均为100%，且大多数省份申报材料清单中未发现兜底性材料，提供了空白表格和样表。三是市场主体和个人"全生命周期"的办事服务事项集成式、一站式公开情况较好。有185家地方政府集成展示了市场主体（企业）"全生命周期"办事服务事项，162家集成展示了个人"全生命周期"办事服务事项。四是确需保留的证明事项公开率明显提升。2020年，国务院部门、省级政府、较大的市政府、县（市、区）政府等四类主体，公开"确需保留的证明事项清单"的比例分别为50.00%、61.29%、69.39%、31.67%，比2019年分别增加了10.87个、29.03个、30.61个、14.87个百分点。

6. 多数单位法治政府建设年度报告发布情况良好

2020年是《法治政府建设实施纲要（2015—2020年）》的收官之年，编制并公开法治政府建设年度报告是监督和评价法治政府建设情况的重要手段。首先，报告发布情况逐年向好。所有省级政府连续两年实现全部发布上一年度的法治政府建设年度报告，有34家国务院部门和47家市级政府发布了该报告，均比2019年有所增加。其次，多数单位按时发布年度报告。有17家国务院部门、25家省级政府、37家较大的市政府和73家县（市、区）政府于2020年4月1日前发布了本机关上一年度的年度报告，比2019年分别增加了12家、21家、9家和37家。最后，年度报告中部分要素规范化程度较高。如，在国务院部门发布的报告中，披露了政府规章立改废数据、参与普法宣传情况的分别占97.06%、91.18%；在省级政府中，披露了深化行政审批制度改革情况、加强执法体制改革情况、地方立法立改废数据、化解矛盾纠纷情况、完善执法程序情况、完善重大行政决策机制情况的占比分别达到100.00%、100.00%、96.77%、96.77%、93.55%、90.32%；在较大的市级政府中，披露了地方立法立改废数据、深化行政审批制度改革情况、加强执法体制改革情况、完善执法程序情况、化解矛盾纠纷情况、完善重大行政决策机制情况的占比分别达到95.92%、95.92%、95.92%、95.92%、91.84%、91.84%。

7. 省级政府审计信息公开情况良好

有27家省级政府公开了2020年度审计计划，其中23家明确提到了新冠肺炎疫情防控相关工作审计安排；27家省级政府公开了2019年度本级预算执行情况和其他财政收支审计结果报告；26家省级政府公开了2019年重大政策措施落实情况跟踪审计结果，其中多个省份按季度公开。部分单位还对专业的审计报告做了图解，形式新颖丰富，便于群众阅读。如天津市制作的《2019年市级预算执行和其他财政收支审计工作报告》图解综合运用了思维导图、数据统计表、卡通形象，使报告内容形象生动、简明易懂。

8. 政府债务透明度稳步提升

首先，地方政府债务限额和债务余额决算信息公开情况较好。公开了2019年度本地区、本级和所属地区债务限额决算数的单位[①]分别有116家、49家和42家，占58.00%、61.25%和52.50%；公开了2019年度本地区、本级和所属地区债务余额决算数的单位分别有128家、57家和44家，占64.00%、71.25%和55.00%。此外，有11家省级政府将所属地区地方政府债务限额决算数细化到省内所有县区，方便集中查阅。其次，随同决算公开上年末本地区、本级地方政府债务还本决算数和付息决算数的情况较好。公开2019年本地区地方政府债务还本、付息决算数的单位数量均为133家，占66.50%；公开了2019年本级地方政府债务还本决算数、付息决算数的单位分别有67家和69家，占33.50%和34.50%。

9. 义务教育信息公开水平提升明显

有93家县（市、区）政府公开了本地2020年义务教育阶段入学工作文件（如招生工作实施方案），占77.50%，比上年增加了4.7个百分点。其中公开了入学政策咨询电话、小学招生范围、初中招生范围、普通学生入学条件和随迁子女入学条件的单位比例，分别达到67.50%、80.00%、84.17%、81.67%和81.67%，比上年分别增加9.10个、24.80个、32.17个、9.67个和11.27个百分点。

10. 平台建设更加规范

一是网站栏目建设更加规范。多数单位能够按照《政府网站发展指引》要求，设置机构职能、负责人信息、政策文件、解读回应、工作动态、互动交流等栏目，且栏目信息发布规范，没有发现栏目重叠情况。二是搜索功能建设情况良好，仅1家评估对象门户网站未设有检索功

[①] 县（市、区）单位作为政府债务统计核算的基层单位，项目组在考察过程中，不再区分县（市、区）政府本级和所属地区，只核算本地区数据。因此，对本地区的相关统计数据公开，项目组考察了省、市、县（市、区）三级共200个主体，而对本级和所属地区的相关统计数据公开，项目组仅考察了31家省级政府和49家较大的市政府，共80个主体。

能。三是政府公报平台开通率较高，31家省级政府和49家较大的市政府全部发布了政府公报，另有66家县（市、区）政府发布了本级政府公报，占55.00%。四是政务新媒体开通率较高，有44家国务院部门开设了政务新媒体，开通率达89.80%，参与评估的200家地方政府全部开设了政务新媒体。

（二）政务公开工作仍需解决的问题

1. 决策公开仍有较大提升空间

一是重大决策预公开水平仍待提升。部分评估对象未明确意见征集期限或意见征集期限较短。评估发现，有2家评估对象没有告知意见征集期限，86家评估对象征集意见的期限少于30日且未说明理由。二是规范性文件清理备案信息公开仍需加强。仍有53家评估对象未公开近三年规范性文件清理结果，83家评估对象未标注规范性文件有效性，152家评估对象未发布2020年规范性文件备案审查信息。三是政策解读质量有待提升。仍有26家评估对象解读内容未与政策原文相互关联，129家评估对象政策解读信息发布不及时，未在政策原文发布后3个工作日内发布，有182家评估对象未发布主要负责人解读信息。

2. 权力清单信息更新不够及时

抽查评估发现，部分地方的权力清单未做到及时调整。有43家国务院部门近两年未发布权力清单，部分单位仅发布了行政许可事项清单。同时，抽查各级政府"群体性预防接种"权力事项发现，仅有江西省、湖北省和辽宁省鞍山市依据2019年6月颁布的《中华人民共和国疫苗管理法》做出相应调整，有62家评估对象发布的权力清单中未包含"群体性预防接种"相关权力事项，124家评估对象权力清单中对应事项的法律依据仍为已废止的《疫苗流通和预防接种管理条例》。抽查县（市、区）政府人力资源和社会保障部门"先行垫付农民工工资及追偿权"，发现参与评估的县均未按照2020年5月1日实施的《保障农民工工资支付条例》做出调整。

3. 政务服务事项公开仍存死角

各地政务服务水平仍有较大提升空间。市、县级层面，抽查"离退休老人投靠子女进本地入非农业户口"事项，发现有29家较大的市政府、27家县（市、区）政府未公开相应的办事指南。已公开办事指南的评估对象中，海南省海口市等13家评估对象未公开受理条件。

确需保留的证明事项清单公开质量不高。公开了证明事项清单的23家国务院部门均只发布了征求意见稿，未见最终版本。5家省级政府、11家较大的市政府和19家县（市、区）政府发布的清单中，设定依据、索要单位、开具单位等要素公开不全。部分地方清单未及时更新，如西藏自治区、吉林省、河北省石家庄市、内蒙古自治区包头市、河南省洛阳市、福建省石狮市等仅公开了2018年甚至2017年版证明事项清单。部分地方仅公开了个别部门的证明事项清单，如广州市、广东省珠海市、北京市东城区、四川省成都市武侯区、广西壮族自治区博白县、湖南省衡阳县、长沙市天心区等。

4. 执法信息公开仍待规范加强

一是行政执法统一公示平台仍需完善。有89家地方政府未设置行政执法信息公开平台，占44.50%；部分单位行政执法栏目设置不规范、不细化，部分单位栏目内信息发布较单一，未全面公开文件要求的行政执法信息，个别单位仅发布了执法工作动态信息。二是"双随机、一公开"仍有提升空间。公开了本部门随机抽查事项清单的21家国务院部门中，有10家要素不全，占47.62%；在公开了生态环境部门随机抽查事项清单的126家地方政府中，有54家要素不全，占42.86%。国务院部门和省级政府生态环境部门中，未公开2020年度随机抽查结果和查处情况的单位分别占85.29%和87.10%。三是行政处罚信息公开仍有欠缺。参与评估的37家国务院部门中，有26家未公开2020年处罚结果，占70.27%，部分地方市场监督管理部门公开的2020年行政处罚信息较少，如青海省市场监督管理部门2020年仅发布了3条行政处罚信息。部分地方市场监督管理部门还存在处罚结果发布不及时、行政处罚结果要素不全、泄露个人信息等问题。四是行政执法统计年报公开不理想。仅有60家评估对象公开了2019年度行政执法数据统计年报。部分单位数据统计年报仅包含文字说明，未包含行政执法数据实施情况统计表。

5. 法治政府建设年度报告仍需加强

一是县（市、区）政府年度报告发布有待提升。2020年，120家县（市、区）政府中，有37家未公开2019年法治政府建设年度报告。二是年度报告发布不及时现象比较突出。有31家评估对象未按时发布2019年法治政府建设年度报告，部分单位甚至延迟到下半年才发布。三是部分单位年度报告内容不完整。在34家国务院部门中，披露比率较低的事项包括：2019年本机关负责人出庭应诉情况，占5.88%；行政复议收结案数据，占23.53%；行政诉讼数据，占23.53%；重大行政决策公众参与情况，占38.24%；规范性文件管理机制建设情况，占41.18%；重大行政决策合法性审查的情况，占50.00%；上一年度法治政府建设存在的问题，占52.94%；法治政府责任制落实情况，占58.82%。在31家省级政府中，披露2019年规范性文件管理机制建设情况的仅有16家，占51.61%；披露行政机关负责人出庭应诉情况的仅有8家，占25.81%。在49家较大的市政府中，披露2019年规范性文件管理机制建设情况的仅有23家，占46.94%；披露行政机关负责人出庭应诉情况的仅有25家，占51.02%。在发布了报告的105家县（市、区）政府中，披露2019年行政诉讼数据的仅有44家，占41.90%；披露2019年行政机关负责人出庭应诉情况的仅有45家，占42.86%。此外，各地还存在报告名称不一致、发布渠道和发布机构不统一等现象。

6. 省级以下地方政府审计信息公开有待提升

较大的市政府和县（市、区）政府审计信息公开情况不理想。一是政府审计计划信息公开情况较差，有31家较大的市政府、76家县（市、区）政府未公开2020年度审计计划，分别占63.27%和63.33%。二是本级预算执行情况和其他财政收支审计结果报告公开程度不高，有27家较大的市政府、102家县（市、区）政府未公开，分别占55.10%和85.00%。三是重大政策措施落实情况跟踪审计报告公开力度不够，有29家较大的市政府、103家县（市、区）政府未公开，分别占59.18%和85.83%。

7. 建议提案办理结果公开仍不理想

一是国务院部门和县（市、区）政府建议提案复文公开比例较低。国务院部门和120家县（市、区）政府中，公开2020年人大建议复文全文的分别占28.57%和45.00%，公开2020年政协提案复文全文的分别占24.49%和46.67%。二是部分地方建议提案答复信息公开不全。一些地方仅公开人大建议的复文或者仅公开政协提案的复文，一些地方仅发布对上一级两会建议提案的办理结果。

8. 地方政府债务信息公开仍需加强

一是政府债券资金使用安排情况公开有待提升。从本地区政府债券资金使用安排决算情况看，仅有13家省级政府、13家较大的市政府、47家县（市、区）政府公开了相关信息，其中仅1家公开细化到具体使用项目。从本级政府债券资金使用安排决算情况看，仅有10家省级政府、13家较大的市政府公开了相关信息。此外，部分单位未区分本级和所辖地区新增债券使用项目。二是部分单位政府债务信息统计不规范。部分单位未公开债务还本、付息决算信息；部分省级政府对政府债务收入、举借额数值总体进行公开，未划分债券发行统计项；部分单位对政府债务还本、债务付息额决算数值总体进行公开，未划分债券还本、债券付息统计项。

9. 基层义务教育信息公开仍存不足

一是计划招生人数公开情况较差。有82家县（市、区）政府未公开2020年（公办）小学计划招生人数，77家县（市、区）政府未公开2020年（公办）初中计划招生人数。另有个别地方仅公开了招生总数或招生班数，未公开具体人数计划。二是多数单位未公开义务教育招生结果。有105家县（市、区）政府未公开小学招生结果，106家县（市、区）政府未公开初中招生结果。三是学校招生简章公开率低。在每个县（市、区）政府随机抽查1所公办学校发现，仅有9家县（市、区）政府的被抽查学校公开了学校招生简章，占比仅为7.50%。四是个别单位义务教育信息整体公开程度较低。如黑龙江省东宁市、吉林省前郭县、辽宁省瓦房店市和海城市等未公开2020年义务教育阶段入学工作文件（或年度招生工作方案）、咨询电话、招生范围（学区划分情况）、计划招生人数、普通学生入学条件和随迁子女入学条件、招生结果等信息。

10. 政务公开平台建设水平仍待提升

一是个别单位仍存在栏目设置重叠现象，主要集中在公告公示、政策解读等栏目。二是个别单位网站仍未提供搜索功能或搜索功能不完善，有41家评估对象的门户网站没有精准（高级）检索功能，占16.47%，有128家评估对象网站未与政务服务打通，实现"搜索即服务"，占51.41%。三是多数单位网站互动平台可用率相对较低，部分单位群众来信处理不及时，公众参与程度不高的问题普遍存在。四是个别单位仍未开通政务新媒体，涉及5家国务院部门、2家较大的市政府和12家县（市、区）政府，分别占10.20%、4.08%、10.00%。五是个别单位政务新媒体内容更新不及时。有5家国务院部门、5家较大的市政府和20家县（市、区）政府政务新媒体更新情况低于一周一次，分别占10.20%、10.20%、16.67%。此外，部分单位政务新媒体与政府网站信息未同步发布。

11. 部分地方依申请公开仍存在短板

部分地方的政府信息公开指南未更新或不准确。3家评估对象的指南中未列明依申请公开答复期限，26家评估对象将新条例中需"加工、分析"的信息"可以不予公开"直接表述为"不予公开"，24家评估对象将"过程信息、内部信息""可以不予公开"直接表述为"不予公开"，41家未列明告知补正的期限，40家所列明的投诉举报条款内容未更新。此外，14家评估对象的指南缺少办公时间、联系电话等要素。

部分评估对象存在未答复、超期答复、答复内容不规范的情况。有9家县（市、区）政府超期答复，有11家未答复。部分评估对象答复形式不规范，有11家评估对象出具的答复告知书落款仅盖公章未写明落款单位名称，42家使用非官方工作邮箱答复，4家仅通过电话进行答复。部分评估对象答复内容不规范。有11家答复不予公开的单位未说明法律依据；有27家未列出复议受理部门或有管辖权法院的具体名称，有8家救济渠道内容有误，有37家未告知救济渠道。

三 各领域评估结果

（一）重大决策预公开

重大决策预公开主要考察49家国务院部门、31家省级政府、49家较大的市政府和120家县（市、区）政府门户网站是否公开2020年度重大行政决策事项目录、是否设置决策预公开专门栏目并集中发布决策预公开信息，上述评估对象门户网站或其政府法制部门网站是否公开2019年度重大行政决策的意见征集及反馈情况。另外，根据2019年9月1日正式实施的《重大行政决策程序暂行条例》第三条的规定，重大行政决策事项主要包括：有关公共服务、市场监管、社会管理、环境保护等方面的重大公共政策和措施；经济和社会发展等方面的重要规划；开发利用、保护重要自然资源和文化资源的重大公共政策和措施；在本行政区域实施的重大公共建设项目等其他对经济社会发展有重大影响、涉及重大公共利益或者社会公众切身利益的其他重大事项。显然，本次评估对重大决策事项的界定较往年更加严格。

1. 评估发现的亮点

（1）重大行政决策事项目录主动公开程度有所提高

评估发现，有2家省级政府、18家较大的市政府（相较于2019年度增长了50.00%）、39家县（市、区）政府门户网站公开了2020年度重大行政决策事项目录。其中湖北省武汉市、河南省郑州市、广东省广州市海珠区、广东省惠州市博罗县、广东省深圳市罗湖区、浙江省杭州市拱墅区、浙江省宁波市鄞州区、浙江省杭州市萧山区重大决策事项目录要素完整，列明了决策事项、承办部门、决策时间及是否听证的信息；浙江省杭州市拱墅区进一步在目录中区分完整决策程序和一般决策程序并详细列明了实施计划；广东省珠海市、山东省淄博市、浙江省金华市义乌市设置了重大决策预公开事项目录专门栏目。

（2）2020年度重大决策草案的起草信息公开程度较高

《重大行政决策程序暂行条例》第十五条规定，决策事项向社会公开征求意见的，决策承办单位应当通过政府网站、政务新媒体以及报刊、广播、电视等便于社会公众知晓的途径，公布决策草案及其说明等材料，明确提出意见的方式和期限。对于一些社会公众普遍关心或专业性、技术性较强的政策，决策制定单位随草案配发起草说明，有助于公众理解草案的来龙去脉，从而提高公众参与反馈的积极度。评估发现，省级和较大的市政府中，仅少数单位发布了重大决策草案，因此本次的评估放宽了对决策草案发布机构的要求，统计结果包括省、市政府部门发布的决策草案。其中有34家国务院部门、17家省级政府、41家较大的市政府、49家县（市、区）政府门户网站公开了2020年度重大决策草案，相较于2019年度国务院部门、省级政府和较大的市政府分别提高了3.00%、13.30%和21.20%。其中，有23家国务院部门、6家省级政府、19家较大的市政府及8家县（市、区）政府随草案同时发布了重大决策草案说明。

（3）大部分地区设置了意见征集渠道，且渠道多样

评估发现，有34家国务院部门、17家省级政府、41家较大的市政府及47家县（市、区）政府设置了重大决策草案的意见征集渠道，且多数评估对象开通了电子邮件、信函、在线平台、传真等多种渠道收集意见，便于群众参与。

（4）部分评估对象决策草案的意见采纳情况公开较好

评估发现，有8家国务院部门公开了意见征集的整体情况，其中6家公开了意见采纳情况，相比2019年增长了1倍；有10家省级政府公开了意见征集的整体情况，其中6家公开了意见采纳情况，相比2019年增长了1倍；有31家较大的市政府公开了意见征集的整体情况，其中16家公开了意见采纳情况；有35家县（市、区）政府公开了意见征集的整体情况，其中7家公开了意见采纳情况。如商务部公开了反馈意见全文并按性质分类。国家市场监督管理总局公开了征集意见的数量，总结提炼了意见的主要内容，并具体介绍了所采纳意见及不采纳的理由。

（5）大部分地区设置专门栏目公开重大决策预公开信息

评估发现，有35家国务院部门（相比2019年度增加了9.40%）、20家省级政府、40家较大的市政府（相比2019年度增加了5.30%）以及57家县（市、区）政府门户网站设置了意见征集专门栏目，例如，政策预公开、决策前公开、意见征集、征求意见、征集调查、网上听证等专栏集中发布重大决策预公开草案及征集公众意见的信息。

部分评估对象栏目设置非常便民，集中发布预公开信息，即汇集同一条意见征集的草案、反馈意见等。其中有6家国务院部门、10家省级政府、31家较大的市政府及48家县（市、区）政府均集中发布重大决策预公开信息。如湖北省人民政府在征集已完成的草案后设置了醒目的红色"反馈"快捷跳转按钮，便于公众直接查看反馈意见。贵州省

人民政府、武汉市人民政府则直接在草案全文后附征集结果和意见列表。广东省广州市越秀区分"意见征集"和"结果反馈"两个子栏目。福建省泉州市晋江市征集意见、草案、反馈以及征集结果分析均在同一网页。

（6）大部分评估对象在意见征集栏目中区分征集状态

评估发现，有17家国务院部门、11家省级政府、26家较大的市政府及32家县（市、区）政府在意见征集栏目中对征集状态进行了区分。有的直接在征集草案上标注征集状态或截止日期，如民政部、广东省、山东省青岛市、云南省昆明市、上海市黄浦区、江苏省张家港市等在征集草案后标注"已结束"和"进行中"；住房和城乡建设部在征集草案后备注截止日期。

2. 评估发现的问题

（1）重大行政决策事项目录完整性有待改进

重大决策事项目录包括是否列明了决策事项、承办部门、决策时间和是否听证信息。评估发现，共2家省级政府制作发布了2020年度重大行政决策事项目录，但要素并不完整。在18家制作发布2020年度重大行政决策事项目录的较大的市政府中有16家要素不完整，占88.89%。在39家制作发布2020年度重大行政决策事项目录的县（市、区）政府中有32家目录要素不全，占82.05%。其要素不全普遍表现为缺少决策时间和是否听证信息。

（2）多数评估对象未公开草案解读信息

在对决策草案进行意见征集的同时，决策制发单位应同时通过政府网站、新闻媒体或自媒体平台对草案进行解读。这有助于增进公众对政策的理解，以利于未来政策的顺利执行。评估发现，在34家公布了决策草案的国务院部门中有27家未公布草案解读，未公开率为79.41%。在17家公布了决策草案的省级政府中有14家未公布草案解读，未公开率为82.35%。在41家公布了决策草案的较大的市政府中有30家未公布草案解读，未公开率为73.17%。在49家公布了决策草案的县（市、区）政府中有48家未公开草案解读信息，未公开率为97.96%。

（3）部分评估对象未明确意见征集期限或意见征集期限较短

《重大行政决策程序暂行条例》第十五条规定，公开征求意见的期限一般不少于 30 日；因情况紧急等原因需要缩短期限的，公开征求意见时应当予以说明。评估发现，在 2020 年度对重大决策草案进行了征集意见的评估对象中，有 2 家县（市、区）政府没有告知意见征集期限。有 18 家国务院部门、10 家省级政府、23 家较大的市政府和 36 家县（市、区）政府征集意见的期限少于 30 个工作日且未说明理由。

（4）对所征集意见的整体反馈情况公开质量有待提高

草案征集的整体情况包括征集到的意见数量及主要观点。部分评估对象对征集到的意见公开程度不够，缺少整体情况描述。评估发现，有 27 家国务院部门、7 家省级政府、10 家较大的市政府和 14 家县（市、区）政府未公开意见征集的整体情况。

（5）多数评估单位决策预公开专门栏目中信息发布混乱

在政府门户网站中设置专门的决策预公开栏目，方便公众获取近期发布的政策草案并提交建议意见。但是，评估发现仍有多数评估对象存在信息发布混乱的情况。例如有的国务院部门虽然设置了意见征集栏目，但栏目中没有发布 2020 年度决策预公开信息。有的省级政府意见征集栏目中发布的是省级政府部门和设区市的意见征集，有的则是将立法征集、决策征集、调查问卷、活动策划意见征集公告等混乱放在一个栏目。

（二）建议提案办理结果公开

2020 年度建议提案办理结果公开情况的评估对象包括 49 家国务院部门、31 家省级政府、49 家较大的市政府和 120 家县（市、区）政府。本次评估指标主要包括政府门户网站是否设置专门栏目集中发布人大代表建议和政协委员提案办理结果，是否公开 2020 年人大代表建议、政协委员提案办理复文全文，是否公开本单位 2020 年办理建议提案总体情况。

1. 评估发现的亮点

（1）大部分单位门户网站设置了专门栏目

评估发现，49 家国务院部门、31 家省级政府、49 家较大的市政府以及 120 家县（市、区）政府中，在门户网站设置专门栏目集中发布人大代表建议和政协委员提案办理结果的占比分别为93.88%、100.00%、91.84%和85.83%。

其中部分单位专栏设置较为细致，按照公开信息内容又细分了子栏目，便于查询，例如，财政部的"建议提案"专栏以时间为基准，将2006年到2020年的复文分类公开；湖南省长沙市长沙县在专栏下细分"省市建议提案办理"和"县建议提案办理"；内蒙古自治区包头市则细分到各个部门所承办的人大建议和政协提案办理复文。

（2）市级以上政府建议提案办理结果公开率较高，且全文公开

省级政府人大建议办理结果公开率和政协提案办理结果公开率分别为93.55%和93.55%，位居评估对象类别的首位；较大的市政府人大建议和政协提案办理结果公开率分别为83.67%和81.63%。与其他评估对象相比，省级政府和较大的市政府对建议提案的处理和答复展现了更高的效率；同时答复内容均全文公开，对建议或提案的回复内容展现更为全面，包括具体解决办法或政府单位为此做出的调整和规划，故而省级政府和较大的市政府对建议提案办理复文公开具有较高的专业性和规范性。

2. 评估发现的问题

（1）部分单位建议提案答复信息公开不全面

评估发现，一些单位虽然设置了建议提案办理的专栏，但专栏内办理情况和答复全文只更新到2019年，未及时更新2020年本级政府建议提案的办理情况。一般情况下，人民代表大会及政协会议在第一季度召开，而本次评估截止时间为12月底，仍存在部分单位建议提案办理复文未及时公开；另外一些单位在专栏里仅仅发布对上一级两会的办理答复情况，缺少本级政府两会的办理答复情况。

（2）国务院部门和县（市、区）政府建议提案办理结果公开率仍有提升空间

49家国务院部门中，公开2020年人大建议复文全文的单位占比为67.35%，公开2020年政协提案复文全文的占比为63.27%。

120家县（市、区）政府中，公开2020年人大建议复文全文的单位占比为67.50%，公开2020年政协提案复文全文的单位占比为60.83%；还有5.83%的单位仅公开复文内容摘要，未公开复文全文。

(3) 建议提案办理总体情况公开不理想

建议提案办理总体情况公开比例较低。评估发现，截至2020年12月底，在49家国务院部门、31家省级政府、49家较大的市政府和120家县（市、区）政府中，仍分别有44家、26家、45家、100家评估对象未公开2020年度人大代表建议办理总体情况信息；仍分别有44家、28家、45家、100家评估对象未公开2020年度政协委员提案办理总体情况信息。

少数公开了建议提案办理总体情况的单位中，也存在公开不全面、不规范的问题。如有的区政府仅公开区房管处的人大建议和政协提案的办理总体情况；有的将区两会的办理总体情况发布在"市两会办理基本情况"栏目内，办理总体情况信息上传栏目不规范。

（三）权力清单公开

中共中央、国务院印发的《法治政府建设实施纲要（2015—2020年）》要求，大力推行权力清单、责任清单、负面清单制度并实行动态管理。在全面梳理、清理调整、审核确认、优化流程的基础上，将政府职能、法律依据、实施主体、职责权限、管理流程、监督方式等事项以权力清单的形式向社会公开，逐一厘清与行政权力相对应的责任事项、责任主体、责任方式。《中央编办法制办关于深入推进和完善地方各级政府工作部门权责清单制度的指导意见》要求，在地方各级政府工作部门推行权力清单制度，这是党中央、国务院部署的重要改革任务，是巩固和拓展"放管服"改革成果的有效手段，也是推进国家治理体系和治理能力现代化的重要基础性制度，必须全面落实、逐步完善、不断深化。

各级政府部门公开本级政府权力清单及动态调整的情况主要考察49家国务院部门网站是否发布权力清单；是否公布全国统一、简明易行的监管规则和标准；31家省级政府、49家较大的市政府、120家县（市、区）政府网站是否发布权力清单，权力清单内容是否根据新职能做了调整（各级政府最新版清单中是否有医保局、退役军人事务局权力清单；各级政府最新版清单中卫生健康委、应急管理局、生态环境局的单位名称及权力事项是否调整）；权力清单内容是否根据政策文件及时进行调整更新（各级政府卫健主管部门是否根据《中华人民共和国疫苗管理法》相关规定，及时更新权力清单中"群体性预防接种"相关权力事项）；120家县（市、区）政府是否根据《保障农民工工资支付条例》第63条及时更新权力清单中"先行垫付农民工工资及追偿权，用人单位一时难以支付拖欠的农民工工资或者拖欠农民工工资逃匿的，县级以上地方人民政府可以动用应急周转金，先行垫付用人单位拖欠的农民工部分工资或者基本生活费。对已经垫付的应急周转金，应当依法向拖欠农民工工资的用人单位进行追偿"相关权力事项。

1. 评估发现的亮点

（1）各级政府权力清单公开透明度较高

评估发现，有30家省级政府、46家较大的市政府、112家县（市、区）政府直接公布了近两年的权力清单或链接至政务服务网权力清单栏目，分别占96.77%、93.88%和93.33%。其中，部分政府同时在政府门户网站与政务服务网发布权力清单，方便公众多渠道查询。

（2）权力清单集中展示

除山西省政府网站专栏在测评周期内无法访问外，省级政府、较大的市政府和县（市、区）政府中有192家评估对象设置了权力清单相关专栏，其中部分政府同时在本级门户网站与政务服务网中设置权力清单相关专栏，集中展示本单位权力清单，例如，北京市、辽宁省鞍山市、河南省洛阳市、浙江省杭州市拱墅区等。此外，部分政府在政务服务网站权力清单专栏内设置了关键词搜索框，支持在限定部门或行政权力类型的条件下，通过关键词搜索相关权力事项，便于公众准确、迅速地了解到相关信息，例如，青海省、上海市、江苏省江阴市等。

（3）国务院部门监管规则和标准公布情况好

《国务院办公厅关于印发2020年政务公开工作要点的通知》要求贯彻落实党中央、国务院关于深化"放管服"改革优化营商环境的决策部署，向市场主体全面公开市场监管规则和标准，以监管规则和标准的确定性保障市场监管的公正性。评估发现，在49家国务院部门中，有37家评估对象公开了统一、简明易行的监管规则和标准，在行政审批、行政处罚等事项清单中列出了明确的文件依据，其中有10家评估对象还单独公布了相关的监管文件，例如，国家粮食和物资储备局公布了

《中央储备粮代储资格管理办法》；国家发展和改革委员会公布了《关于加强天然气输配价格监管的通知》《油气开发项目备案及监管暂行办法》；国家知识产权局公布了《关于加强专利代理监管的工作方案》。

（4）机构改革单位权力清单调整情况较好

适应各级政府机构改革职能划转和行政执法体制改革的需要，随着权责清单编制工作、清单制度体系的进一步推进与完善，各级政府需及时调整权责清单。2020年，项目组对前两年机构改革部门权力清单进行了考察，重点考察了各级政府的医疗保障部门、退役军人事务管理部门、卫生健康主管部门、应急管理部门、生态环境部门的权力清单事项是否调整。在31家省级政府、49家较大的市政府、120家县（市、区）政府中，有112家评估对象完全调整了权力清单；72家评估对象调整了部分部门的权力清单，例如，辽宁省、陕西省西安市等未及时调整医保局权力清单，湖南省长沙市、福建省福州市等未及时调整医保局和退役军人事务局权力清单；仅10家评估对象，如青海省西宁市城东区、天津市滨海新区等政府相关部门未对权力清单做出调整。总体而言，机构改革单位权力清单调整情况较2019年有较大改进。

2. 评估发现的问题

（1）部分单位多栏目公开权力清单但信息不同源

评估发现，部分县（市、区）政府单位同时在政府门户网站和政务服务网发布了权力清单，但存在公开版本不一致的现象。例如，某区政府门户网站发布的权力清单中未包含医保局、退役军人事务局，且卫生健康委、应急管理局和生态环境局的单位名称也未根据机构改革进行更改，而政务服务网权力清单栏目已对清单进行了调整。

（2）各级政府权力清单内容更新情况不佳

为了加强疫苗管理，保证疫苗质量和供应，规范预防接种，促进疫苗行业发展，保障公众健康，维护公共卫生安全，《中华人民共和国疫苗管理法》于2019年6月通过并于2019年12月1日正式施行。据此，项目组重点考察各级政府卫健主管部门是否根据《中华人民共和国疫苗管理法》相关规定，及时更新权力清单中"群体性预防接种"相关权力事项。评估发现，在31家省级政府、49家较大的市政府、120家县（市、区）政府单位中，除了未发布权力清单的8家评估对象和权力清单中未列明文件依据的 2 家评估对象外，仅有 3 家评估对象对群体性疫苗接种相关权力事项及时进行更新，分别是江西省、湖北省和辽宁省鞍山市，将"对疾病预防控制机构、接种单位擅自进行群体性预防接种的处罚""对卫生主管部门、疾病预防控制机构、接种单位以外的单位或者个人违反《疫苗流通与预防接种管理条例》规定进行群体性预防接种的处罚"等权力事项的文件依据由已废止的《疫苗流通和预防接种管理条例》更改为现行的《中华人民共和国疫苗管理法》；其余 187 家评估对象中，有 63 家评估对象发布的权力清单中未包含"群体性预防接种"相关权力事项，有 124 家评估对象发布的权力清单中"群体性预防接种"相关权力事项依据仍表述为已废止的《疫苗流通和预防接种管理条例》，未及时调整更新。

为了规范农民工工资支付行为、保障农民工按时足额获得工资，《保障农民工工资支付条例》在国务院第 73 次常务会议通过，并于 2020 年 5 月 1 日起实施。项目组根据该条例，考察县（市、区）政府人力资源和社会保障行政部门权力清单中是否包含"先行垫付农民工工资及追偿权，用人单位一时难以支付拖欠的农民工工资或者拖欠农民工工资逃匿的，县级以上地方人民政府可以动用应急周转金，先行垫付用人单位拖欠的农民工部分工资或者基本生活费。对已经垫付的应急周转金，应当依法向拖欠农民工工资的用人单位进行追偿"相关权力事项。评估发现，在公开权力清单的 115 家县（市、区）政府中，其权力清单内容均未包含"先行垫付农民工工资及追偿权"相关权力事项。

省级政府、较大的市政府和县（市、区）政府权力清单内容未根据相关政策文件及时更新，一方面由于文件颁布实施不久，未及时部署落实或正在部署中；另一方面由于上半年疫情严重，卫生健康等相关主管部门需优先统筹安排抗疫相关事宜，在一定程度上影响了权力清单内容的调整更新。

（3）国务院部门权力清单公开情况不佳

国务院部门中，仅有 6 家评估对象公布了近两年的权力清单，分别是国家林业和草原局、国家能源局、国家铁路局、国家药品监督管理局、国家税务总局、文化和旅游部，其中国家林业和草原局、国家铁路局、国家药品监督管理局及文化和旅游部权力清单内容不全面，仅包含

"行政许可"权力事项;有 34 家评估对象发布了部分权力事项清单,例如,自然资源部、生态环境部等仅发布了行政审批事项清单;另外 9 家评估对象未公开权力清单或者未公开单项权力事项清单。

(四)政务服务信息公开

《国务院关于加快推进全国一体化在线政务服务平台建设的指导意见》要求深入推进"互联网+政务服务",加快建设全国一体化在线政务服务平台,整合资源,优化流程,强化协同,着力解决企业和群众关心的热点难点问题,推动政务服务从政府供给导向向群众需求导向转变,进而优化营商环境、便利企业和群众办事、激发市场活力和社会创造力,建设人民满意的服务型政府。对政务服务相关信息公开情况的评估主要考察了对外有政务服务事项的 46 家国务院部门、31 家省级部门、49 家较大的市政府、120 家县(市、区)政府关于政务服务事项目录、政务服务事项办事指南、确需保留的证明事项清单公开情况,对省、市、县政府还考察了个人"全生命周期"和企业"全生命周期"办事服务事项集中展示情况,以及外商投资企业投诉相关文件的公开情况,对县(市、区)政府还考察了不动产登记集成办理承诺时限、拖欠农民工工资的举报投诉渠道建设情况。

1. 评估发现的亮点

(1) 政务服务事项目录的公开情况较好

《关于加快推进"互联网+政务服务"工作的指导意见》明确要求,要依据法定职能全面梳理行政机关、公共企事业单位直接面向社会公众提供的具体办事服务指南,编制并公开政务服务事项目录。评估发现,42 家国务院部门和所有的省级政府、较大的市政府、县(市、区)政府均公开了政务服务事项目录,国务院部门的公开率达 91.30%,地方政府继续保持 100% 的公开率,政务服务事项目录公开情况逐年向好。

(2) 省级政务服务事项办事指南公开情况较好

《中华人民共和国发票管理办法》第七条规定,增值税专用发票由国务院税务主管部门确定的企业印制;其他发票,按照国务院税务主管部门的规定,由省、自治区、直辖市税务机关确定的企业印制。禁止私自印制、伪造、变造发票。对省级政府本次选取了企业印制发票审批事项的办事指南,主要考察此项政务服务指南的公开情况。

评估发现,除了陕西省外,其他30家省级政府均公开了企业印制发票审批事项的办事指南,且指南内容较规范具体,均公开了办理依据、申报条件、办理期限、办理流程、收费标准、联系方式或咨询渠道;有28家评估对象公开了申报材料,且申报材料明确,不存在兜底性材料要求,占比为93.33%;20家评估对象申请表/书类材料提供了空白表格/格式文本,占比为66.67%,17家评估对象申请表/书类材料提供了样表或填报说明/填写参照文本,占比为56.67%;26家评估对象公开了明确具体的办理地点,占比为86.67%,服务指南公开质量整体较好。

(3)市场主体和个人"全生命周期"事项展示良好

市场主体和个人"全生命周期"的办事服务事项集成式、一站式公开情况较好。对"全生命周期"办事服务事项集中展示的评估,主要考察省级政府、较大的市政府、县(市、区)政府是否通过专题、专栏、专门图解、指南汇编等方式集成展示。评估发现,有30家省级政府、48家较大的市政府、107家县(市、区)政府能够集成展示市场主体(企业)"全生命周期"办事服务事项,占比分别为96.77%、97.96%、89.17%;有24家省级政府、43家较大的市政府、97家县(市、区)政府能够集成展示个人"全生命周期"办事服务事项,占比分别为77.42%、87.76%、80.83%,"全生命周期"的办事服务事项集成式展示程度较高。部分单位对"全生命周期"的办事服务事项的归类科学、清晰,便于查询,例如,河南省的个人"全生命周期"事项,按人生事件,分升学、工作、购房、结婚、生育、失业、创业、迁居、退休、后事、其他事项等11类事项集中展示;青海省的法人"全生命周期"办事服务事项,从融资信贷到应对气候变化细分了34种事项,分类细致。

2. 评估发现的问题

(1)国务院部门多栏目公开指南内容不一致

《国务院办公厅关于建立政务服务"好差评"制度提高政务服务水平的意见》指出,要根据法定职责和权责清单,基于国家政务服务事项基本目录，编制完整的政务服务事项清单，并纳入全国一体化在线政务服务平台管理，实现同一事项的名称、编码、依据、类型等基本要素统一；要求逐项编制、完善办事指南，明确受理单位、办理渠道、申请条件、申请材料、办理程序、办理时限、收费依据及标准、评价渠道等要素，推进同一事项无差别受理、同标准办理。

国家政务服务平台首页设置了"直通国务院部门"和"国务院部门服务窗口"两处用于公开国务院部门线上办事通道及办事指南，多数国务院部门网站设置了专栏集中公开政务服务事项办事指南及办事渠道。评估发现，仅国家药品监督管理局、中国民用航空局、教育部等5家国家政务服务网站上在首页"直通国务院部门""国务院部门服务窗口"和部门网站中公开指南内容一致，仅占10.87%；其余41家国务院部门中，除了3家评估对象未公开政务服务事项指南、3家评估对象仅通过部门网站等单一渠道公开外，其余单位均存在多处指南内容不完全一致的问题，不便于公众参照指南做好办事前准备。

（2）较大的市和县（市、区）政府部分办事指南公开程度不高

《中华人民共和国户口登记条例》第十三条规定，公民迁移，从到达迁入地的时候起，城市在3日以内，农村在10日以内，由本人或者户主持迁移证件向户口登记机关申报迁入登记。对较大的市和县（市、区）政府本次选取了离退休老人投靠子女进本地入非农业户口事项的办事指南，主要考察此项政务服务指南的公开情况及公开质量。评估发现，有29家较大的市政府、27家县（市、区）政府未公开离退休老人投靠子女进本地入非农业户口事项的办事指南。这说明，目前各地政府梳理发布的政务服务事项目录仍不够全面，在线政务服务不能覆盖全部办事事项，给群众查阅信息、办理相关事项带来障碍。

在公开了离退休老人投靠子女进本地入非农业户口事项办事指南的20家较大的市政府、93家县（市、区）政府中，有6家评估对象未公开办理依据，7家评估对象办理依据不够明确；4家评估对象未公开申报条件，3家评估对象申报条件不够明确，存在"其他条件"等模糊性兜底条件；8家评估对象未公开申报材料；10家评估对象未提供办理地点或地点描述不明确；3家评估对象未公开办理流程；5家评估对象未公开办理期限；6家评估对象未公开收费标准；7家评估对象未公开联

系方式或咨询渠道。这说明，服务指南公开质量仍有提升空间。

（3）确需保留的证明事项清单公开率不高

《国务院办公厅关于做好证明事项清理工作的通知》要求，各地区、各部门自行设定的证明事项，最迟要于 2018 年底前取消。根据该文件的时间进度要求，2020 年各地区、各部门均应完成自行设定的证明事项清理工作。

评估发现，有 23 家国务院部门、19 家省级政府、34 家较大的市政府、38 家县（市、区）政府梳理并公开了确需保留的证明事项清单，公开率分别为 50.00%、61.29%、69.39%、31.67%。部分单位公开的确需保留的证明事项清单存在清单更新不及时，发布不规范的问题。

23 家国务院部门只发布了 2018 年、2019 年或 2020 年确需保留的证明事项清单征求意见稿，但征求意见后未发布最终实施版本。19 家省级政府中，有 5 家评估对象证明事项清单中设定依据、索要单位、开具单位等要素公开不全。34 家较大的市政府中，有 11 家评估对象证明事项清单中设定依据、索要单位、开具单位等要素公开不全。38 家县（市、区）政府中，有 19 家评估对象证明事项清单中设定依据、索要单位、开具单位等要素公开不全。

（4）外商投资企业投诉公开情况不佳

商务部《外商投资企业投诉工作办法》的出台旨在加大保护外商投资企业合法权益的力度，完善外商投资企业投诉工作机制，及时有效处理外商投资企业投诉，保护外商投资企业合法权益，持续优化外商投资环境。

本次评估中，项目组对省、市、县（市、区）政府公开本地区外商投资企业投诉相关文件的情况进行了评估，主要考察是否公开外商投资企业投诉的工作规则、投诉方式、处理期限。评估发现，省级政府、较大的市政府、县（市、区）政府关于本地区外商投资企业投诉相关文件公开率不高，分别为 32.26%、12.24%、0.83%。在公开外商投资企业投诉相关文件的单位中，有 3 家评估对象文件内容规定不全面，分别为《新疆维吾尔自治区外商投资企业投诉服务工作联席会议制度》《山西省人民政府办公厅关于同意建立山西省外来投资企业投诉服务工作联席会议制度的函》文件内容缺少投诉方式、处理期限，《河北省外商投诉处理办法》文件内容缺少投诉方式。

（5）不动产登记集成办理时间公开程度低

《国务院办公厅关于压缩不动产登记办理时间的通知》要求，以推进国家治理体系和治理能力现代化为目标，以为企业和群众"办好一件事"为标准，加强部门协作，实行信息共享集成、流程集成或人员集成，进行全流程优化，压缩办理时间，切实解决不动产登记耗时长、办理难问题。2019年底前，流程精简优化到位，不动产登记数据和相关信息质量明显提升，地级及以上城市不动产登记需要使用有关部门信息的通过共享获取，全国所有市县一般登记、抵押登记业务办理时间力争分别压缩至10个、5个工作日以内；2020年底前，不动产登记数据完善，所有市县不动产登记需要使用有关部门信息的全部共享到位，"互联网+不动产登记"在地级及以上城市全面实施，全国所有市县一般登记、抵押登记业务办理时间力争全部压缩至5个工作日以内。

本次评估中，项目组观察了县（市、区）政府关于不动产登记网上集成办理承诺时限的公开情况。评估发现，虽有48家评估对象在政府网站设置了不动产登记"一窗受理，集成办理"专栏，但仅江苏省常熟市、浙江省温州市瓯海区明确公开了不动产登记的集成办理时间，分别为5个和7个工作日。

（6）拖欠农民工工资的举报投诉渠道公开度不高

《保障农民工工资支付条例》规定，被拖欠工资的农民工有权依法投诉，或者申请劳动争议调解仲裁和提起诉讼。任何单位和个人对拖欠农民工工资的行为，有权向人力资源和社会保障行政部门或者其他有关部门举报。人力资源和社会保障行政部门和其他有关部门应当公开举报投诉电话、网站等渠道，依法接受对拖欠农民工工资行为的举报、投诉。对于举报、投诉的处理实行首问负责制，属于本部门受理的，应当依法及时处理；不属于本部门受理的，应当及时转送相关部门，相关部门应当依法及时处理，并将处理结果告知举报人、投诉人。

本次评估中，项目组对县（市、区）政府关于拖欠农民工工资的举报投诉渠道公开情况进行了考察。评估发现，仅江苏省江阴市、福建省福州市鼓楼区公开了举报投诉电话，如江苏省江阴市《关于在住建建设领域实施农民工工资支付长效管理的专项方案》中详细公开了建工处电话、劳动者权益服务中心电话、劳动人事争议仲裁院电话、法援中心电话；其他单位均未公开拖欠农民工工资的举报投诉电话、网站。

（五）"双随机"监管信息公开

《国务院关于在市场监管领域全面推行部门联合"双随机、一公开"监管的意见》（国发〔2019〕5号）要求，各有关部门要依照法律、法规、规章规定，建立本部门随机抽查事项清单，明确抽查依据、主体、内容、方式等；随机抽查事项清单应根据法律、法规、规章立改废释和工作实际情况等进行动态调整，并及时通过相关网站和平台向社会公开。要按照"谁检查、谁录入、谁公开"的原则，将抽查检查结果通过国家企业信用信息公示系统和全国信用信息共享平台等进行公示，接受社会监督；实现抽查检查结果政府部门间互认，促进"双随机、一公开"监管与信用监管有效衔接，对抽查发现的违法失信行为依法实施联合惩戒，形成有力震慑，增强市场主体守法自觉性。

项目组针对各级政府部门"双随机"监管信息的公开情况开展评估，其中对有双随机监管职能的34家国务院部门网站主要考察：是否有双随机专门或相关栏目、是否发布了本部门随机抽查事项清单、随机抽查事项清单的内容是否完整（是否包含抽查依据、抽查主体、抽查内容、抽查方式）、部门2020年做出的随机抽查结果和查处情况。31家省级政府、49家较大的市政府、120家县（市、区）政府网站主要考察：是否有双随机专门或相关栏目、是否集中（专栏或政府统一公开各单位）发布本级各部门随机抽查事项清单、生态环境部门的随机抽查事项清单的内容是否完整（是否包含抽查依据、抽查主体、抽查内容、抽查方式）、是否发布了生态环境部门2020年做出的随机抽查结果和查处情况。

1. 评估发现的亮点

（1）部分单位双随机专栏设置情况较好

评估发现，有12家国务院部门在门户网站设置了双随机专门或相关栏目。例如，交通运输部专题专栏下设置了"双随机、一公开"专栏。14家省级政府门户网站设置了双随机专门或相关栏目，其中贵州省人民政府重点领域公开下设置了"双随机、一公开"专栏，点击跳转至贵州省"双随机、一公开"监管平台，平台下抽查事项清单栏目可查看省直各部门、贵州省市级、县区级随机抽查事项清单。浙江省人民政府首页设置"双随机检查公开"栏目，点击跳转至浙江省政务服务网站"双随机抽查"栏目，可以查看全省各部门随机抽查事项清单、检查结果。32家较大的市政府门户网站设置了双随机专门或相关栏目，例如，内蒙古自治区包头市人民政府"依法行政——包头市本级随机抽查事项清单"集中公开了各个部门的随机抽查事项清单、辽宁省抚顺市人民政府"双随机、一公开"栏目下设置"抽查单位""抽查结果""随机抽查事项清单"三个子栏目。80家县（市、区）门户网站设置了双随机专门或相关栏目。如北京市通州区人民政府设置"行政执法公示"集中公开了各个部门的"行政检查"情况，"行政检查"栏目下设置"双随机抽查事项清单""执法检查结果"栏目。

（2）随机抽查事项清单公开情况较好

评估发现，考察的34家国务院部门中，有21家公开了随机抽查事项清单。有19家省级政府集中（专栏或政府统一公开各单位）发布了本级部门随机抽查事项清单。例如，青海省人民政府在《青海省人民政府办公厅关于印发青海省省级各部门（单位）"双随机"抽查事项清单的通知》中公开了31家省直部门的随机抽查事项清单。上海市人民政府通过"双随机"栏目公开了23家部门随机抽查事项清单。37家较大的市政府集中（专栏或政府统一公开各单位）发布了本级部门随机抽查事项清单，例如，广东省广州市人民政府在"抽查事项清单"栏目公开了39家部门随机抽查事项清单。81家县（市、区）集中（专栏或政府统一公开各单位）发布了本级部门随机抽查事项清单。例如，海南省海口市秀英区人民政府通过海口市政务服务网上大厅公开了10家部门随机抽查事项清单。

（3）较大的市、县（市、区）生态环境部门2020年随机抽查结果和查处情况公开情况良好

49家较大的市政府、120家县（市、区）政府单位中，有36家较大的市政府既公开了抽查结果又公开了查处情况；有77家县（市、区）政府既公开了抽查结果又公开了查处情况。例如，海南省海口市人民政府"双随机、一公开"栏目，点击后跳转至"海口政务服务网上大厅"统一公开各部门随机抽查结果和查处情况；四川省成都市生态环境局

"监察执法—双随机信息公开"栏目，按月公开了生态环境局2020年做出的抽查结果和查处情况。

2. 评估发现的问题

（1）国务院部门、省级政府门户网站"双随机、一公开"专栏设置情况有进一步提升空间

评估发现，考察的34家国务院部门、31家省级政府中，有22家国务院部门门户网站未设置双随机专门或相关栏目，占比为64.71%；有17家省级政府门户网站未设置双随机专门或相关栏目，占比为54.84%。门户网站双随机专门或相关栏目设置情况有进一步提升的空间。

（2）随机抽查事项清单的内容完整性有待提升

评估发现，在公开随机抽查事项清单的21家国务院部门中，有10家国务院部门随机抽查事项清单内容不完整，随机抽查事项清单内容未全部包含抽查依据、抽查主体、抽查内容、抽查方式。在公开生态环境部门随机抽查事项清单的23家省级政府、37家较大的市政府和66家县（市、区）政府中，有8家省级政府、17家较大的市政府和29家县（市、区）政府生态环境部门随机抽查事项清单内容不完整，未全部包含抽查依据、抽查主体、抽查内容、抽查方式。

（3）国务院部门、省级政府生态环境部门抽查结果和查处情况公开情况不理想

评估发现，考察的34家国务院部门、31家省级政府中，有29家国务院部门未公开2020年随机抽查结果和查处情况，有1家国务院部门仅公开了抽查结果，未公开查处情况；有27家省级政府未公开2020年生态环境部门随机抽查结果和查处情况，有3家省级政府仅公开生态环境部门抽查结果，未公开查处情况。

（4）部分单位2020年随机抽查结果和查处情况信息发布较少、不规范、不及时

评估发现，部分单位虽公开了2020年随机抽查结果和查处情况，但存在信息发布较少、不规范、不及时的问题。例如，某省级政府在国家企业信用信息公示系统（西藏）网站中仅发布了2条生态环境部门随机抽查结果和查处情况信息；某省级政府生态环境厅"双随机、一公开"栏目下按月发布了"双随机、一公开"情况汇总表，但仅公开生态环境部

门发现并查处违法问题的总数量，未列明各项抽查结果和查处情况具体信息；某省生态环境厅双随机信息公开栏目中缺少1月、2月、3月、5月、8月的随机抽查结果和查处情况，信息发布不连续、不及时。

（六）行政执法统一公示平台建设

行政执法是行政机关履行政府职能、管理经济社会事务的重要方式。《中共中央关于全面推进依法治国若干重大问题的决定》和《法治政府建设实施纲要（2015—2020年）》对全面推行行政执法公示制度、执法全过程记录制度、重大执法决定法制审核制度（以下统称"三项制度"）作出了具体部署、提出了明确要求。聚焦行政执法的源头、过程、结果等关键环节，全面推行"三项制度"，对促进严格规范公正文明执法具有基础性、整体性、突破性作用，对切实保障人民群众合法权益，维护政府公信力，营造更加公开透明、规范有序、公平高效的法治环境具有重要意义。

《国务院办公厅关于全面推行行政执法公示制度执法全过程记录制度重大执法决定法制审核制度的指导意见》要求行政执法机关加强执法信息管理，及时准确公示执法信息，实现行政执法全程留痕，法制审核流程规范有序。要求加强信息化平台建设，大力推进行政执法综合管理监督信息系统建设，做到执法信息网上录入、执法程序网上流转、执法活动网上监督、执法决定实时推送、执法信息统一公示、执法信息网上查询，实现对行政执法活动的即时性、过程性、系统性管理。同时，意见要求，认真梳理涉及各类行政执法的基础数据，建立以行政执法主体信息、权责清单信息、办案信息、监督信息和统计分析信息等为主要内容的全国行政执法信息资源库，逐步形成集数据储存、共享功能于一体的行政执法数据中心。

本次评估中，项目组对31家省级政府、49家较大的市政府、120家县（市、区）政府网站行政执法平台建设情况进行了考察。

1. 评估发现的亮点

（1）近半数单位规范设置了行政执法信息公开平台

评估发现，有11家省级政府、34家较大的市政府、66家县（市、区）政府在政府门户网站、司法行政部门网站或政务服务平台设置了行政执法信息公开专栏。其中，有10家省级政府、28家较大的市政府、54家县（市、区）政府专栏设置较规范，栏目划分细致，定位准确，信息有序发布。例如，上海市执法公示平台内涵盖了市政府工作部门、区政府及街道乡镇、管委会及其他市级行政执法单位的各类执法信息，依据"执法主体、权限、随机抽查事项清单、执法人员（上海证件）、执法人员（国家证件）、程序流程、权力事项和办事指南、权责清单、举报投诉、救济渠道、双公示、其他行政执法决定、裁量基准、执法数据公开"此14种信息分类设置专门子栏目，单独公开各类信息；山西省政务服务平台设置了行政执法信息公示专题，集中公开省政府工作部门、所辖市的行政执法专栏链接，以省发展和改革委员会专栏为例，其专栏内设置"双公示、执法监督人员清单、执法事项清单、随机抽查事项清单、行政执法音像记录事项清单、重大行政执法决定法制审核目录清单、执法事项服务指南、重大行政执法决定法制审核流程图"等子栏目分类发布各类信息。

（2）行政执法工作更加规范系统

评估发现，部分单位以"行政执法更规范、群众办事更便捷、政府治理更高效、营商环境更优化"为出发点和落脚点，公开了年度行政执法总体情况、行政执法相关制度、执法有关目录清单、执法文书样本、执法事项服务指南等信息。

部分单位年度行政执法总体情况详细展示了工作情况。例如，广东省按单位公开了2019年度行政执法情况说明及各类权力实施情况统计表；辽宁省本溪市按部门公开了行政执法工作总结、数据汇总等。

部分单位制定并公开了行政执法相关制度。例如，河北省石家庄市、辽宁省本溪市、辽宁省沈阳市、河北省石家庄市长安区、辽宁省瓦房店市等公开了各部门行政执法"三项制度"。河北省迁安市等公开了部门法制审核人员培训制度、行政执法投诉举报制度。山东省济南市公开了《2019年济南市行政执法全过程记录十大典型案例》，推广典型做法。

部分单位制定并公开了执法有关目录清单，包括行政执法事项清单、音像记录事项清单、重大执法决定法制审核清单、重大行政决策事项目录等。例如，黑龙江省齐齐哈尔市龙沙区公开了重大行政决策事项目录、音像记录事项清单、重大执法决定法制审核事项清单和流程图；河北省唐山市丰润区公开了行政执法事项清单、音像记录事项清单、重大执法决定法制审核清单及流程图等。

部分单位制定并公开了执法文书样本。例如，辽宁省大连市、山东省济南市、河北省石家庄市长安区、湖南省浏阳市、辽宁省瓦房店市等单位详细公开了行政执法文书格式样本。

部分单位公开了执法事项服务指南。例如，山东省龙口市在"行政执法三项制度公示—行政执法服务指南"栏目集中公开了部分部门执法事项服务指南。

2. 评估发现的问题

（1）专门栏目和平台设置不够规范

《国务院办公厅关于全面推行行政执法公示制度执法全过程记录制度重大执法决定法制审核制度的指导意见》要求，行政执法机关要按照"谁执法谁公示"的原则，明确公示内容的采集、传递、审核、发布职责，规范信息公示内容的标准、格式；建立统一的执法信息公示平台，及时通过政府网站及政务新媒体、办事大厅公示栏、服务窗口等平台向社会公开行政执法基本信息、结果信息；涉及国家秘密、商业秘密、个人隐私等不宜公开的信息，依法确需公开的，要作适当处理后公开。

评估发现，有20家省级政府、15家较大的市政府、54家县（市、区）政府未设置行政执法信息公开平台。其中，部分单位将行政执法信息发布在其他栏目中，例如，有的地方分别将执法人员、执法数据、执法相关制度发布在"双随机""通知公告""行政处罚""行政许可"等栏目中，造成栏目信息混乱、查询不便的问题。

部分单位栏目设置待完善。评估发现，部分单位虽然设置了行政执法专栏，但存在栏目设置不规范、不细化等问题。

部分单位栏目设置不规范。例如，有的地方政府门户网站在政务服务板块内，设置了"行政执法主体清单""执法人员名单"滚动栏目，与其他子栏目一并展示，不便于查询，且行政执法信息涉及种类较丰富，应当设置定位全面的栏目系统公开各类执法信息；有的地方设置了"行政执法公示信息"栏目，但栏目内空白，未发布任何信息。

部分单位栏目设置不够细化，公开信息种类丰富但未予区分。例如，有的地方政府在"行政执法及市场监管"栏目内一并公开了"执法主体、执法人员、投诉举报电话、流程图、自由裁量标准、行政执法事项清单、执法结果"等多类执法信息；有的地方政府在"行政执法公示公告"栏目内一并发布了"重大行政决策事项目录、执法结果、执法人员、执法主体、执法三项制度、执法流程、执法数据、服务指南"等多类执法信息，不便查看。

（2）部分单位栏目内信息单一，未全面公开行政执法信息

《国务院办公厅关于全面推行行政执法公示制度执法全过程记录制度重大执法决定法制审核制度的指导意见》要求，强化事前公开"全面准确及时主动公开行政执法主体、人员、职责、权限、依据、程序、救济渠道和随机抽查事项清单等信息。根据有关法律法规，结合自身职权职责，编制并公开本机关的服务指南、执法流程图，明确执法事项名称、受理机构、审批机构、受理条件、办理时限等内容"和加强事后公开"行政执法机关要在执法决定作出之日起20个工作日内，向社会公布执法机关、执法对象、执法类别、执法结论等信息，接受社会监督，行政许可、行政处罚的执法决定信息要在执法决定作出之日起7个工作日内公开，但法律、行政法规另有规定的除外"。意见要求，"建立行政执法统计年报制度，地方各级行政执法机关应当于每年1月31日前公开本机关上年度行政执法总体情况有关数据，并报本级人民政府和上级主管部门"。

评估发现，部分单位栏目内信息发布较单一，未全面公开文件要求的行政执法信息。例如，有的地方政府在"行政执法"栏目内仅发布执法工作动态或公告信息，有的地方政府在"行政执法信息公示"栏目仅发布《行政执法证件遗失公告》，有的地方政府在"行政执法公示"栏目仅发布行政许可、行政处罚结果信息。

（七）行政处罚信息公开

做好"行政处罚信息公示"有利于完善社会主体信用记录，建立守信激励和失信惩戒机制，有利于健全事中事后监管机制，构建以信用为核心的新型市场监管机制，对于加快社会信用体系建设、推动文明城市建设和全面建成小康社会具有重要意义。《国务院办公厅关于运用大数

据加强对市场主体服务和监管的若干意见》中明确了行政处罚公示信息公开时限和信用平台公示要求。《国务院关于建立完善守信联合激励和失信联合惩戒制度加快推进社会诚信建设的指导意见》要求全面落实行政处罚信息上网公开制度。2019年修订的《中华人民共和国政府信息公开条例》中明确规定行政机关应主动公开本行政机关实施行政处罚、行政强制的依据、条件、程序以及本行政机关认为具有一定社会影响的行政处罚决定。

行政处罚信息公开的评估主要考察37家有行政处罚权的国务院部门、31家省级政府、49家较大的市政府、120家县（市、区）政府在政府门户网站、部门网站、信用中国、国家企业信用信息网站公开2020年行政处罚信息的情况。其中，针对31家省级政府、49家较大的市政府、120家县（市、区）政府，抽查了市场监督管理部门。

1. 评估发现的亮点

（1）市场监督管理部门行政处罚信息公开率较高

评估发现，有30家省级政府、46家较大的市政府、112家县（市、区）政府的市场监督管理部门公开了2020年度行政处罚信息，公开率分别达到96.77%、93.88%和93.33%。

（2）设置专栏集中公开行政处罚结果

各级政府门户网站用于集中公开行政处罚信息的专门栏目设置情况较好。评估发现，有24家省级政府、40家较大的市政府、97家县（市、区）政府门户网站设置专栏公开2020年度行政处罚信息，设置率分别达到77.42%、81.63%、80.83%。例如，上海市门户网站"双公示"栏目，点击跳转至信用中国（上海），平台下设置了双公示目录查询和双公示数据查询，"公开数据"一栏按照法人、自然人、部门进行划分，集中公开了上海市的双公示信息，既保证了各平台公开信息的一致性，又便于群众分部门查看行政处罚信息，清楚明确，内容全面。北京市东城区政府网站设置"行政许可和行政处罚结果信息公示"栏目集中公开东城区各个部门行政处罚信息，便于查看。

37家国务院部门中，国家统计局、中国银行保险监督管理委员会、生态环境部、交通运输部、财政部、国家市场监督管理总局等8家评估对象将处罚信息公开在门户网站相应处罚栏目中。其中，中国银行保险监督管理委员会设置"行政处罚"栏目集中公开了该部门的行政处罚信息，每条信息以行政处罚决定书文号命名，以表格形式列出处罚的重点内容，公开要素全面，清楚明晰。

（3）部分单位行政处罚信息公开较规范

规范行政处罚信息的公开内容，有利于进一步提高信息公开质量，发挥公众监督作用，提升政府治理服务水平。在公开行政处罚信息的11家国务院部门中，有5家以行政处罚决定书形式公开相关信息；在公开行政处罚信息的30家省级政府市场监督管理部门中，有13家；在公开行政处罚信息的46家较大的市政府的市场监督管理部门中，有24家；在公开行政处罚信息的112家县（市、区）政府市场监督管理部门中，有46家。各单位公开的行政处罚决定书内容均包含被处罚者信息、主要违法事实、处罚依据、处罚结果等要素，公开内容和格式较为规范。

2. 评估发现的问题

（1）国务院部门行政处罚信息公开有待加强

评估发现，评估的有行政处罚权的37家国务院部门中仅有11家评估对象公开了行政处罚信息，占比为29.73%；其中，有4家评估对象行政处罚信息发布不连续，缺少个别月份的行政处罚结果；有1家评估对象公开的行政处罚信息未列明处罚决定依据；有2家评估对象行政处罚信息公开不及时，在行政处罚决定作出之日的7个工作日后才上网公开；有1家评估对象未注明行政处罚决定日期。

（2）部分地方市场监督管理部门行政处罚信息公开不健全

根据《国务院办公厅关于运用大数据加强对市场主体服务和监管的若干意见》要求，应将行政处罚信息自作出行政决定之日起7个工作日内上网公开，提高行政管理透明度和政府公信力。政府部门在执法过程中若作出了行政处罚决定，应当及时向社会公开；若无行政处罚事件，建议相关部门采用定期报告机制，可公开报告说明此情况。

而评估发现，部分地方市场监督管理部门2020年公开行政处罚信息较少，例如，某省市场监督管理部门2020年仅发布3条行政处罚信息；部分政府市场监督管理部门存在行政处罚信息发布时间不连续的问题，例如，某省市场监督管理部门缺少7月行政处罚信息，某省市场监督管理部门行政处罚信息集中在 7 月发布，1—6 月以及 8 月均未发布行政处罚信息，未能做到常态化公开。

(3) 部分地方市场监督管理部门处罚信息泄露个人隐私

2018 年发布的《国家发展改革委办公厅关于进一步完善行政许可和行政处罚等信用信息公示工作的指导意见》要求，对于涉及企业商业秘密和个人隐私的信息，发布前应进行必要的技术处理。《国务院办公厅关于印发 2018 年政务公开工作要点的通知》要求，要依法保护好个人隐私，除惩戒公示、强制性信息披露外，对于其他涉及个人隐私的政府信息，公开时要去标识化处理，选择恰当的方式和范围。故政府部门在公开行政处罚信息时，应当对隐私信息进行特殊处理，把握好信息公开的尺度，避免造成不必要的纠纷。

评估发现，部分地方市场监督管理部门在公开行政处罚信息时，未对自然人的个人隐私信息进行必要的技术处理。例如，有多家地方政府市场监督管理部门在公开行政处罚信息时泄露了个人身份证号码。

(4) 部分地方市场监督管理部门处罚信息要素不完备

部分地方市场监督管理部门在公开行政处罚信息时，存在未公开行政处罚依据、行政处罚结果和行政处罚时间等要素不全的问题。评估发现，公开行政处罚结果信息的 30 家省级政府、46 家较大的市政府、112 家县（市、区）政府市场监督管理部门中，有 7 家县（市、区）政府市场监督管理部门未列明处罚决定依据，有 9 家县（市、区）政府市场监督管理部门未列明行政处罚结果；有 2 家省级政府、3 家较大的市政府以及 5 家县（市、区）政府市场监督管理部门未列明行政处罚决定时间；有 3 家省级政府、3 家较大的市政府、21 家县（市、区）政府市场监督管理部门行政处罚结果未公布上网时间。

(5) 部分政府行政处罚信息栏目建设维护情况有待加强

评估发现，部分政府虽设置了行政处罚栏目，但栏目内信息发布不全面，栏目设置不完善。例如，有的区政府行政处罚栏目中未公开市场监督管理部门的行政处罚信息；某市设置的双公示栏目仅细分了部分部门，未包含市场监督管理部门；部分市场监督管理部门行政处罚相关栏目链接失效，无法访问，例如，某市"行政许可和行政处罚等信用信息公示专栏"的行政处罚数据无法加载。

(八) 审计结果公开

《国务院关于加强审计工作的意见》中明确要求，加强预算执行和其他财政收支审计，密切关注财政资金的存量和增量，促进减少财政资金沉淀，盘活存量资金，推动财政资金合理配置、高效使用，把钱用在刀刃上；对审计发现的问题和提出的审计建议，被审计单位要及时整改和认真研究，整改结果在书面告知审计机关的同时，要向同级政府或主管部门报告，并向社会公告；加强审计机关审计计划的统筹协调，优化审计资源配置，开展好涉及全局的重大项目审计，探索预算执行项目分阶段组织实施审计的办法，对重大政策措施、重大投资项目、重点专项资金和重大突发事件等可以开展全过程跟踪审计。

2020年，项目组评估了31家省级政府门户网站、49家较大的市政府门户网站、120家县（市、区）政府门户网站及其审计部门门户网站公开审计信息的情况。评估的指标包括：（1）2020年审计计划信息，是否包括对重大政策措施、重大投资项目、重点专项资金和重大突发事件的审计等；（2）2019年本级政府预算执行情况和其他财政收支审计结果公告，包括基本情况、审计发现的主要问题、审计意见建议、问题整改情况；（3）2019年政府重大政策措施落实情况跟踪审计报告，包括基本情况、审计发现的主要问题。同时，项目组还特别关注了2020年度审计计划中，是否对新冠肺炎疫情防控工作开展全过程跟踪审计，该项作为观察指标。

1. 评估发现的亮点

（1）省级政府审计信息公开情况较好

评估发现，省级政府2019年度本级预算执行情况和其他财政收支审计结果报告公开较好。有31家省级政府公开了2019年度本级预算执行情况和其他财政收支审计结果报告，公开率为100%；公开的2019年审计结果报告内容均包含了基本情况、审计发现的主要问题和审计意见建议，其中，15家省级政府包含了当年审计发现问题整改情况，例如，北京市2019年市级预算执行和其他财政收支的审计工作报告中第六部分"审计查出问题初步整改情况"。

省级政府2019年重大政策措施落实情况跟踪审计报告公开较好。

评估发现，有29家省级政府公开了2019年重大政策措施落实情况跟踪审计结果，公开率为93.55%；3家省级政府按季度公开了2019年、2020年本级政府的重大政策措施落实情况跟踪审计结果，例如，辽宁省政府在"审计信息（公告报告）"栏目下，按季度公开了重大政策措施落实情况跟踪审计结果。

（2）部分政府审计报告公开形式丰富

评估发现，在公开2019年本级预算执行情况和其他财政收支审计结果报告的31家省级政府、35家较大的市政府、60家县（市、区）政府中，有11家评估对象还另外公开了审计报告对应的图解，例如，《【图解】天津市2019年市级预算执行和其他财政收支审计工作报告》运用了思维导图，添加数据统计表，并应用了卡通形象，使报告内容形象生动、简明易懂。

2. 评估发现的问题

（1）2020年审计计划信息公开情况较差

评估发现，19家省级政府、31家较大的市政府、76家县（市、区）政府未公开2020年度审计计划，占比分别达到61.29%、63.27%和63.33%。针对2020年新冠肺炎疫情，本应将新冠肺炎疫情防控相关工作的落实情况纳入审计计划，但评估发现，存在部分单位未能在审计计划中体现对新冠肺炎疫情相关的审计安排。

部分政府未单独规范公开2020年审计计划信息。评估发现，7家较大的市政府、11家县（市、区）政府未单独公开规范的年度审计计划，仅在2019年度工作总结和2020年度工作计划报告中简略提及审计计划。

（2）省级以下政府本级预算执行情况和其他财政收支审计结果报告的公开程度不高

省级以下政府2019年本级预算执行情况和其他财政收支审计结果报告公开情况不好。评估发现，有14家较大的市政府、60家县（市、区）政府未公开2019年本级预算执行情况和其他财政收支审计结果报告。在公开2019年本级预算执行情况和其他财政收支审计结果报告的35家较大的市政府、60家县（市、区）政府中，有26家较大的市政府、36家县（市、区）政府审计报告中未公开审计发现问题的整改情况，占比分别为74.29%、60.00%。

（3）省级以下政府重大政策措施落实情况跟踪审计报告公开力度不强

评估发现，2019年度本级政府重大政策措施落实情况跟踪审计报告公开情况不好。有16家较大的市政府和70家县（市、区）政府未公开重大政策措施落实情况跟踪审计结果。在公开重大政策措施落实情况跟踪审计结果的33家较大的市政府、50家县（市、区）政府单位中，有30家较大的市政府、41家县（市、区）政府未按季度公开，大多在2019年度本级预算执行情况和其他财政收支审计结果报告中有所提及，跟随审计报告内容按年度公开。

（4）部分政府审计信息公开不够集中，呈分散状

评估发现，部分政府审计信息公开不够集中，呈现分散发布的特点。部分政府及其审计工作部门门户网站未设置审计公开相关栏目，其审计相关信息发布栏目不明确，不便查询，例如，某市审计局将审计计划、审计结果信息发布在通知公告里，与财政预决算、职称评选、网站工作报表等混在一起。部分政府及其审计工作部门门户网站虽然设立了审计公开相关栏目，但栏目下公开信息较少，或者公开多为工作动态信息，无审计结果类信息，例如，某基层政府"政务公开—五公开—执行公开—审计公开"栏目下仅有一条2019年工作动态信息。

（九）行政执法统计年报

《国务院办公厅关于全面推行行政执法公示制度执法全过程记录制度重大执法决定法制审核制度的指导意见》要求行政执法机关建立行政执法统计年报制度，地方各级行政执法机关应当于每年1月31日前公开本机关上年度行政执法总体情况有关数据，并报本级人民政府和上级主管部门。

项目组对31家省级政府、49家较大的市政府、120家县（市、区）政府关于市场监督管理部门行政执法统计年报公开情况进行了考察。考察内容包括是否公开市场监督管理部门2019年度行政执法数据统计年报，是否在1月31日前上网公开以及行政执法数据统计年报内容是否完整。

1. 评估发现的亮点

部分单位行政执法统计年报内容较详尽。评估发现，部分地方市场监督管理部门2019年度行政执法数据统计年报内容翔实，较全面分析了行政执法总体工作情况。例如，广东省、广东省广州市、广东省汕头市、广东省珠海市、广东省深圳市、浙江省杭州市、广东省广州市海珠区、广东省广州市越秀区、广东省惠州市博罗县、安徽省黄山市徽州区、浙江省杭州市萧山区、浙江省杭州市余杭区等地的市场监督管理部门2019年度行政执法年报内容按照行政权力类型（行政处罚、行政许可、行政强制、行政征收、行政检查、行政裁决、行政给付、行政确认、行政奖励、其他行政执法行为）依次梳理了执法数据实施情况统计表，并配备文字说明。

部分地方市场监督管理部门2019年度行政执法年报内容除了梳理行政执法数据实施情况外，还总结了执法相关情况。例如，《武汉市市场监管局2019年行政执法统计年报》包含执法主体名称及数量，执法岗位设置及在岗执法人员数量，实施行政许可、行政处罚、行政强制、行政确认、行政奖励、行政裁决等行政执法工作情况，行政检查计划执行情况，投诉、举报办理情况。《哈尔滨市市场监督管理局2019年度行政执法总体情况公示》包含法定执法职责，2019年度行政执法数据，行政复议和行政诉讼情况，案件移送司法机关处理情况。天津市滨海新区的《2019年滨海新区市场监管行政执法报告》包含行政执法总体情况，案件情况，重点违法行为趋势分析。辽宁省浑南区发布的《浑南区市场监督管理局2019年度行政执法工作报告》包含行政执法主体及执法人员情况、法制审核总体情况、"行政执法事项清单"编制和公开情况、涉企检查计划管理情况、涉企检查备案情况、开展行政执法人员培训情况、自由裁量权基准制度建设情况、行政执法决定公开情况、重大行政处罚备案总体情况、行政执法音像记录设备配备情况、落实行政执法责任制情况。《北京市市场监督管理局2019年度行政执法统计年报》包含行政执法机关的执法主体名称，执法力量投入情况，政务服务事项的办理情况，执法检查计划执行情况，行政处罚、行政强制等案件的办理情况，投诉、举报案件的受理和分类办理情况。《本溪市市场监督管理局2019年度行政执法总体情况的报告》则从食品安全监管取得新成效，药品疫苗安全监管力度不断加大，特种设备专项整治取得新突破，产品质量安全监管进一步强化，强化公平竞争执法监管执法力度，知识产权保护运用不断强化，重点领域市场监管更加严格，消费维权力度不断加大，执法稽查工作取得新成效，加强诚信体系建设，加强事中事后监管 11 个方面总结了行政执法工作。

2. 评估发现的问题

（1）多数单位未公开行政执法统计年报

评估发现，在 31 家省级政府、49 家较大的市政府和 120 家县（市、区）政府中，分别仅有 3 家、17 家、40 家评估对象在政府门户网站、部门网站或行政执法信息公开专栏公开了市场监督管理局 2019 年度行政执法数据统计年报；其余 140 家评估对象均未公开市场监督管理局 2019 年度行政执法数据统计年报，占比达 70%。

（2）部分单位行政执法统计年报公开质量有待提升

部分单位行政执法统计年报存在公开不及时或未注明上网时间的问题。评估发现，在 60 家公开了 2019 年度行政执法数据统计年报的地方市场监督管理部门中，分别有 2 家省级政府、4 家较大的市政府、7 家县（市、区）政府市场监督管理部门未在 1 月 31 日前及时公开 2019 年度行政执法数据统计年报。

部分单位行政执法统计年报内容不够完备。评估发现，在 60 家公开了 2019 年度行政执法数据统计年报的地方市场监督管理部门中，有 1 家省级政府、7 家较大的市政府、12 家县（市、区）政府市场监督管理部门公布的 2019 年度行政执法数据统计年报仅包含文字说明，未包含行政执法数据实施情况统计表；有 1 家省级政府、2 家较大的市政府、14 家县（市、区）政府市场监督管理部门公布的 2019 年度行政执法数据统计年报仅包含行政执法数据实施情况统计表，未配有相关文字说明。

（十）法治政府建设情况年度报告

中共中央、国务院印发的《法治政府建设实施纲要（2015—2020年）》提出，县级以上地方各级政府每年第一季度要向同级党委、人大常委会和上一级政府报告上一年度法治政府建设情况，政府部门每年第一季度要向本级政府和上一级政府有关部门报告上一年度法治政府建设情况，报告要通过报刊、政府网站等向社会公开。中共中央办公厅、国务院办公厅印发了《法治政府建设与责任落实督察工作规定》，要求除涉及党和国家秘密的外，地方各级政府和县级以上政府部门应于每年4月1日前通过报刊、网站等新闻媒体向社会公开本机关法治政府建设年度报告，接受人民群众监督。可以说，法治政府建设年度报告已经成为各级政府展示其落实法治政府建设成效的重要渠道和载体，发布报告也是评价和监督法治政府建设的重要路径。

2020年度评估涉及34家对外有行政管理职能的国务院部门（含22家国务院组成部门、1家国务院直属特设机构、8家国务院直属机构、3家国务院直属事业单位）①、31家省级政府、49家较大的市政府和120家县（市、区）政府。评估内容主要包括2019年法治政府建设年度报告的发布方式方法、报告内容。其中，发布方式侧重于评价评估对象是否发布年度报告、发布方式是否便于公众查询，包括：报告发布、发布时间、发布渠道、发布栏目、报告发布形式。发布内容指标根据《法治政府建设实施纲要（2015—2020年）》《法治政府建设与责任落实督察工作规定》的要求，选择了法治政府建设中较为重要的内容作为本次评估的指标。②

1. 评估发现的亮点

（1）国务院部门、省级政府、较大的市政府普遍发布年度报告

截至2020年7月31日，34家国务院部门中，有33家发布了上一年度的法治政府建设年度报告，而2019年，课题组仅在上述部门中检索到21家发布了其2018年的年度报告。较大的市政府中，有47家发布了上一年度的年度报告，比2019年检索到的43家增加了4家。省级政府同2019年一样，全部公开了上一年的年度报告。

（2）按时发布报告的比例有所提升

相比于2019年仅5家国务院部门、4家省级政府、28家较大的

---

① 课题组开展的中国政府透明度第三方评估的评估对象包括49家国务院部门，而其中国务院部门管理的国家局无需单独对外发布法治政府建设年度报告，因此，本评估仅涉及34家国务院部门。

② 详细内容可参见《法治蓝皮书·中国地方法治发展报告（2019）》，社会科学文献出版社2020年版，第57—78页。

市政府和 36 家县（市、区）政府于 2019 年 4 月 1 日前发布了 2018 年法治政府建设年度报告，2020 年按时发布报告的比例明显提升。2020 年评估发现，分别有 17 家国务院部门、25 家省级政府、37 家较大的市政府和 73 家县（市、区）政府于 2020 年 4 月 1 日前发布了本机关上一年度的年度报告，比上一年按时发布报告的单位分别增加了 12 家、21 家、9 家、37 家，增加的百分比分别为 240%、525%、32.14% 和 102.78%。

（3）部分对象设有年度报告专栏

每年发布上一年度的法治政府建设年度报告是政府部门检验和展示自身法治政府建设成效的重要方式。作为一项需要持续发布的信息，报告理应置于政府网站的固定位置，以便于公众查询获取。因此，法治政府建设年度报告应同政府信息公开工作年度报告一样，发布于政府门户网站固定且专门的栏目内。评估发现，4 类评估对象中均有少数在门户网站设置了专门的栏目，集中发布历年的法治政府建设年度报告。如国家发展和改革委员会、教育部、国家税务总局、北京市、吉林省、浙江省、湖北省、广东省、无锡市、杭州市、厦门市、武汉市、深圳市、昆明市、西安市、银川市、福建省泉州市石狮市、广东省广州市海珠区、广东省广州市越秀区、广东省佛山市南海区、河北省唐山市丰润区、黑龙江省哈尔滨市道里区、上海市浦东新区、上海市徐汇区、上海市黄浦区、上海市金山区、浙江省温州市瓯海区、浙江省慈溪市、浙江省杭州市拱墅区、浙江省杭州市江干区、浙江省杭州市萧山区、浙江省杭州市余杭区。

（4）国务院部门、省级政府、较大的市政府部分指标的总体达标率较好

评估发现，国务院部门、省级政府、较大的市政府部分指标的总体达标率较好，即评估对象中达到某些指标要求的比例较高。如国务院部门发布报告、在报告中披露部门规章立改废数据、披露参与普法宣传的情况的比例分别为 97.06%、97.06%、91.18%。省级政府中，发布报告以及在报告中披露深化行政审批制度改革情况、加强执法体制改革情况的比率均为 100.00%；在报告中披露地方立法立改废数据、化解矛盾纠纷情况、完善执法程序情况、完善重大行政决策机制情况的占比分

别为96.77%、96.77%、93.55%、90.32%。较大的市政府中,达标率比较高的依次为:发布报告(95.92%),披露地方立法立改废数据(95.92%),披露深化行政审批制度改革情况(95.92%),披露加强执法体制改革情况(95.92%),披露完善执法程序情况(95.92%),披露化解矛盾纠纷情况(95.92%),披露完善重大行政决策机制情况(91.84%)。这在一定程度上表明,上述内容在日常的法治政府建设中的重视程度较高。

(5)部分对象的总体达标率较好

评估发现,部分评估对象所有评估指标内容符合要求的比率较高。国务院部门中,总体达标率居前的分别是农业农村部(85.71%)、商务部(78.57%)、司法部(75.00%)、国家市场监督管理总局(75.00%)。省级政府中,北京市全部达标,此外,达标率在90%以上的还有吉林省(96.67%)、湖南省(93.33%)、陕西省(93.33%)、湖北省(90.00%)、青海省(90.00%)。较大的市政府中,总体达标率居前的依次为西安市(93.33%)、邯郸市(90.00%)、苏州市(90.00%)、合肥市(90.00%)、成都市(90.00%)。县(市、区)政府中,总体达标率居前的依次为北京市海淀区(95.83%)、江苏省太仓市(95.83%)、上海市黄浦区(95.83%)、四川省成都市龙泉驿区(95.83%)、安徽省黄山市徽州区(91.67%)、上海市虹口区(91.67%)、上海市浦东新区(91.67%)、上海市普陀区(91.67%)、上海市金山区(91.67%)、浙江省杭州市拱墅区(91.67%)、浙江省慈溪市(91.67%)、重庆市奉节县(91.67%)。

显然,地方政府的达标率高于国务院部门,省级政府的达标率高于较大的市政府和县(市、区)政府。当然,年度报告写得好不代表其法治政府建设成效一定好,但至少在一定程度上表明有关地方和部门重视此项工作,其法治政府建设有可以总结汇报的内容。

2. 评估发现的问题

(1)按时发布仍有较大提升空间

观察发现,不少评估对象未能做到按时发布年度报告,其中省级政府、较大的市政府、县(市、区)政府的按时发布情况好于国务院部门。这其中不排除有的地方和部门受抗击新冠肺炎疫情影响,导致报告发布有所推延。

国务院部门中，有17家在2020年4月1日之前公开了上一年度法治政府建设年度报告。有25家省级政府于4月1日前发布了法治政府建设报告。有37家较大的市政府于4月1日前发布了法治政府建设报告。有73家县（市、区）政府于4月1日前发布了法治政府建设报告。

（2）发布渠道不一，徒增查询难度

年度报告发布路径的不统一甚至混乱，容易增加公众查询难度，影响信息发布的效果。法治政府建设年度报告属于一个相对较新的政府信息形式，长期以来在政府网站中缺少专门的发布栏目，这很容易造成发布渠道不一、查询困难的结果。仅有部分评估对象在自身门户网站或者地方政府司法行政部门网站的不同路径下设有专门栏目，发布其历年的年度报告。

除了发布栏目的问题外，不少地方政府还存在年度报告发布平台不统一的问题。不少地方政府在本级门户网站或司法厅（司法局）门户网站中发布年度报告。

此外，发布渠道不固定，随意性大。如国家广电总局的2019年和2018年度法治政府建设报告发布在其"新闻"栏目下的"公告公示"栏目下，而2017年度法治政府建设报告则是发布在政府信息公开工作年度报告的栏目下。又如河南省洛阳市将2018年和2019年的报告发布在"洛阳资讯"的"公告公示"栏目下，而2017年的报告发布在"市政府文件"的"2018年"栏目分类下；福建省福州市则将2019年的报告发布在"工作动态"的"榕城要闻"栏目下，2018年的报告发布在"规划计划"的"专项规划"栏目下；上海市虹口区有"依法行政工作报告"专栏，但2019年的报告未发布在该专栏内，仅发布在"政府自身建设"栏目；上海市普陀区有"法治政府建设情况报告"专栏，并按年份从2011年细分至2019年，但普陀区2019年法治政府报告发布在"主动公开政府信息目录"栏目内。

（3）年度报告题目名称各不相同

观察发现，年度报告题目名称不统一的问题仍然存在。法治政府建设年度报告应使用规范、统一的名称，以提升报告的严肃性和辨识度。评估发现，各评估对象所采用的年度报告的名称不统一。《法治政府建设实施纲要（2015—2020年）》及《法治政府建设与责任落实督察工作规定》使用了"法治政府建设年度报告"的表述，但本年度各评估对象使用的表述仍不统一。如海关总署标题为《关于2019年度贯彻落实〈法治政府建设实施纲要（2015—2020年）〉工作情况的报告》；广东省深圳市使用的是《2019年法治政府建设工作情况》；安徽省淮南市使用的是《关于2019年法治政府建设情况的报告》；山东省淄博市使用的是《2019年度法治政府建设工作报告》；安徽省合肥市蜀山区使用的是《蜀山区人民政府关于2019年度法治政府建设工作情况的报告》；广东省广州市越秀区使用的是《广州市越秀区人民政府2019年度法治政府建设工作报告》；广东省惠州市博罗县使用的是《博罗县人民政府关于2019年度博罗县法治政府建设及依法行政工作情况的报告》。

（4）报告内容详略程度相差悬殊

年度报告无需刻意追求字数多寡，而应做到应报告尽报告，力求全面展示上一年度情况，年度报告的质量如何也本不应以字数多少而下结论。但事关一个地区一个部门过去一年法治政府建设情况的总结分析，如果过度简洁，那么，要么是工作做得不多以至于报告乏善可陈，要么是对年度报告工作极度不重视，敷衍塞责。统计发现，四类评估对象的年度报告中，字数多的有1万余字，如上海市、吉林省、山东省青岛市、西藏自治区拉萨市、江西省南昌市、黑龙江哈尔滨市道里区、上海市虹口区、上海市黄浦区、内蒙古自治区包头市稀土高新区；而字数少的，只有寥寥两三千字，甚至有的不足两千字。国务院部门的报告中，字数最多的为6793个字，最少的为2240个字，其中3千字以下的有6家，3千字以上不足5千字的有21家，5千字以上的有6家。省级政府的报告中，字数最多的为12127个字，最少的为2606个字，其中3千字以下的有1家，3千字以上不足5千字的有18家，5千字以上不足8千字的有9家，8千字以上的有3家。较大的市政府的报告中，字数最多的为14741个字，最少的为2292个字，其中3千字以下的有2家，3千字以上不足5千字的有14家，5千字以上不足8千字的有20家，8千字以上的有11家。县（市、区）政府中，字数最多的为14021个字，最少的为2276个字，其中3千字以下的有5家，3千字以上不足5千字的有34家，5千字以上不足8千字的有35家，8千字以上的有9家。

（5）报告部分内容披露比例较低

评估发现，部分数据在评估对象年度报告中的披露比例不高。其中，国务院部门的报告中披露比例较低的内容较多，各级政府部门的报告中本机关负责人出庭应诉情况、规范性文件管理情况等的内容披露普遍较少。从国务院部门看，在报告中披露比率较低的有：2019年本机关负责人出庭应诉情况（5.88%），行政复议收结案数据（23.53%），行政诉讼数据（23.53%），重大行政决策公众参与情况（38.24%），规范性文件管理机制建设情况（41.18%），重大行政决策合法性审查的情况（50.00%），上一年度法治政府建设存在的问题（52.94%），法治政府责任制落实情况（58.82%）。从省级政府看，在报告中披露2019年规范性文件管理机制建设情况的仅有16家（占51.61%），披露行政机关负责人出庭应诉情况的仅有8家（占25.81%）。从较大的市政府看，在报告中披露2019年规范性文件管理机制建设情况的仅有23家（占46.94%），披露行政机关负责人出庭应诉情况的仅有25家（占51.02%）。从县（市、区）政府看，在报告中披露2019年行政诉讼数据的仅有44家（占36.67%），披露2019年行政机关负责人出庭应诉情况的仅有45家（占37.50%）。

此外，评估对象的年度报告对上年度工作存在的问题及下年度工作计划普遍描述不够具体。总结上年度工作存在问题并分析其原因，有助于帮助各级政府发现法治政府建设进程中的经验教训，进而明确下一年度工作重点，也给社会监督其法治政府建设提供一定的参考。但评估显示，仍然有部分单位对本单位上一年度工作中存在的问题以及下一年度的计划没有做出详尽的描述，而仅仅是较为空泛和简单的描述，甚至未在报告中列出本单位存在的问题或者下一年度计划。评估发现，仅有20家国务院部门、25家省级政府、39家较大的市政府和69家县（市、区）政府的法治政府建设年度报告中对上一年度工作存在的问题进行分析总结，但是仍然存在描述过于空泛简略，没有针对性的问题。而对于各单位的下一年度工作计划，尽管有35家国务院部门、26家省级政府、45家较大的市政府和76家县（市、区）政府在法治政府建设年度报告中对本单位下一年度的工作计划进行了说明，但是其中多个单位的描述较为笼统，没有针对性。

（6）个别报告内容存在雷同

年度报告是对法治政府建设各项内容的年度总结，在正文中难免出现不少年度性工作表述雷同、仅替换数据的情况，这无可厚非，甚至值得鼓励，因为只有持续就某些方面披露进展情况和数据，才能形成有效的纵向比较。但对自身存在问题的剖析和下一年度工作计划的描述则应当体现年度特色和本部门特点，而不应大量雷同。但评估发现，个别评估对象年度报告中，本年度存在的问题与下一年度工作展望（或工作计划）部分的表述存在雷同。

（7）年度报告的发布机构不统一

与上一年的评估结果类似，地方政府的年度报告发布依然存在发布机构不统一的现象。省级政府中，有12家以当地政府名义发布报告，5家以办公厅名义发布，10家以司法厅（司法局）名义发布，4家未标明发布单位。较大的市政府中，有16家以市政府名义发布，10家以办公厅（办公室）名义发布，18家以司法局名义发布（其中1家以司法局内设机构名义发布），1家以市委办公厅名义发布，1家以市委依法治市领导小组办公室名义发布，1家未标明发布机构。县（市、区）政府中，9家以县（市、区）政府名义发布，26家以办公室名义发布，28家以司法局名义发布，1家以党务综合部网信办名义发布，1家以政府信息公开办名义发布，1家以政府网通讯员名义发布，17家未列明发布机构。

（8）县（市、区）政府报告公开率、核心指标达标率总体情况不理想

县（市、区）政府法治政府报告公开率仍有提升空间。评估发现，2019年，参评的125家县（市、区）政府中有48家评估对象公开了上一年度的法治政府建设年度报告，公开率为38.40%；2020年，参评的120家县（市、区）政府中有83家评估对象公开了上一年度的法治政府建设年度报告，公开率为69.17%，虽然相较于2019年有较大提升，但仍有37家评估对象未公开2019年法治政府建设年度报告。

评估发现，县（市、区）核心指标达标率总体情况不理想，达到指标要求的评估对象占比较低。达标率最高的指标分别为发布报告、完善执法程序、下一年度规划、化解社会矛盾纠纷和重大行政决策建设机制建设，达标率分别为69.17%、65.83%、63.33%、62.50%和

61.67%，达标率最低的指标为专门栏目设置，达标率仅为13.33%。这表明，县（市、区）法治政府建设公开水平还有待提升。

（十一）规范性文件公开

加强行政规范性文件制定和监督管理，遏止"奇葩"文件出台，是全面贯彻习近平新时代中国特色社会主义思想和党的十九大关于"深化依法治国实践"要求的重要举措，是落实党中央、国务院关于推进依法行政、建设法治政府部署要求的重要抓手。

本次评估内容是对规范性文件清理信息的公开情况、规范性文件备案公开情况以及规范性文件有效性标注情况进行观测，其中规范性文件清理信息是以2020年为起算点，观测近三年规范性文件清理信息。本次评估对象是49家国务院部门、31家省级政府、49家较大的市政府、120家县（市、区）政府门户网站或政府法制部门网站。

1. 评估发现的亮点

（1）政府规范性文件清理结果公开情况较好

《国务院办公厅关于加强行政规范性文件制定和监督管理工作的通知》指出，制发行政规范性文件是行政机关依法履行职能的重要方式，直接关系群众切身利益，事关政府形象。评估显示，31家国务院部门、28家省级政府、45家较大的市政府、92家县（市、区）政府门户网站或其法制部门网站发布了近三年本部门规范性文件清理信息。其中，发布了2020年规范性文件清理信息的有21家国务院部门、16家省级政府、40家较大的市政府、47家县（市、区）政府。

相比2019年，国务院部门和较大的市政府公开规范性文件清理信息的情况有所提升。国务院部门公开2019年规范性文件清理信息的有16家，公开2020年规范性文件清理信息的有21家。较大的市政府公开2019年规范性文件清理信息的有28家，公开2020年规范性文件清理信息的有40家。

（2）多数评估对象标注了规范性文件有效性

评估显示，18家国务院部门、19家省级政府、38家较大的市政府、61家县（市、区）政府门户网站公开的2020年规范性文件标注了有效性。相比2019年，四级政府标注规范性文件有效性情况有所提升，

2020年新增6家国务院部门、5家省级政府、12家较大的市政府、11家县（市、区）政府。

（3）部分单位公开了规范性文件备案审查信息

《国务院办公厅关于加强行政规范性文件制定和监督管理工作的通知》要求，强化备案监督，健全行政规范性文件备案监督制度，做到有件必备、有备必审、有错必纠；制定机关要及时按照规定程序和时限报送备案，主动接受监督；省级以下地方各级人民政府制定的行政规范性文件要报上一级人民政府和本级人民代表大会常务委员会备案，地方人民政府部门制定的行政规范性文件要报本级人民政府备案，地方人民政府两个或两个以上部门联合制定的行政规范性文件由牵头部门负责报送备案；实行垂直管理的部门，下级部门制定的行政规范性文件要报上一级主管部门备案，同时抄送文件制定机关所在地的本级人民政府。

评估显示，公开2020年规范性文件备案审查信息的有，14家省级政府、20家较大的市政府、11家县（市、区）政府。其中，14家省级政府中有1家按年度备案，5家按季度备案，3家按月备案。20家较大的市政府中有10家按季度备案，3家按月备案。11家县（市、区）政府中有1家按年度备案，2家每半年备案一次，5家按季度备案。

（4）多数评估对象集中发布规范性文件

规范性文件集中统一公布，有利于加强规范性文件制发程序管理，健全工作机制，完善工作流程，确保制发工作规范有序。评估显示，政府网站对规范性文件集中统一公开的有30家省级政府、49家较大的市政府和120家县（市、区）政府。

2. 评估发现的问题

（1）部分单位未公开规范性文件清理信息

政府门户网站或法制部门网站未公开近三年规范性文件清理结果的有18家国务院部门、3家省级政府、4家较大的市政府、28家县（市、区）政府。省级政府公开规范性文件清理信息的情况不容乐观，省级政府公开2019年规范性文件清理信息的有21家，公开2020年规范性文件清理信息的有16家，比上一年减少5家。

（2）部分单位未标注规范性文件有效性

行政规范性文件是行政机关执法的重要依据，行政规范性文件是否有效事关政府依法行政，事关公众合法权益。标注规范性文件有效性既有助于公众准确查找办事依据，也是加强政府机关规范性文件管理的重要手段。评估显示，29家国务院部门、12家省级政府、11家较大的市政府、31家县（市、区）政府未标注规范性文件有效性。

此外，部分评估对象仅标注部分规范性文件有效性。标注规范性文件有效性理应对公开的所有规范性文件进行标注。仅标注部分规范性文件有效性，不利于制发规范性文件工作的规范开展，有损政府公信力和执行力。评估显示，标注部分规范性文件有效性的有4家省级政府、10家较大的市政府、26家县（市、区）政府。

（3）多数单位未发布规范性文件备案审查信息

《国务院办公厅关于加强行政规范性文件制定和监督管理工作的通知》要求，政府备案工作机构要加强与党委、人大系统备案工作机构的协作配合，建立备案审查衔接联动机制；全面实践规范性文件合法性审核机制，有利于从源头上防止违法文件出台，促进行政机关规范公正文明执法；规范性文件的合法有效，直接关系到政府依法行政以及公众的合法权益。

评估显示，未发布2020年规范性文件备案审查信息的有17家省级政府、29家较大的市政府、106家县（市、区）政府。

（十二）地方政府债务领域信息公开

2018年12月20日，财政部印发的《地方政府债务信息公开办法（试行）》（以下简称《办法》）（财预〔2018〕209号）第四条要求，预决算公开范围的地方政府债务限额、余额、使用安排及还本付息等信息应当在地方政府及财政部门门户网站公开，财政部门未设立门户网站的，应当在本级政府门户网站设立专栏公开。同时，第五条要求，县级以上地方各级财政部门应当随同预决算公开地方政府债务限额、余额、使用安排及还本付息等信息。《办法》进一步规范了地方政府债务管理工作，有利于增强地方政府债务信息透明度。

2020年度评估考察了31家省级政府门户网站、49家较大的市政府门户网站、120家县（市、区）政府门户网站及其财政部门门户网站公开2019年政府债务信息的情况，主要考察：（1）各类债务信息是否集中公开；（2）随同决算公开上年（2019年）末本地区、本级及所属地区地方政府债务限额、余额决算数；（3）随同2019年决算公开上年末（2019年末）地方政府债券发行、还本、付息决算数；（4）随同决算公开上年末（2019年末）地方政府债券资金使用安排。

1. 评估发现的亮点

（1）部分单位设置政府债务相关栏目

评估发现，有11家省级政府、11家较大的市政府、26家县（市、区）政府及财政部门网站设置政府债务相关栏目专门发布政府债务、债券发行、债券披露文件等信息，如安徽省财政厅、辽宁省抚顺市财政局、江苏省苏州市财政局、安徽省六安市金寨县等。

（2）部分单位政府债务集中公开情况良好

评估发现，196家评估对象均做到了集中公开政府债务信息或随同2019年决算公开政府债务信息，方便公众查找。对于政府债券发行、还本、付息决算数据，部分评估对象专门制作政府债券发行及还本付息情况表集中公开，如北京市、上海市、江苏省南京市、安徽省合肥市庐阳区等。

（3）政府债务限额、余额决算信息公开情况较好

随同决算公开上年末本地区、本级及所属地区地方政府债务限额（包含债务限额总数、一般债务限额数和专项债务限额数）及余额决算数（包含债务余额总数、一般债务余额数和专项债务余额数）情况较好。

在债务限额决算数公开方面，有28家省级政府、38家较大的市政府、96家县（市、区）政府全面规范地公开了2019年本地区地方政府债务限额，有22家省级政府、37家较大的市政府全面规范地公开了2019年本级地方政府债务限额，有19家省级政府（其中有11家评估对象细化到所辖县区）、29家较大的市政府还公开了2019年所属地区地方政府债务限额。

在债务余额决算数公开方面，有28家省级政府、40家较大的市政府、111家县（市、区）政府全面规范地公开了2019年本地区地方政府债务余额决算数，有24家省级政府、43家较大的市政府全面规范地公开了2019年本级地方政府债务余额决算数，有20家省级政府（其中

有11家评估对象细化到所辖县区)、30家较大的市政府还公开了2019年所属地区地方政府债务余额决算数。

各级地方政府债务限额及余额决算数信息随同决算一起公开情况较好，评估发现，有31家省级政府、45家较大的市政府、113家县（市、区）政府随同2019年决算一起（同一链接、同一文件、同一天）公开债务限额、余额信息；有1家较大的市政府、2家县（市、区）政府公开的信息相对分散，仅随同2019年决算一同公开了部分债务限额、余额信息；有3家较大的市政府、2家县（市、区）政府公开了债务信息，但未随同2019年决算一同公开。

（4）省级政府债券发行决算信息公开情况较好

随同决算公开上年末本地区、本级地方政府债券发行决算数情况较好。评估发现，公开2019年本地区地方政府债券发行决算数的31家省级政府中，除5家省级政府公开债务举借额、债务收入、债务转贷收入外，有23家省级政府全面规范地公开了债券发行决算总数、一般债券发行决算数和专项债券发行决算数等信息；公开2019年省本级政府债券发行决算数的30家省级政府中，除4家省级政府公开债务举借额、债务收入、债务转贷收入外，有18家省级政府全面规范地公开了债券发行决算总数、一般债券发行决算数和专项债券发行决算数等信息。

（5）地方政府债务还本、付息决算信息公开情况较好

随同决算公开上年末本地区、本级地方政府债务还本决算数和付息决算数情况较好。评估发现，公开了2019年本地区地方政府债务还本决算数和付息决算数的省级政府各有30家，较大的市政府各有46家，县（市、区）政府各有114家和113家，其中20家省级政府、30家较大的市政府、80家县（市、区）政府全面公开了还本额总数、一般债务还本额和专项债务还本额等信息，16家省级政府、24家较大的市政府、64家县（市、区）政府全面公开了付息额总数、一般债务付息额和专项债务付息额等信息。公开了2019年本级地方政府债务还本决算数和付息决算数的省级政府分别有30家和31家，较大的市政府分别有48家和49家，其中20家省级政府、28家较大的市政府全面公开了还本额总数、一般债务还本额和专项债务还本额等信息，14家省级政府、23家较大的市政府全面公开了付息额总数、一般债务付息额和专项债

务付息额等信息。

2. 评估发现的问题

（1）地方政府债券资金使用安排情况有待提升

评估显示，随同决算公开上年末本地区、本级及所属地区地方政府债券资金使用安排情况有待提升。仅有13家省级政府、18家较大的市政府、81家县（市、区）政府公开了2019年本地区政府债券资金使用安排决算情况，其中有4家省级政府、6家较大的市政府、13家县（市、区）政府2019年政府债券资金使用安排仅公开到使用方向，未细化到具体使用项目。其中，存在部分单位未区分本级和所辖地区新增债券使用项目的情况。

仅有11家省级政府、19家较大的市政府清晰地公开了2019年本级政府债券资金使用安排决算情况，其中有2家省级政府、6家较大的市政府2019年政府债券资金使用安排仅公开到使用方向，未细化到具体使用项目。

（2）部分单位政府债务信息统计不规范

一是，部分单位未公开债务还本、付息决算信息，不排除个别地方当年无政府债务还本额、无政府债务付息额等客观原因，但未做零报告进行统计公开，公众无法知晓具体情况，仍算作未公开。二是，部分省级政府对政府债务收入、举借额数值总体进行公开，未划分债券发行统计项；部分单位对政府债务还本、债务付息额决算数值总体进行公开，未划分债券还本、债券付息统计项。

（十三）义务教育领域信息公开

加强义务教育领域基层政务公开标准化规范化建设，加大义务教育信息公开力度，不断提高教育领域信息公开力度和公开水平，对规范基层教育公开、主动接受社会监督、促进教育公平、保障人民群众合法权益、推进教育治理体系和治理能力现代化具有重要意义。项目组依据《教育部办公厅关于全面推进政务公开工作的实施意见》《义务教育领域基层政务公开标准指引》等文件要求，对120家县（市、区）政府的义务教育信息公开情况进行了评估。

义务教育领域信息公开情况，评估内容主要包括当地义务教育招生入学政策、入学政策咨询电话、2020年义务教育招生范围、招生条件、招生结果、义务教育公办学校基本信息及2020年招生简章。评估范围为120家县（市、区）政府门户网站、同级教育行政部门或者招生考试主管部门网站以及上一级教育行政部门网站公开的有关信息。

1. 评估发现的亮点

（1）义务教育招生入学政策相关信息公开情况较好

评估发现，有93家县（市、区）政府公开了本地2020年义务教育阶段入学工作文件、招生工作实施方案，占比为77.50%，其中，有91家评估对象既公开了小学招生入学政策，又公开了初中招生入学政策；有81家公开了本地义务教育阶段入学政策咨询电话，占比为67.50%。广东省佛山市顺德区和广东省佛山市南海区还公开了乡镇的义务教育招生入学政策。

招生范围方面，有96家县（市、区）政府公开了小学招生范围，占比为80.00%，其中有86家评估对象公开了2020年每所学校的招生范围；有101家县（市、区）政府公开了初中招生范围，占比为84.17%，其中有87家评估对象公开了2020年每所学校的招生范围。

招生条件方面，有98家县（市、区）政府公开了普通学生入学条件、随迁子女入学条件，占比为81.67%。

（2）部分单位义务教育公开专栏设置细致

评估发现，部分县（市、区）在政府门户网站设置了义务教育信息公开专栏或专题，且栏目设置合理，信息有序发布。如广东省佛山市禅城区门户网站设置"禅城区2020年小学初中新生入学"专题，细分为"公办小学初中""民办小学初中"栏目，集中公开2020年义务教育政策、报名指引、招生地段、学位安排等信息，且提供了招生报名系统入口和在线咨询系统链接。广东省深圳市罗湖区"教育培训"栏目划分了"学前教育"和"中小学教育"子栏目，集中公布了中小学学位申请政策、招生问答及各学校基本信息。

（3）部分入学服务平台统一提供义务教育各类信息

由上级政府建设的入学服务平台统一提供行政管辖范围内各县（市、区）义务教育相关信息及报名办理入口，便于学生和家长查询所需信息，实现高效便捷办理入学报名。评估发现，部分县（市、区）

政府通过上级政府建设的义务教育入学服务相关平台集中公开义务教育招生入学信息、学校情况、网上报名办理渠道。例如北京市义务教育入学服务平台"相关政策"栏目集中公布了各区义务教育阶段的入学政策文件,"立刻开始办理"栏目提供了北京市各区义务教育阶段的报名入口及各区的义务教育相关政策、小学初中学校介绍等信息。上海市义务教育入学报名系统细分"上海市招生政策""各区招生政策"栏目,集中公开上海市各区义务教育招生政策、服务网站链接、服务电话、联系地址,并提供了报名通道及报名查询通道。贵州省贵阳市义务教育入学服务平台"市级政策"栏目集中公开2020年贵州省贵阳市部分学校摇号结果及2020年招生政策,"区级政策"栏目集中公开各县区2020年招生政策,"学校介绍"细分"公办学校简介""民办学校招生简章"栏目,集中公开各区各学校计划招生人数、班级数、寄宿类型、办学地址、学校负责人、招生咨询电话等信息。

(4) 部分单位义务教育信息公开形式形象生动

评估发现,部分地方采用图表、视频等形式公开义务教育信息,便于公众理解。例如北京市义务教育入学服务平台运用流程图和视频演示生动形象地展示了义务教育入学流程。上海市各区政府采用了一览表的形式展示小学、初中学校基本信息,包括学校名称、地址、办学规模与设施基本情况、师资队伍情况、收费标准、学生宿舍等信息,用图文结合的方式展示小学、初中入学流程。广西壮族自治区玉林市博白县、广西壮族自治区百色市平果县、新疆维吾尔自治区库尔勒市等单位以片区划分示意地图的形式清晰地展示了学区划分情况。

(5) 部分单位网站提供随迁子女入学办理专门渠道

评估发现,部分地方在门户网站、义务教育平台开辟了针对随迁子女的入学报名办理渠道,方便随迁子女办理义务教育就学。如浙江省宁波市江北区门户网站设置了针对外来随迁子女的就学报名平台,贵阳市义务教育平台提供了各县区非户籍生报名系统,北京市义务教育入学服务平台设置了非本市户籍适龄儿童接受义务教育证明证件材料审核入口。

2. 评估发现的问题

(1) 义务教育招生计划人数公开情况较差

评估发现,120家县(市、区)政府中,有82家评估对象未公开

2020 年公办小学计划招生人数，11 家评估对象仅公开了 2020 年每所公办小学的计划招生班数，2 家评估对象仅公开了 2020 年小学计划招生总数，1 家评估对象公开了部分公办小学的计划招生人数。有 77 家评估对象未公开 2020 年公办初中计划招生人数，11 家评估对象仅公开了 2020 年每所公办初中的计划招生班数，1 家评估对象仅公开了 2020 年初中计划招生总数，2 家评估对象公开了部分公办初中的计划招生人数。

（2）义务教育招生结果公开情况亟需改善

评估发现，120 家县（市、区）政府中，有 105 家未公开 2020 年公办小学招生结果，有 106 家未公开 2020 年公办初中招生结果。另外，有的县（市、区）政府 2020 年招生结果仅公开招生班级数或总人数未公开学生名单，还有些单位仅公开部分类别的录取结果信息。

（3）义务教育公办学校信息公开率较低

对于义务教育公办学校基本信息及 2020 年招生简章的评估，通过在各县（市、区）中随机抽取一所公办学校（小学或初中）来考察其信息公开情况。评估发现，抽查的 120 家公办学校中，仅有 29 家评估对象全面完整地公开了学校简介（包含办学性质、办学地点、办学规模、办学基本条件、联系方式等要素），仅占 24.17%；仅有 9 家评估对象公开了学校 2020 年招生简章，仅占 7.50%。

（十四）解读回应

政策解读作为政府信息公开的重要组成部分之一，公开程度也是评价政府"透明、公开"以及政府服务水平的一个重要标准。政策解读测评主要是对各单位的政策解读栏目设置、政策解读发布情况、政策解读形式、政策解读内容、主要负责人解读情况等进行测评。在政策解读测评中，政策解读信息采取较严的标准，必须是本机关对自身政策的解读。回应关切方面主要选取了网站互动情况进行观测。对网站互动的测评则主要是对国务院部门、较大的市政府以及县（市、区）政府进行测评，对网站互动的测评主要是针对是否在本网站设置在线互动平台以及本网站对公众关切的反馈是否进行公开。

1. 评估发现的亮点

（1）政策解读栏目设置普遍

政策解读专栏的设置方面，46家国务院部门、31家省级政府、49家较大的市政府以及119家县（市、区）政府在其门户网站中均设置了专栏，用来进行相关政策的解读，开通率达到了98.00%以上。部分单位不仅设置专栏还进行分栏目设置，如安徽省、安徽省合肥市、安徽省淮南市以及上海市金山区就在政策解读下设置了负责人解读的专栏，专门用于主要负责人解读的公开。而广东省则是不仅在本网站中设置政策解读的专栏，还设置了国内、省内以及省内各个地级市的政策解读栏目，便于公众直接查阅。

（2）政策解读内容中要素较为完整

在政策解读的内容方面，42家国务院部门、30家省级政府、46家较大的市政府以及64家县（市、区）政府在发布的政策解读内容中均列出了解读的背景以及解读的核心内容。解读内容较为完善，对政策文件的解读不是照搬文件原文而是对其中的内容进行了更为简洁明了的解释，这使得政策中比较专业和艰涩的语言更便于理解，便于公众理解相关的政策。广西壮族自治区政府在其门户网站中公开的部分政策解读不仅要素齐全，还将相关的政策在意见征求过程中征集到的意见总体情况以及对意见的采纳情况也进行叙述。而浙江省杭州市、河南省郑州市以及浙江省余姚市政府除公开政策解读的相关内容外，还将解读人的姓名等相关信息也列入文案中，内容较为翔实。

（3）解读形式多样

评估发现，多家评估对象对本单位的政策解读不仅仅局限于文字解读、图解、视频解读等，还使用H5解读、漫画解读等方式，增加了政策解读可读性和趣味性。如湖南省政府的解读涵盖了多种方式，还将政策解读的内容放置在专门的网页中；而北京市西城区、广东省惠州市博罗县以及陕西省西安市则是均使用了漫画解读的方式对本级的政策进行解读。评估发现，使用除文字解读外的其他方式解读文件的单位中，有36家国务院部门、29家省级政府、39家较大的市政府以及88家县（市、区）政府做到了使用多种方式对政策进行解读，其中使用多种方式解读政策的县（市、区）政府，与2019年相比增加了将近20家，解读水平大大提高。

(4) 政策解读栏目下的内容基本定位准确

评估发现，有 34 家国务院部门、26 家省级政府、41 家较大的市政府以及 101 家县（市、区）政府在门户网站设置的政策解读栏目下均放置的是政策解读信息，而不是非政策解读信息，信息定位比较准确。准确地放置政策解读信息能够给浏览网站的公众以正确的指引，避免因为信息放置杂乱导致查看政策解读信息不便。

2. 评估发现的问题

(1) 多家评估对象仍存在政策与解读无相互链接的情况

为了解决公开的政策信息与其解读信息分别公开在不同位置，导致查询不便的问题，政策信息与其解读信息有必要建立相互链接。评估发现，有 7 家国务院部门的政策与解读没有相互链接，有 3 家部门仅部分政策和解读相互链接。有 4 家较大的市政府仅部分政策和解读是相互链接的，12 家县（市、区）政府完全没有将政策与解读进行相互关联。

(2) 政策解读与政策的同步发布情况不佳

确保政策信息与解读信息同步发布，有助于确保政策信息公开后及时让公众通过解读信息全面把握政策的制定背景、规定内容等。在政策发布与政策解读的同步性方面，国务院部门有 26 家评估对象未同步发布或者仅有部分的政策解读同步发布，而省级政府中有 22 家评估对象未及时同步以及没有全部进行同步发布；有 28 家较大的市政府未同步发布或部分同步发布；有 53 家县（区、市）政府未同步发布或部分同步，个别单位因未标注日期而无法判断是否同步。

(3) 主要负责人解读情况不佳

主要负责人对相关政策的解读提高了解读的权威性，更有助于政策的落实和实施。但评估发现，7 家国务院部门、25 家省级政府、43 家较大的市政府以及 107 家县（区、市）政府没有主要负责人解读情况。可见省级政府、较大的市政府以及县（市、区）政府在主要负责人解读政策并进行公开方面的工作仍然需要加强。

(4) 政策解读栏目未进行分类

多个部门虽然设置政策解读专栏，但是未在政策解读的专栏下设置分栏，没有将政策解读的内容进行分类，而是将所有政策解读的内容放置在一起，使得查找不便。有37家国务院部门、7家省级政府、21家较大的市政府以及76家县（市、区）政府未在本单位门户网站的政策解读栏目下设有子栏目，而只是将政策解读内容进行集中公布，这样在寻找特定政策解读时就会带来不便。

（5）网站互动查看反馈不太便捷

公开对公众通过互动评估提出意见建议的反馈信息，有助于及时回应和引导其他有同样诉求的群众，避免重复咨询投诉。评估发现，有2家国务院部门没有设置网站互动平台，有4家国务院部门虽然设置了网站互动平台，但是却未公开对公众意见建议的反馈。5家县（市、区）政府网站上对公众关切的反馈公开情况无法查看，均需要登录才能查看。

（十五）依申请公开

为贯彻落实党中央、国务院关于全面推进政务公开的指示精神，积极回应人民群众对于政府信息公开的需求，修订后的《政府信息公开条例》完善了依申请公开的制度、机制和程序。2020年6月6日至10月23日，项目组以"申请公开2019年本区（县、市）危房改造项目实际投入金额"为申请问题，对全国120家县（市、区）政府的依申请公开情况通过电子申请或信函申请进行了验证。电子申请优先采用门户网站依申请公开平台，其次选择政府信息公开指南中公布的电子邮箱。在没有电子申请渠道或电子申请渠道不畅通的情况下，采用信函渠道申请。信函申请采取邮政挂号信的方式。评估重点内容为观测政府信息公开指南（以下简称指南）是否更新、申请渠道是否畅通、政府信息公开申请的答复是否规范等。

1. 评估发现的亮点

（1）部分评估对象公开并更新了指南

修订后的《条例》，完善了依申请公开的程序规定，明确了公开申请提出、补正申请内容、答复形式规范、征求意见程序等内容，切实保障人民群众依法获取政府信息。评估显示，117家评估对象公开了指南，81家评估对象标注了指南生成日期或版本，99家评估对象提供了本机关信息公开工作机构的名称、地址、办公时间、联系电话等内容。

第一，对政府信息公开申请答复期限进行更新。

《条例》第三十三条规定"行政机关不能当场答复的，应当自收到申请之日起20个工作日内予以答复；需要延长答复期限的，应当经政府信息公开工作机构负责人同意并告知申请人，延长的期限最长不得超过20个工作日"。评估显示，89家评估对象指南中的政府信息公开申请答复期限的表述按照《条例》更新。

第二，对补正程序进行更新。

《条例》第三十条，对补正次数以及期限作出明确规定"政府信息公开申请内容不明确的，行政机关应当给予指导和释明，并自收到申请之日起7个工作日内一次性告知申请人作出补正，说明需要补正的事项和合理的补正期限。答复期限自行政机关收到补正的申请之日起计算。申请人无正当理由逾期不补正的，视为放弃申请，行政机关不再处理该政府信息公开申请"。评估显示，49家评估对象指南中补正告知日期已调整为7天。

第三，对重复申请的处置规定进行更新。

《条例》对申请人不当行使申请权的行为予以规范并明确处理结果。《条例》第三十六条第六款规定"行政机关已就申请人提出的政府信息公开申请作出答复、申请人重复申请公开相同政府信息的，告知申请人不予重复处理"。评估显示，59家指南中关于重复申请处理的表述与《条例》内容一致。

第四，对公开内容的相关条款进行更新。

《条例》第三十八条规定"……除依照本条例第三十七条的规定能够作区分处理的外，需要行政机关对现有政府信息进行加工、分析的，行政机关可以不予提供"。新条例中将"加工、汇总"修改为"加工、分析"，评估显示，有42家指南按照新条例予以更新表述。对于"需要行政机关对现有政府信息进行加工、分析的"直接表述为"可以不予提供"的有19家，未对内容予以限缩。

《条例》第十六条规定"行政机关的内部事务信息，包括人事管理、后勤管理、内部工作流程等方面的信息，可以不予公开。行政机关在履行行政管理职能过程中形成的讨论记录、过程稿、磋商信函、请示报告等过程性信息以及行政执法案卷信息，可以不予公开。法律、法规、规章规定上述信息应当公开的，从其规定"。评估显示，有5家指南中对过程信息、内部信息表述为"可以不予公开"，符合立法本意。

《条例》第十五条规定"涉及商业秘密、个人隐私等公开会对第三方合法权益造成损害的政府信息，行政机关不得公开。但是，第三方同意公开或者行政机关认为不公开会对公共利益造成重大影响的，予以公开。"评估显示，有31家指南中对涉及商业秘密、个人隐私等信息，会对第三方合法权益造成损害的政府信息，提及征求第三方意见和裁量处理。

第五，对收取费用相关内容进行更新。

《条例》第四十二条第一款规定"行政机关依申请提供政府信息，不收取费用。但是，申请人申请公开政府信息的数量、频次明显超过合理范围的，行政机关可以收取信息处理费"。评估显示，有55家评估对象的指南按照《条例》予以更新。

第六，对投诉举报相关内容进行更新。

《条例》第五十一条规定"公民、法人或者其他组织认为行政机关在政府信息公开工作中侵犯其合法权益的，可以向上一级行政机关或者政府信息公开工作主管部门投诉、举报，也可以依法申请行政复议或者提起行政诉讼"。申请人认为行政机关侵犯其合法权益的，行政机关应当告知申请人通过相应渠道解决。评估显示，有55家评估对象对指南中的举报条款予以更新。

（2）申请渠道全部畅通

申请渠道畅通是保障申请人获取政府信息的基本条件。评估显示，120家评估对象中有85家可通过其门户网站依申请公开平台提交申请，全部显示提交成功。9家通过电子邮件提交的申请，全部显示发送成功，后经申请人电话确认，9家评估对象均收到电子邮件；26家通过挂号信方式寄出，物流显示26家评估对象均已签收。120家评估对象的政府信息公开申请渠道全部畅通。

（3）电子申请渠道普及率提升

随着"互联网＋政务"的深入推进，政务公开便民利企效能不断提升。评估显示，公众提交政府信息公开申请的便捷化程度较高。120 家评估对象中有 94 家是通过电子邮件方式提交的政府信息公开申请，占比为 78.33%。

（4）多家评估对象增设短信提醒功能

评估发现，120 家评估对象中有 22 家给申请人发送短信，告知办理进度以及办理结果。例如，佛山市禅城区、广州市越秀区、深圳市罗湖区、海口市秀英区、长沙市岳麓区、杭州市江干区、昆明市五华区、济南市历下区、上海市徐汇区等。短信提醒功能的应用，有利于申请人及时了解其申请办理情况。

（5）多数评估对象在法定期限内作出答复

政府信息公开在保障公众依法获取政府信息，促进政府职能转变等方面发挥了积极作用。随着法治社会的发展，公众维护自身权益的积极性增强，政府在法定期限内积极回应公众对政府信息的需求，是行政机关的基本职责所在。评估显示，120 家评估对象中有 96 家在法定期限内作出答复，按时答复率为 80.00%，答复率较往年有明显提升。

（6）部分评估对象告知书中救济渠道较为明确

《条例》第五十一条规定"公民、法人或者其他组织认为行政机关在政府信息公开工作中侵犯其合法权益的，可以向上一级行政机关或者政府信息公开工作主管部门投诉、举报，也可以依法申请行政复议或者提起行政诉讼"。告知书中列明救济渠道，可以有效保障申请人的权利。评估显示，120 家评估对象中有 43 家列出复议机关或有管辖权法院的具体名称，其中山东省济南市历下区、山东省威海市荣成市答复告知书中复议机关和法院名称后面均附有具体地址。

2. 评估发现的问题

（1）部分评估对象指南未全面更新

第一，《条例》第三十八条对需要"加工、分析"的政府信息公开情况作出规定。评估显示，有 26 家指南中的规定违反立法本意，直接表述为"不予提供"，而非"可以不予提供"。74 家评估对象无"加工、分析"政府信息公开情况的相关内容。

第二，《条例》第十六条规定对过程信息、内部信息的公开情况作出规定。评估显示，有 24 家指南中对过程信息、内部信息表述为"不予公开"而非"可以不予公开",与立法本意不符。有91家评估对象指南中无过程信息、内部信息公开情况的相关内容。

第三,《条例》第十五条规定对涉及商业秘密、个人隐私等信息会对第三方合法权益造成损害的政府信息,提及征求第三方意见和裁量处理。评估显示,有13家指南中直接表述为"不予公开",与立法本意不符。有76家无涉及商业秘密、个人隐私等信息公开情况的内容。

第四,《条例》第四十二条第一款规定"行政机关依申请提供政府信息,不收取费用。但是,申请人申请公开政府信息的数量、频次明显超过合理范围的,行政机关可以收取信息处理费"。评估显示,12家评估对象的指南中载明政府信息公开申请要收取费用;51家评估对象的指南中无收费相关内容;2家评估对象的指南中对政府信息公开收费规定的内容不完整,未列明"申请人申请公开政府信息的数量、频次明显超过合理范围的,行政机关可以收取信息处理费"。

第五,《条例》第五十一条对投诉举报相关内容作出规定。评估显示,40家评估对象指南中所列的投诉举报条款内容未更新;9家指南中无投诉举报相关内容;12家指南中虽有举报条款,但要素不全,未将上一级行政机关、政府信息公开工作主管部门都列明,而只列明其中一项。有21家评估对象指南中所列的投诉举报条款,仍包含监察机关,未更新相关内容。此外,《条例》第三十条对补正次数以及期限作出明确规定,但评估显示,有41家评估对象未列明告知补正的期限。

(2)部分评估对象指南未列明政府信息公开申请答复期限

《条例》第三十三条第二款对不能当场答复的政府信息公开申请的答复期限作出规定,政府机关应当在指南中进一步明确依申请答复期限,有利于减少争议纠纷。评估显示,关于依申请公开的答复期限,120家评估对象中有3家评估对象无依申请答复期限。

(3)部分评估对象指南中联系电话不准确

《条例》第三十一条第三款规定"申请人通过互联网渠道或者政府信息公开工作机构的传真提交政府信息公开申请的,以双方确认之日为收到申请之日"。因此,指南中发布的机构联系电话尤为重要。但评估显示,部分单位指南中发布的联系电话不准确,无法通过电话联系相关单位。

（4）部分评估对象指南中工作机构信息要素不全

指南中应提供该机关信息公开工作机构的名称、地址、办公时间、联系电话等内容，切实发挥政府对人民群众生产、生活和经济社会活动的服务作用。评估显示，有14家指南中所列的工作机构信息要素不全，缺乏办公时间、联系电话等信息要素。

（5）部分评估对象发布的政府信息公开申请渠道不准确

指南是公众申请政府信息公开的指导和依据，但实践中部分单位指南中发布的政府信息公开申请渠道不准确。例如，某区人民政府指南中写明可以通过"依申请公开"栏目进行网页申请，但网站上设置的依申请公开栏目中只发布了信息公开申请表，并不能提交政府信息公开申请。某区的政府信息公开指南中发布的申请渠道和依申请公开栏目中发布的申请渠道不一致，政府信息公开指南中发布的申请渠道包括信函或传真申请以及当面申请，依申请公开栏目中发布的申请渠道则包括信函或传真申请、当面申请、电子邮件方式。指南中的申请渠道未写网页平台申请，但政府门户网站设置了网页申请栏目，可以提交政府信息公开申请。

（6）部分评估对象为申请设置不合理障碍

第一，超出条例要求审核用途和工作单位。

修订后《条例》已删除了"公民、法人或者其他组织申请获取相关政府信息需"根据自身生产、生活、科研等特殊需要"的条件。但评估显示，多家评估对象政府信息公开平台的表格中，并未删除申请用途一项，甚至将申请用途作为必填项。部分单位反复询问具体用途，为申请人依法获取政府信息设置障碍。某区网页申请中将工作单位设为必填项。

第二，网页申请平台设置功能不足。

有的评估对象的网页申请平台无法成功提交政府信息公开申请。评估显示，120家评估对象中，有6家平台未能成功发送，网页申请渠道形同虚设。例如，宁夏回族自治区固原市某县网页申请反复显示验证码不正确，某市鼓楼区验证码频繁闪烁，无法提交政府信息公开申请。某区的门户网站需要注册才可以提交政府信息公开申请，并且网页注册困难，最终网页注册失败。

有的网页申请平台未包含所有被申请单位。例如，安徽省某县的依申请平台中的提供单位没有金寨县政府,无法在网页平台选择该县政府提交申请。

有的在网页申请平台提交政府信息公开申请后,未给申请人发送查询码,无法查询被申请单位是否作出答复。

有的根据网页申请成功获取的编号和密码进行查询,显示无申请记录。某县网页申请平台未设置身份证明上传功能,网页申请后,需要通过电子邮件发送身份证扫描件。

第三,网页表格或者申请表信息未根据《条例》进行更新。

《条例》第四十二条第一款规定:"行政机关依申请提供政府信息,不收取费用。但是,申请人申请公开政府信息的数量、频次明显超过合理范围的,行政机关可以收取信息处理费。"评估显示,有的基层政府、山东省的网页申请表格中,依然有减免费用的必选项,未根据《条例》对表格修订。

(7) 部分评估对象未答复或超期答复

对申请人提出的政府信息公开申请,行政机关应当根据不同情况作出相应答复。政府信息公开是保障公众知情权、监督权的重要渠道,有利于监督和规范政府权力,推动政府不断改进工作。政府对申请人提出的申请不作答复或者超期答复,有损政府公信力。评估期间,120家评估对象中有9家超期答复,有10家未答复,有4家通过其平台作出答复,但是未说明答复时间,无法判断答复是否超期。

(8) 答复形式不规范

政府信息公开的答复属于政府行为的一种,应当规范、正式。评估显示,120家评估对象中,有5家通过电话答复,有8家出具的答复告知书中单位未落款,有3家未加盖公章,有42家使用非官方邮箱答复。

(9) 答复内容不规范

《条例》第三十六条和第三十七条对行政机关根据不同情况作出的答复进行了明确规定。内容规范的答复告知书主要体现为以下几种情况:第一,直接公开,并告知救济渠道;第二,已主动公开,告知公开的具体位置或链接,并告知救济渠道;第三,非本机关受理范围、非政府信息、不予加工分析等不予公开的情形,说明不予公开的法律依据以及不予公开的理由,并告知救济渠道。其中,救济渠道应列明复议机关和有管辖权法院的具体名称。答复告知书是政府信息的直接载体，答复告知书内容不规范直接影响政府信息公开工作的时效性。

评估显示，120家评估对象中，有11家未说明不予公开的法律依据；有4家未说明不予公开的理由，有26家未列出复议受理部门或有管辖权的法院的具体名称，有4家救济渠道内容有误，有38家未告知救济渠道。

（10）各个评估对象对同一个问题答复不统一

评估显示，在面对同类政府信息公开申请的问题时，各家评估对象的处理结果不一致，其中有50家直接公开；有1家不予公开；有1家将问题定义为非政府信息公开范围；有31家答复非本机关政府信息公开范围；有3家答复不予加工。此外，有24家信息不存在，有10家未作答复。

四　展望

2020年，中国在应对新冠肺炎疫情中在全球独树一帜，成效显著，既显示了国家强大的综合国力和应对突发公共卫生事件的能力，也进一步彰显了加大公开力度、及时有效回应社会关切的显著效果。实践证明，政务公开有助于保障人民群众切身利益，是实现国家治理体系和治理能力现代化的重要路径。中共中央印发的《法治社会建设实施纲要（2020—2025年）》明确提出，要推进政府信息公开，涉及公民、法人或其他组织权利和义务的行政规范性文件、行政许可决定、行政处罚决定、行政强制决定、行政征收决定等，依法予以公开；在推进多层次多领域依法治理方面，纲要要求实施村级事务阳光工程，完善党务、村务、财务"三公开"制度，梳理村级事务公开清单，推广村级事务"阳光公开"监管平台。国务院办公厅印发《关于切实解决老年人运用智能技术困难实施方案的通知》为互联网和移动互联网时代推进政务公开惠及各类人群提出了新要求。国务院办公厅印发的《公共企事业单位信息公开规定制定办法》则有望进一步推动公共企事业单位的信息公开工作。总结2020年政务公开得失，今后还需从如下方面着力。

首先，进一步将找准和满足群众需求作为政务公开的出发点和着力点。坚持用户导向是做好政务公开的前提。为此，应通过依申请公开受理情况、政府网站及新媒体公开平台的查询使用情况、群众热线咨询情况、政务服务办事场景等，研判群众的政务公开需求，有针对性地调整公开范围、优化公开方式。

其次，全面深入推进政务公开与政府管理和政务服务的融合发展。政务公开必须走出孤立于政府各项业务工作的局面，与政府管理和政务服务深度融合，使公开成为管理和服务的有机组成部分，以公开促管理、以公开提服务，在做好管理和公开的同时做好政务公开工作。

再次，因地制宜、因人而异，做好面向各个层次的人民群众的公开工作。在很多中小城市、广大的农村，互联网和移动互联网的公开效果还不够理想，很多群众特别是老年人群体还不善于通过网站或者各类移动微平台获取信息。因此，必须善用广播电视、基层宣传栏等传统方式和平台，同时注意引导上述地区和上述人群的群众逐步学习尝试利用信息化手段接受政务公开。

另外，找准短板重点突破，提升政务公开整体水平。各领域政务公开均有相应的规定，但各地方各部门公开情况参差不齐，为此，一方面各单位需自查并补齐短板，另一方面，上级单位应细化公开标准、加大督查考核评估力度，推进政务公开标准化规范化，引导各地方各部门落实公开要求。

最后，继续加大基层政务公开工作力度。做好最基层的政务公开工作是满足人民群众切实需求的根本。建议在近年来推进基层政务公开规范化标准化建设的基础上，继续加大村务、居务公开力度，加大对基层村居政务公开的指导和推进力度，为法治社会、法治中国建设夯实基础。

Ⅱ 政务公开机制与保障

湖北省深化政务公开打造透明政府的实践与思考

湖北省政务管理办公室[*]

摘　要：2020年，是湖北历史上极不平凡、极不容易的一年。千年梦想与百年目标交汇，世纪疫情与百年变局交织，政务公开工作经历了大战大考洗礼。湖北省认真贯彻落实中央、国务院决策部署，将政务公开纳入疫情防控和优化营商环境工作大局，统筹谋划，创新机制，协调推进。充分发挥政府网站、政务新媒体、网络新闻发布、12345政民互动等平台的显政作用，依法、准确、及时、全面公开权威信息，为疫情防控和疫后经济社会发展提供舆论引导、政策实施、解疑释惑、在线办事等服务，塑造了公开透明的政府形象。面对"深化政务公开"的新使命，湖北还需要深入推进《条例》贯彻落实、政策落实落地见效、基层政务公开标准化规范化、突发公共卫生事件信息公开和优化政务公开平台，实现政务公开提质增效。

关键词：政务公开　疫情防控　机制创新　提质增效

近年来，湖北省坚持以习近平新时代中国特色社会主义思想为指

---

[*] 课题组负责人：龚斌，湖北省政务管理办公室党组成员、副主任。课题组成员：袁晓光，湖北省政务管理办公室政务服务与政务公开处处长；韩玉明，湖北省政务管理办公室政务服务与政务公开处一级调研员；金宇卫，湖北省政务管理办公室政务服务与政务公开处副处长；吕倩，湖北省政务管理办公室政务服务与政务公开处一级主任科员；宋超，湖北省大数据中心干部；刘庆，湖北省大数据中心干部；李娜，湖北省大数据中心干部；郭伟，湖北省大数据中心干部。执笔人：韩玉明、宋超、刘庆、李娜、郭伟。

导，认真贯彻落实党中央、国务院和省委、省政府一系列决策部署，提高政治站位，突出问题导向，深化政务公开，全方位公开政务信息，全节点解读回应关切，全时段彰显指尖传播，全层级提供政务服务，为坚决打赢新冠肺炎疫情防控人民战争、总体战、阻击战，切实推动环境优化、政策落实、项目落地，着力打造透明政府，做出了积极贡献。

一 聚焦机制创新，强化组织领导

湖北省坚持将习近平总书记重要讲话和指示批示精神作为政务公开工作的根本遵循，不折不扣地贯彻落实到主题策划、政策制定、政策解读、回应关切、宣传报道的每个环节。将政务公开和政务服务工作纳入疫情防控和优化营商环境建设工作大局，统筹谋划，创新机制，协调推进。

（一）统筹组织领导

湖北省政府成立了以省长为组长、所有副省长为副组长的数字政府建设领导小组及数字政府建设专家咨询委员会，成立省政务公开工作领导小组。疫情期间，省疫情防控指挥部专门设立宣传组，统筹负责相关信息公开发布工作。省长多次召开省政府常务会议，研究部署推进《中华人民共和国政府信息公开条例》（以下简称《条例》），全面贯彻落实和政策解读工作，亲临省政府门户网站调研指导，并对政府网站建设提出明确要求。省长、常务副省长多次听取汇报和批示，肯定和支持政务公开和政府网站工作。省政府建立政务公开工作机构，新组建省政务管理办公室，设立政务公开处等五处和大数据中心，全面牵头"放管服"改革、政务公开和政府网站工作。省政府办公厅专门印发《关于进一步明确市州政务公开主管部门职能的通知》，要求各级政府办公厅（室）切实履行政府信息公开工作主管部门职责，进一步理顺工作体制机制。

（二）突出公开主题

湖北省政府门户网站开设"总书记挂帅""中央领导小组""中央

指导组"及"贯彻落实""市州战况"专栏，及时公开党中央重大决策部署及湖北省贯彻落实举措。重点围绕习近平总书记对湖北省、武汉市疫情防控工作因时因势制定的防控策略，及时果断地作出的重大决策，围绕视察湖北疫情防控工作时的科学判断、精准部署，统筹疫情防控和经济社会发展工作的重要指示精神，围绕学习贯彻中央政治局会议精神，组织召开"省委省政府贯彻落实总书记指示，有力推进疫情防控工作""深入贯彻习近平总书记在湖北考察疫情防控工作重要讲话精神、坚决打赢湖北保卫战武汉保卫战""统筹推进疫情防控和经济社会发展""打好疫后重振民生保卫战经济发展战"等系列新闻发布会，进一步推动全省上下自觉把思想和行动统一到习近平总书记重要讲话精神和中央决策部署上来。

（三）强化专业培训

近两年，省政府办公厅先后举办6次全省政务公开工作专题培训。聚焦《条例》宣传贯彻、政府信息公开平台建设、基层政务公开标准化规范化以及政府透明度重大理论和实践问题，邀请专家学者来鄂，开展专题培训和学术交流，培训各市州、省直有关部门政务公开和网站业务骨干700多人次。省政府新闻办公室举办"2020年全省新闻发布实务工作培训班"，省直各部门、各市州党委宣传部共102名负责同志参加了培训，除邀请全国知名专家授课外，还组织了实战演练，提升培训实效。推动省委党校将新闻发布工作纳入常规教学计划，设置专项培训课程，常规班学员培训每期不少于4个课时。

（四）完善激励约束

省政府办公厅将政务公开工作纳入省委"不忘初心、牢记使命"主题教育和省委巡视组巡视整改内容，纳入省政府绩效考核体系、营商环境建设大督查，针对督查发现的问题，建立问题清单、责任清单，逐条抓好整改落实。建立完善绩效考评和责任追究制度，每年开展第三方评估，组织互评互查，强化评估引导，以评估促工作落实。2020年根据考核评估结果，省政府对全省政务公开工作优秀单位予以通报表彰并分别奖励50万元，营造了政务公开队伍履职担当、奋发有为的工作氛围。

二 聚焦疫情防控，书写英雄答卷

新冠肺炎疫情是新中国成立以来我国遭遇的传播速度最快、感染范围最广、防控难度最大的重大突发公共卫生事件。湖北省作为"决胜之地"，在以习近平同志为核心的党中央坚强领导下，深入贯彻党的十九大和十九届二中、三中、四中、五中全会精神，全面落实习近平总书记重要讲话和重要指示批示精神，克难奋进、砥砺实干，全力打好战疫、战洪、战贫三场硬仗。湖北省各地区、各部门在依法科学有序防控疫情的同时，依法、准确、及时、全面公开疫情防控权威信息，有效回应公众关切、凝聚社会共识，全力为疫情防控提供舆论引导、政策实施、解疑释惑、在线办事等服务，交出了疫情防控和经济社会发展双胜利的英雄答卷。

（一）快速制作权威、全面的湖北疫情防控信息公开和宣传报道专题

特殊时期，国务院办公厅相关领导靠前指挥，对省政府门户网站抗疫专栏建设、内容发布等提出明确要求。2020年1月20日，省政府门户网站以《坚决打赢新冠肺炎疫情防控人民战争总体战阻击战》为主题，制作推出湖北疫情防控信息公开和宣传报道专题，专题栏目设置囊括"总书记这样指挥战疫"、中央领导小组、中央指导组、贯彻落实、权威通报、新闻发布会、复工复产、联防联控、市州战况、英雄群谱、回应关切、战疫快评、防控科普、科学辟谣等疫情防控信息公开和宣传报道的各个层级和各个方面，既体现了疫情防控中央集中统一领导、全国联防联控的工作大局，又展现了省委、省政府谋划指挥贯彻落实、全省人民群众万众一心、众志成城抗疫的工作实际，被称为全省乃至全国最权威、最全面的湖北疫情防控信息公开和宣传报道专题。

截至2020年5月底，省政府门户网站以这一专题为信息公开基础平台，网站中文版、英文版、法文版、省政府客户端、省政府网微博、微信，湖北权威发布微博、微信等全平台已发布权威信息逾4.8万条，

整合制作220期疫情防控政策及解读专题内容，全网疫情期间访问量同比增长最高达50倍；1700余篇外文公开信息吸引了来自美、德、英、法及新加坡、加拿大、澳大利亚、日本、意大利等167个国家和地区的IP访问；省政府疫情防控通告、社区防控指导手册等网站首发的权威政务信息微信文章阅读量均在10万以上。同时，依法积极稳妥办理大量涉及疫情防控的政府信息公开申请，未出现败诉案件。通过这些举措，充分保障了人民群众的知情权，正确引导了社会舆论，向国内外全面展示了湖北依法、公开、透明、负责任态度，赢得了社会各界的理解与赞誉，为有效应对疫情提供了重要支撑。

（二）完整公开疫情防控新闻发布会

明确省政府门户网站是省政府新闻发布会法定发布平台，也是全网唯一以图文、音视频形式全流程呈现发布会实况的平台。截至2020年7月20日，省新冠肺炎疫情防控指挥部连续召开123场疫情防控工作新闻发布会，其中，介绍疫情进展和防控措施主题40场，回应社会关切主题24场，外省对口支援主题19场，政策解读32场，专家专场8场，频次之高史无前例；300多位受邀参加新闻发布嘉宾涵盖省委、省政府领导，各市州政府、省直各部门负责人，相关专家、各战线代表等，其代表性和权威性史无前例；发布会共回答了记者的热点提问500多个，包括疫情防控、患者救治、防疫物资、生活物资、各地驰援、重症救治、市州防控、复工复产、援企稳岗就业、恢复正常医疗秩序、城市运行保障、农业生产、疫情防控长效机制、脱贫攻坚等方面，所涉内容领域的深度和广度史无前例。

湖北省新型冠状病毒感染的肺炎疫情防控工作新闻发布会，完整记录了湖北省、武汉市从开展疫情防控和医疗救治到复工复产、恢复经济社会发展的全部过程。省政府门户网站根据每场新闻发布会精彩内容推出若干新媒体产品，成为其他媒体重要新闻信息源。

（三）精准提供救治渠道信息、疫情通报、热点回应等政务服务

疫情期间，省政府门户网站梳理整合集约化平台统一信息资源库汇聚的全省疫情防控数据，根据疫情形势和公众最急迫关注点的变化，及时跟进，创新开展疫情防控在线服务。

一是疫情初期，省政府门户网站联合武汉市政府网站，针对检查难、收治难等情况，开发微信小程序，供用户及时查询定点发热门诊和医院信息，并及时公布医院可用床位数、"四类"人员[①]摸底排查情况、"方舱医院"、定点救治医院收治情况。

二是开发制作"湖北疫情防控一点通"，为公众提供"查政策、办事项、看回应、辨谣言"的集纳性平台，权威、全面、及时提供疫情线索上报、健康登记、网上问诊、政府通讯录等关于疫情防控的各类信息。

三是通过省政务服务网及其APP"鄂汇办"，权威提供在线服务，如健康状况上报途径、燃气服务信息，线上购物信息，方便人民群众查询利用。

（四）抗疫后期重点提供复工复产、重振经济社会发展的相关政策查询服务

省政务管理办公室组织开发制作"湖北复工复产政策我查查"数据服务系统，升级"湖北省政府智能助手楚楚（疫情版）"平台，同时，在微信、APP等移动端开设"复工复产""新闻发布会""政府公报"专栏，充分利用集约化平台数据和智能搜索功能，动态提供全省各地招工用工、税费减免、融资贷款、春耕生产、交通出行、社会保障等复工复产政策查询服务。

2020年4月末，湖北疫情防控取得决定性成果，围绕党和政府关于重振疫后经济社会发展的新工作重点，在省政府门户网站开设制作以"夺取疫情防控和经济社会发展双胜利"为主题的网络专题，突出"毫不放松防反弹"和"加快疫后发展"两大内容，及时公开新闻发布会和复工复产复学进展情况，重点提供聚焦农产品走出去、决战决胜脱贫攻坚、重大项目建设相关信息。

---

① "四类人员"是指确诊患者、疑似患者、无法排除感染可能的发热患者、确诊患者的密切接触者。

（五）以"战疫科普在行动"为主题，铺设覆盖面广、影响力大、专业性强的健康科普信息公开矩阵

一是全过程跟进。省卫健部门紧跟对新冠病毒的认识，配合疫情防控阶段性需要，开展健康科普。及时推出系列图文宣传科普作品。在全国率先编印新冠肺炎防控科普宣传册、宣传画、宣传单，帮助群众了解疫情，科学防控，避免恐慌。配合疫情防控措施的推进，编创出版《新冠肺炎防控科普指南》《新冠肺炎防控"四早"宣传册》等系列书籍，设计发布宣传画等图文类科普作品。制作了多类别音视频产品。制作原创科普动漫一部和H5两部，创作防控知识科普短视频74个，音频368个，其中，联合尚书医生团队制作《健康防护小提示》系列科普视频，制作《疫情期间不同人群心理调适》系列科普视频。丰富多样、生动活泼的宣传形式让科学防控知识喜闻乐见，深入人心。及时发布心理咨询服务信息，开展有奖问答。针对疫情后心理问题，发挥专业性优势，与华中师范大学心理学院、省教育厅高校心理咨询联盟、湖北省及武汉市精神卫生中心等单位建立联动机制，发布接收在线心理免费咨询服务信息；开展新冠肺炎科普知识有奖问答等线上答题活动，帮助预防和减轻疫情所致的心理困顿，维护心理健康。

二是全人群关注。配合疫情防控措施的推进，编创出版《新冠肺炎防控科普指南》《新冠肺炎防控"四早"宣传册》《社区新冠肺炎防控指南》等书籍，设计发布宣传画（海报）、科普图解等134个系列635件图文类科普作品。开设"战疫科普·公益画展"，精选一组治愈系"小林漫画"，免费布展到16家方舱医院和定点医疗机构。

三是全平台推送。疫情发生后，在省卫健委门户网站迅速推出"防控新冠肺炎疫情"专栏，设置信息发布、防控动态、健康科普、一线典型等栏目，高频次集束发布防控、救治相关信息。充分发挥健康媒体宣传联盟作用，对省指挥部疫情防控重要政策、医疗救治与防控工作措施，邀请高级别专家和领导以权威访谈的形式多次进行解读；录制《抗疫科普权威发布》节目，其中《战"疫"科普指南》《战"疫"心理指南》，在湖北电视台全媒体推送，各条科普均被"学习强国"平台采用。发动自媒体轻骑兵，"健康湖北"微信号、快手号、抖音号、头条号共发布信息近6000条。原创图文科普在"湖北战疫直通车"在央视融媒体平台共发布视频和图文近300条，点击量4亿人次，确保群众看得见、听得懂、好理解、有认同，有效增强政民互动，为打赢疫情湖北保卫战、武汉保卫战注入强有力"推进剂"。

（六）全方位提升政务信息在不同地域、不同平台、不同群体中的覆盖面和影响力

运用全省政务新媒体矩阵管理平台，充分发挥其疫情信息公开监测、联动发布、特色推介作用。具体做到"三个坚持"。

一是坚持移动优先。政务新媒体作为政府网站的延伸平台，发布内容与门户网站同标、同源、同部署。疫情期间，省政府门户网站公开的政府数据资源，优先在移动政务平台发布，但决不简单"照抄照搬"，积极运用互联网思维和不同平台传播规律，生产出能在移动互联网广泛传播的新媒体产品。截至2020年5月末，省政府客户端，省政府网微博、微信，湖北权威发布微博、微信等政务新媒体发布作品2万多条，占全平台发稿量的60.00%。

二是坚持突出有效。受到欢迎的新媒体产品，传递信息要有真材实料，交流互动要有真情实感，表达观点要有真知灼见。对群众关切、舆论关注的重要信息，平台均及时发布、解读、回应，多点快发、多级传播。省疫情防控指挥部下发的通知、公告、通告及其解读文件等，因彰显不同移动新媒体平台特色，迅疾抵达公众；运用微博微信等平台对省疫情防控指挥部新闻发布会，进行多层级可视化解读，短平快的要点发布，产生了一批强信心、暖人心、聚民心的新媒体产品。

三是坚持协调联动。第一，社会高度关注的疫情信息矩阵发布。每日疫情数据、疫情重要政策等，在省政府网政务新媒体发布后，全省各级各类政务新媒体第一时间同步转载，迅速形成舆论场，将权威政务信息覆盖面扩展到最大。第二，关键信息联动发布。对各级各类政务新媒体发布的抗疫临床诊疗指南、方舱医院、集中隔离、辟除谣言等关键信息，采取省、市政务新媒体联动发布的模式。如鄂州违规领取防疫物资事件、荆州违反交通管制返回事件，由涉事主体及时发布准确信息，省级政务新媒体推送、转发，廓清谬误，传播真相，稳定民心。第三，结合各自特色创新性做好政务新媒体信息发布。如针对封闭时间久导致群众生活出现困难的实际问题，武汉发布微博微信集中发布社区服务、买菜就医、燃气电费等一系列指南信息；黄冈市政府门户网站微博运用"苏东坡""黄冈密卷"两个独特的文化符号，制作轻松活泼、易看易懂的防疫知识问答；省农业农村厅微信结合春耕时间节点，公开了抗疫期间春耕、农资等信息。

三 聚焦能力提升，强化平台建设

湖北将政府信息公开平台规范化建设纳入工作重点，认真贯彻《国务院办公厅政府信息与政务公开办公室关于规范政府信息公开平台有关事项的通知》（国办公开办函〔2019〕61号），着力强化政府网站、政务新媒体、政府公报和热线互动平台建设，全面提升能力水平。在2020年度全国政府网站绩效评估中，湖北省数字政府服务能力建设、官方微信、微博、客户端运营均获评优秀等次，"网上政府集约建设助力抗疫阻击战"当选十大优秀创新案例。

（一）开展全省政府门户网站集约化试点

湖北作为全国第一批政府网站集约化试点省份，制定《湖北省政府门户网站集约化建设项目实施方案》，大力推进政府网站集约化建设，全力打造政务公开第一平台。全省政府门户网站集约化建设项目已于2020年6月通过竣工验收。基于集约理念创新开发了千人千网、政务新媒体矩阵及管理平台等九大应用，有效破解了长期困扰政府网站建设、管理、发展的一些难题。一批成果正逐步得到推广应用，为整体提升全省政府门户网站建管水平奠定了坚实基础。完善功能提质增效。开发全省统一搜索系统，并根据实时热点生成场景搜索服务专题；开发全省政府门户网站集约化平台分析决策系统，为政府网站建管提供决策参考；改造全省信息公开平台，更新信息公开目录，率先开展与中国政府网信息公开平台对接试点；建立统一的政府信息依申请公开系统，各市州、各部门已上线运行；省政府门户网与省政务服务网"两网"融合不断深入。

（二）促进新媒体健康发展

省政府门户网站编辑部专设政务新媒体采编专班，专责网站双微、省政府客户端、全省政务新媒体矩阵及管理平台运营工作，确保各平台在全国绩效评估中保持优秀等次；自2019年第四季度起，组织对全省政务新媒体开展审核备案和季度抽查检查工作。2020年已对全省审核备案的2797家政务新媒体进行了4次检查，共抽查3936家/次政务新媒体，形成报告3936份，促进了全省政务新媒体健康发展。

（三）开创网络新闻发布新平台

疫情期间，为最大限度减少新闻发布会现场的风险，从2020年2月2日至4月22日，组织召开了70场"5G直播+远程视频连线提问"的网络新闻发布会。来自人民日报、新华社、央视等央媒和山东、辽宁、浙江、贵州、福建、湖南、云南、新疆、宁夏等20多个省市（自治区、新疆建设生产兵团）的后方记者470人次通过视频连线方式进行远程提问。湖北广电总台长江云利用5G信号向全国各新闻平台提供直播信号，央视频、人民网、新华网等中央媒体，澎湃新闻、红星、天目新闻网、大众网、四川在线、海南网台、西部网、宁夏新闻网、新疆报业传媒集团、手机江西台（赣云）等新媒体每天对新闻发布会进行实时直播。湖北"5G直播+远程视频连线提问"疫情防控新闻发布会作为一种在特殊时期、特殊环境下产生的全新的新闻发布会，既是一次发布会形式的创新，也是5G技术在新闻发布工作中的第一次亮相，引起全行业和社会各界的高度关注。网络发布会因传播速度更快、不受时间空间束缚、受众更为广泛的特点，成为战"疫"主战场新闻宣传工作的一大亮点。"5G直播+远程视频连线提问"发布模式被多家中央部委和兄弟省市借鉴推广，被广泛使用于疫情常态化防控。

（四）融合传播形成"抗疫"宣传矩阵

为提升发布效应，省政府新闻发布会采取了"融合传播和全媒报道"的方式。在报纸报道、广播电视实况转播等传统发布方式基础上，实现多平台网络直播。发布会由长江云现场录制，并向全国各新闻平台同步分发直播信号。人民网、新华社、央视新闻、中国网、环球网、CGTN 等国家级新媒体端口，和长江云、闪电新闻、荔枝新闻、封面新闻、红网、赣云、视听甘肃、猛犸新闻、视听海南等全国 30 个省市自治区的 67 家媒体机构组建的战"疫"集结号报道联盟，以及澎湃、趣头条等重量级的商业媒体平台，对发布会进行了实时转播。湖北省内，长江云各市州的 120 个云上系列客户端每天同步发布，通过县域融媒体的渠道和力量，将疫情防控最权威的声音传递到湖北的每一个角落。从中央媒体到地方媒体的 200 多个端口，构成了发布会四级传播矩阵。同时，在新媒体产品制作方面，湖北日报、楚天都市报、长江云等省直主流媒体以"直播 + 短视频 + 海报 + 深度报道"组合拳推出全媒体报道。根据受众需要，结合社交媒体的风格，选出带有普遍性的热点、焦点、难点问题，制作形态多样的新媒体产品，在微信、微博、抖音、头条等端口多层级推送，扩大新闻发布效果，具备了一定的发布规模，做到官方信息全天候发布和全平台覆盖，提升权威信息的到达率。

（五）整合升级 12345 政民互动平台

湖北 12345 在线服务平台全天候 24 小时受理来自政务服务热线、湖北政务服务网、鄂汇办 APP、微信、微博等多种渠道的企业和群众诉求。同时承担国家政务服务一体化、中国政府网等国家平台的诉求工单分办转办工作。省政府门户网站依托 12345 热线平台现有数据资源，开设留言入口、选登等栏目，呈现 12345 平台互动成果。新冠肺炎疫情期间，群众疫情相关诉求剧增。2020 年 2 月 16 日，按照省委、省政府主要领导同志要求，省 12345 政务服务热线迅速升级为全省疫情服务热线，负责全省疫情防控诉求办理工作。省疫情防控指挥部办公室立即制定全省 12345 热线疫情防控诉求办理工作制度，开发远程热线系统，整合全省政务热线。2020 年 3 月 11 日，省委书记应勇调研并主持召开专题会研究推进全省"12345"热线建设，听取省政务管理办公室等部门关于全省 12345 热线工作情况的汇报。为坚决打赢疫情防控人民战争、总体战、阻击战，省疫情防控指挥部及时协调中国电信及江苏、广东、浙江和安徽电信公司 12345 团队选派 171 名专业人员远程支援湖北

12345 热线。同时，湖北电信立即动员电信系统党、团员志愿者 75 人加入团队，使省热线平台坐席人员迅速增加到 281 人，另有 15 人的技术维护团队实时维护保障平台稳定。组织各市州、各部门梳理提供疫情防控知识库数据 635 条，提高话务人员回复准确率。2020 年，全省 12345 热线（含各市州热线）共受理疫情类诉求 137.2 万件，话务接通率由 68.60% 提高到 98.50%，群众满意率保持在 98.30% 以上。架起了政府与群众的"连心桥"，增强了社会凝聚力和战胜疫情的信心。

四 关于进一步提升政务公开质效的思考

推进政务公开提质增效，是国家治理体系和治理能力现代化的必然要求，是做好常态化防控的迫切需要，也是新时代深化政务公开的题中应有之义。下一步，湖北将紧紧围绕党的十九届五中全会提出的"深化政务公开"要求，总结经验，巩固战果，化解问题，补齐短板，以更高质量、更有效率的政务公开工作推动经济社会高质量发展。

（一）围绕中央精神要求，进一步提高政治站位

严格落实意识形态工作责任制，依法依纪开展信息公开工作，确保意识形态工作安全。严格按照《条例》要求落实主管部门、工作机构及各地各部门工作职责。提高依申请公开质量，更好满足人民群众对政府信息的个性化合理需求。加强对公共服务领域信息公开监管、优化服务，推动各级行政机关向社会公开更多有价值的基础性数据。持续抓好业务培训和案例指导，不断增强各级行政机关及工作人员特别是领导干部的法治意识、公开意识、服务意识，更好保障人民群众知情权、参与权、监督权。

（二）围绕"放管服"改革、优化营商环境，以公开促落实

紧扣为市场主体纾困解难、稳定和扩大就业、精准扩大有效投资、加快释放消费潜力、防范化解经济金融风险等重大政策落实落地见效，及时发布权威信息，组织开展深入解读，增加数量、提高质量，释放更

多积极信号，助力经济持续回升向好。紧扣深化"放管服"改革、乡村振兴、减税降费、污染防治和生态建设、基本民生保障等方面，深入推进政务公开，以公开促落实。紧扣政务服务"一网通办、一窗通办、一事联办、跨省通办"，深入推进管理和服务信息线上线下同步公开，为市场主体提供更加精准便捷的政策查询咨询渠道。及时公开市场规则标准和监管执法信息，发挥信息公开在公正监管中的作用，助力湖北营商环境不断优化。

（三）围绕落实全面加强基层社会治理，深入推进标准化规范化

全面推进各级各部门编制发布政务公开基本目录，明确公开事项、公开依据、公开途径、公开责任部门等内容，推进基层政务公开试点领域政府信息及时、准确公开。全面推进县级部门和乡镇政府信息公开平台页面规范设置，做好上级政策在基层的公开和解读，确保政策准确、高效执行。全面推进政务公开向村、社区的延伸，指导村、社区做好村务公开工作，确保政务公开向村、社区延伸时，政策准确及时不走样。

（四）围绕常态化防控，着力加强突发公共卫生事件信息公开

认真总结有关经验做法，坚持及时公开透明发布疫情信息，提升公开的质量和实效，有效支撑常态化疫情防控工作。立足做好疾病预防预警，有针对性地加强各级各类应急预案的宣传培训。以更大的力度加强防护知识的宣传普及，提高公众对传染病的防治意识和应对能力，引导公众提高健康素养，让健康生活习惯常态化。严格依法保护各项法定权利，特别是做好疫情防控过程中所收集公民个人信息的保护。

（五）围绕提质增效，着力打造高水平、多维度、一体化的政务公开平台

加快建立健全运用互联网、云计算、大数据、人工智能等技术手段推进政务公开的制度规则，推动新一代信息技术广泛运用到政务公开上，让政务公开更高效、更智能。进一步规范政府信息公开平台，深入开发利用集约化建设成果，努力推动数据开放、互动交流、政务新媒体建管等功能明显改善。依托政务服务网，将依申请公开政府信息作为公共服务事项，实现在线办理全程可监督。深入探索政府信息公开平台与专业网站，如"信用湖北""政府采购网""政务服务网"数据、大数据能力平台数据、政务新媒体数据的融通，推动形成权威发布、整体发声的政务公开局面。依托各级政务服务大厅及自助终端，打造线下政务公开服务专区，实现线上线下融合。推进省政府网与政务服务网深度融合，全面优化升级网站"服务"栏目，充分体现和全面展示"放管服"改革成果和数字政府服务能力建设成果，不断增强人民群众对政府信息的获得感和满意度，推动湖北政务公开进入新阶段、形成新格局、迈上新台阶。

广州地区政府信息公开诉讼案件调研报告

——基于广铁法院 2016 年至 2020 年 1168 宗案件的分析

广东省广州铁路运输中级法院
行政审判庭课题组[①]

摘　要：公开透明是检视政府法治化建设的重要指标，通过政府信息公开将行政权力运行置于阳光之下，并自觉接受人民群众的监督，保障其充分享有知情权、参与权、表达权、监督权，并以此为契机不断提升政府治理水平与治理能力现代化。本文以 2016 年至 2020 年广铁两级法院受理和审结的政府信息公开案件为研究样本，分析案件的基本情况和主要特点，剖析行政机关在此类案件中存在的问题，尝试提出建设性意见，以促进提升政府信息公开工作水平，努力建设法治政府、责任政府、诚信政府、效能政府。

关键词：政府信息公开　行政诉讼　法治政府

引　言

政府信息公开是保障公民对国家治理知情权、参与权、监督权的

[①] 课题组负责人：侯建文，广州铁路运输中级法院行政审判庭庭长、三级高级法官。课题组成员：谭建军，广州铁路运输中级法院行政审判庭副庭长、四级高级法官；余树林，广州铁路运输中级法院行政审判庭审判员、四级高级法官；庄惠平，广州铁路运输中级法院行政审判庭法官助理；邵艳，广州铁路运输法院行政审判一庭法官助理。执笔人：谭建军、邵艳。

重要制度，《中华人民共和国政府信息公开条例》（以下简称《条例》）第一条即明确，保障公民获得政府信息的权利、提高政府工作的透明度、建设法治政府与服务型政府。近年来，广州辖区各级政府和行政机关大力推进政务公开规范化、专业化和信息化，政务公开工作保持了较好水平。随着公民法治意识的不断增强，参与社会治理的热情日益高涨，政府信息公开诉讼案件数量依然高位徘徊，构成行政诉讼案件类型的重要组成部分，反应出公民知情权需求日益增加与政府信息供给仍显不足的矛盾比较突出，司法审查实践中也发现一些普遍性问题，需要行政机关引起重视，对照立法目的、法律规范、司法裁判标准，进一步改进政府信息公开工作，努力打造与国家重点中心城市、国际化大都市相匹配、领先全国的政府透明度，积极推动实现治理体系和治理能力现代化。

一 政府信息公开诉讼案件基本情况

（一）受理案件基数较大，构成行政诉讼案件的重要类型

2016年至2020年，广州铁路运输中级法院及广州铁路运输法院（以下简称"广铁两级法院"）共受理政府信息公开案件1099件[1]，其中2016年收案239件、2017年收案328件、2018年收案150件，2019年收案246件、2020年收案136件[2]，数量长期高企（如图1），侧面反应人民群众对政府信息公开满意度还未达到理想状态。

特别需要说明的是，近年来广州市政府信息公开工作中，申请公开数量逐年增加，2019年为16475宗，2020年为19017宗，同比增加15.40%，而向人民法院提起诉讼的数量2019年210宗，2020年258宗

---

[1] 本文中计算收结案数以每年实收实结为统计结果，其他统计的类型、公开情况、答复情况、败诉等均以最终审理结果为统计对象。

[2] 广铁两级法院根据最高人民法院关于在7家铁路运输法院开展跨区划集中管辖行政案件改革试点的部署，于2016年1月正式受理广州市行政案件。

Ⅱ 政务公开机制与保障

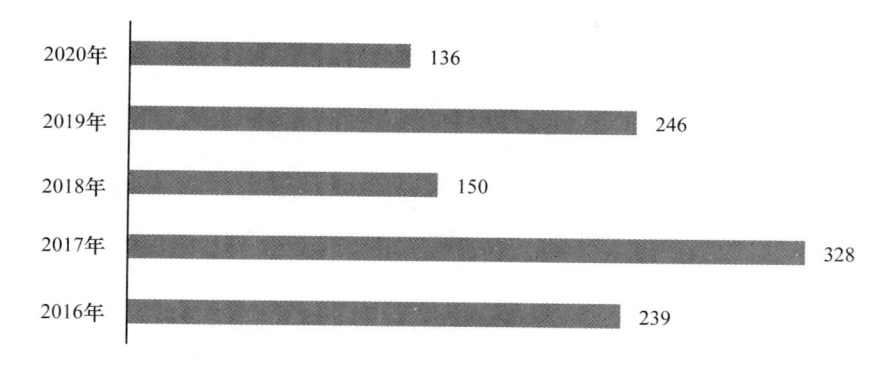

```
2020年  136
2019年  246
2018年  150
2017年  328
2016年  239
```

图 1　2016—2020 年政府信息公开案件收案数

（均含经复议起诉和直接起诉两种情形），占比分别为 1.27% 和 1.36%，[①] 申请人不服行政机关的答复或者告知行为，提起行政复议或者行政诉讼的案件数在全部政府信息公开申请数量中占比很小。这从侧面佐证了广州市政府信息公开工作多年来取得的成就，政府信息供需之间形成了一个稳定的平衡状态，社会公众对政府信息的知情权、获取权得到了较好的保障，行政相对人对此有较高的认同度。但由于申请公开基数大，进入诉讼渠道的政府信息公开案件数量绝对数仍然较高。

（二）涉及行政领域广泛，行政机关败诉率较高

1. 结案数量

2016 年至 2020 年，广铁两级法院共审结政府信息公开案件 1168 件[②]（如图 2）。其中 2016 年审结 215 件，2017 年审结 366 件，2018 年审结 173 件，2019 年审结 227 件，2020 年审结 187 件。由数据可见，近五年广铁两级法院审结政府信息公开案件数量有部分波动，但数量仍居高不下，构成了广铁法院行政诉讼重要的案件门类，公众知情权与政府透明度之间仍然存在一定的紧张关系。

[①] 见广州市人民政府门户网站"市政府信息公开年报"。案件数与人民法院统计口径或有所不同。

[②] 2016 年广铁两级法院开始跨区划行政案件集中管辖，有部分各区案件二审进入广铁中院管辖范围，故结案数高于收案数。

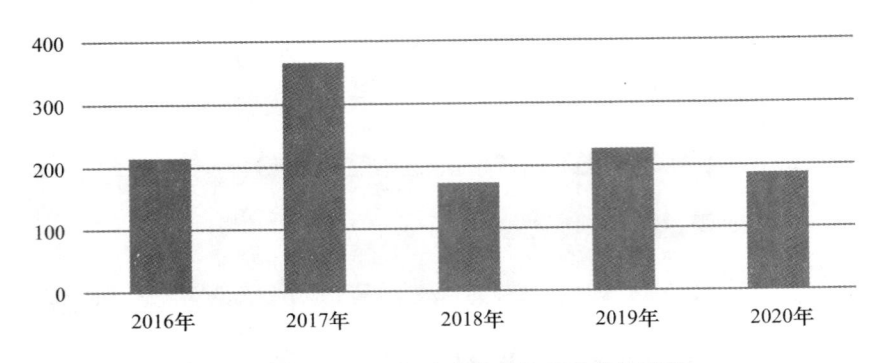

图 2　2016—2020 年政府信息公开案件结案数

2. 政府信息公开案件涉及领域广泛

政府信息公开案件领域涉及内容多样，包括土地、房屋、社会保障、城市管理、公安、村集体、规划、工商税务市场、民政司法财政商务教育类、金融类等（如图3）。其中涉及房屋、土地、社会保障三种类型最为集中，这与近年来广州城镇化工作全面铺开推进息息相关，公众对政府机关征收征用土地、房屋等信息的公开透明度密切关注，维权意识不断加强。

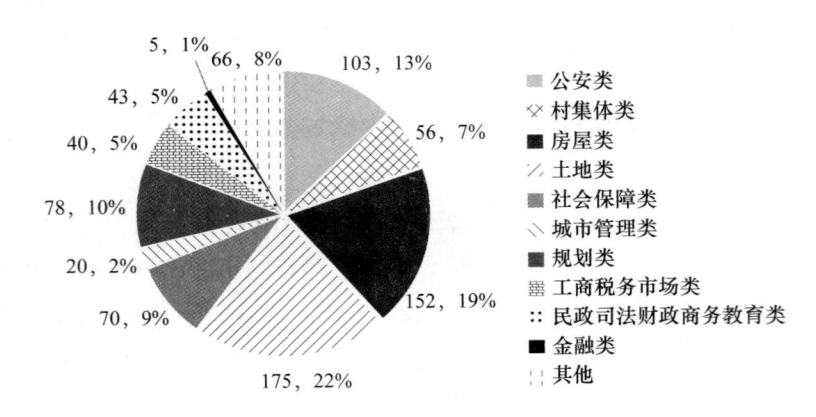

图 3　2016—2020 年政府信息公开案件所涉领域

3. 公开与不公开案件的数量倒挂

经过对结案案件的梳理，行政机关对公民申请政府信息是否公开，一般分为三种情况：答复公开、答复不公开、部分公开（如图4）。2016年至2020年五年中，全部公开的案件为107件（占比13.24%），部分公开的案件为 79 件（占比 9.78%），不予公开的案件为 610 件（占比 75.50%）。不予公开占比分别为全部公开占比、部分公开占比的 5.7 倍、7.2 倍，行政机关不予公开政府信息比率较大。

	2016年	2017年	2018年	2019年	2020年
公开	27	30	22	17	11
部分公开	12	22	16	16	13
不予公开	136	191	83	120	80
其他	5	7	0	0	0

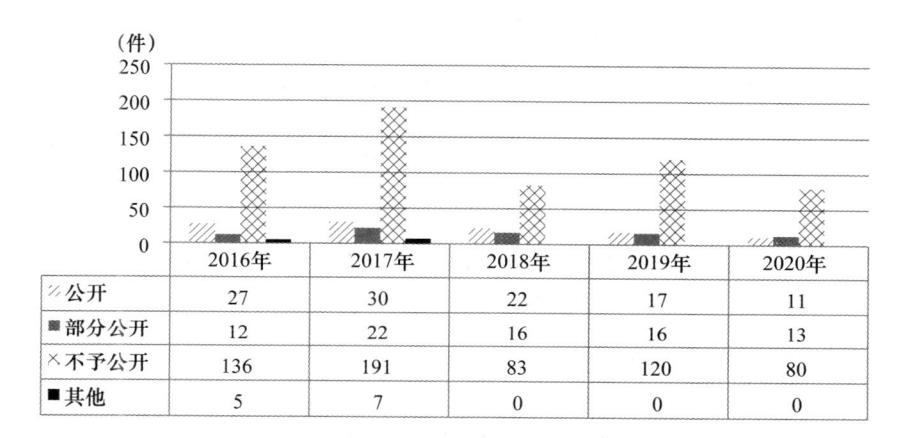

图 4　2016—2020 年政府信息公开案件公开情况

从公开案件的占比可以看出（如图 5），2016 年政府信息公开案件的不公开率略有下降，至 2018 年下降幅度明显，但 2019 年不予公开的比例明显较 2018 年上升，但总体而言，不予公开的比率占比颇重，近

	2016年	2017年	2018年	2019年	2020年
公开率	15.00%	12.00%	18.18%	11.11%	10.58%
部分公开率	6.67%	8.80%	13.22%	10.46%	12.50%
不予公开率	75.56%	76.40%	68.60%	78.43%	76.92%

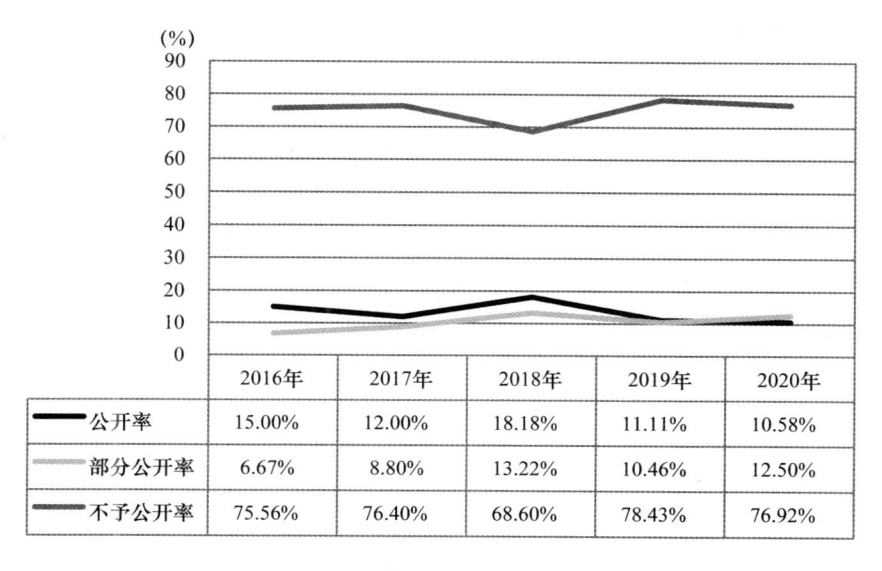

图 5　2016—2020 年政府信息公开案件公开占比情况

五年均在60%以上，行政机关政府信息公开力度尚需进一步提升。

4. 行政机关不予公开的理由多样

公民因获取信息需向行政机关提出公开申请，有效提出申请是获得政府信息的第一步，经行政机关审查政府信息公开申请后，分为属于政府信息与非政府信息两种情形，当公民申请的信息属于政府信息但涉及公开豁免理由的，公开义务机关答复不予公开；当公民申请的信息不属于政府信息，即当然不予公开。从表1来看，不予公开政府信息理由为"无职权""不属于政府信息"的数量最多，分别为158件、241件，"不属于政府信息"是指行政机关在答复申请人时，不符合新《条例》第二条中"履行行政管理职能"的情形。整体来看，不予公开答复理由繁多，所涉情况复杂。

表1　2016—2020年政府信息公开案件答复不予公开的情况

情况分类	理由	2016年	2017年	2018年	2019年	2020年	总数
政府信息	无职权	39	41	28	32	18	158
	信息不存在	10	10	12	26	11	69
	不属于公开范围	3	12	1	1	0	17
	内容不明确	6	6	3	0	1	16
	隐私与安全	7	11	13	7	8	46
	主动公开	3	10	6	6	3	28
	重复申请	6	9	3	7	1	26
	补正内容	0	2	0	0	1	3
	三需要	2	16	6	4	0	28
不是政府信息	内部信息	3	13	2	4	0	22
	不属于政府信息	43	66	32	61	39	241
	过程性信息	5	7	5	1	0	18
	未制作保存	2	7	1	4	0	14
	其他	6	10	0	0	3	19
未有效提出申请		2	2	1	2	0	7
总计		137	222	113	155	85	712

Ⅱ 政务公开机制与保障

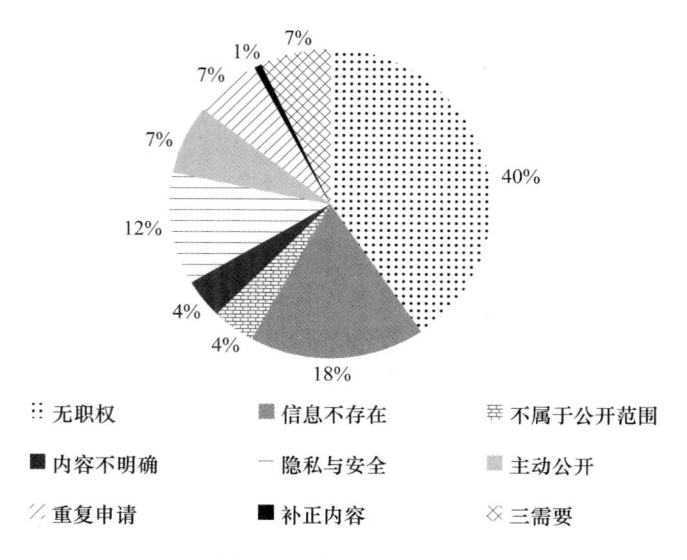

图6 属于政府信息但不公开的理由

分析广铁两级法院审理的属于政府信息但不予公开的行政案件情况,可以发现,其中以"没有职权"为由不予公开信息的占比最高,达到40%,以"政府信息不存在"为由的占比为18%,"涉及国家秘密、商业秘密、个人隐私、三安全一稳定"的理由占比为12%,该三类理由位居不予公开政府信息的前三位。"不是政府信息"的答复占到了不予公开的44.1%。

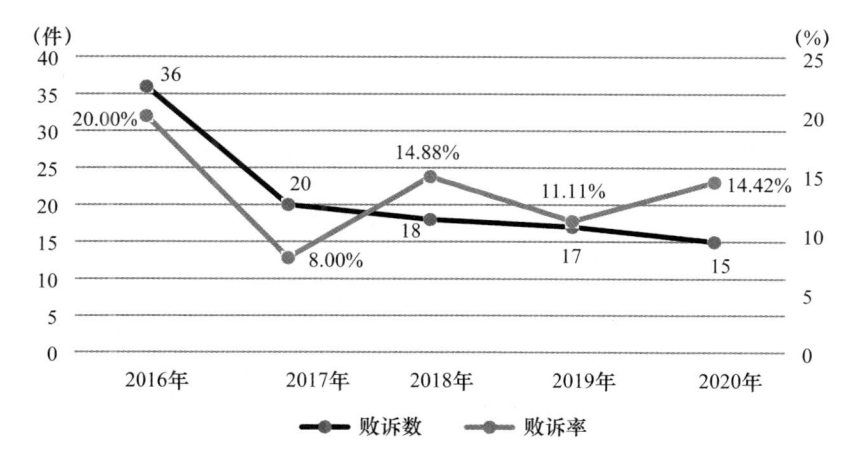

图7 2016—2020年信息公开案件行政机关败诉案件数及占比

5. 行政机关败诉样态趋同、败诉原因比较集中

本次样本中，行政机关败诉案件从数量来看逐年下降，2016年败诉36件，2017年败诉20件，2018年败诉18件，2019年败诉17件，2020年败诉15件。但从败诉率来看，广铁两级法院跨区划行政改革的第一年败诉率高达20%，2017年虽下降至8%，但2018年至2020年败诉率均在10%以上，总体败诉率除2018年较低外，2017年、2019年、2020年均高于全市行政机关总体败诉率。败诉原因主要有：一是及时答复意识不强，超期答复确认违法情形较多，有的行政机关怠于对申请人的申请作出答复；二是对于是否属于政府信息判断不准，有的行政机关认为自身保存的镇集体企业的经营管理信息不属于政府信息而不予公开，有的行政机关认为行政程序终结后的信息是过程性信息而不予公开，有的行政机关错误理解"内部信息"的含义；三是对涉及第三方权利的信息处理不准确。有的行政机关对涉及第三方权利的信息，简单以第三方不同意公开为由拒绝公开；四是对涉及国家秘密信息处理程序认识有误区。有的行政机关简单以信息涉及国家秘密，或者是一旦公开可能危及稳定为由不予公开，但未能提供文件信息已经定密的证据；五是对自身是否具有公开职责判断不准确。有的行政机关对原本不属于自身职责、不是自己制作的文件简单答复不存在，却因未提交检索证据败诉；有的行政机关因自身保管原因导致无法提供所需要信息，争议无法解决。

（三）个别当事人滥用诉权现象比较突出

从广铁两级法院审理的政府信息公开案件可见，行政诉讼的原告相对集中，有少数当事人经常性、集中性地向行政机关申请信息公开并提起行政诉讼，企图通过政府信息公开诉讼实现其他目的。另外，个别当事人通过提起大量的政府信息公开之诉，向政府施压，以实现其他利益诉求。个别申请人有缠诉、滥诉情况。如谭某、林某夫妻俩因对其亲属医疗事故纠纷处理不满，以广东省卫生厅、省人民政府、省中医药局为被申请人提起大量政府信息公开申请后，再向人民法院提起行政诉讼，仅2017年即有一、二审案件34件。郭某雄因对征收补偿安置不满，前后共提起12件政府信息公开诉讼。张某昌先后以白云区钟落潭镇政府等为被告提起 22 件诉讼。杨某威、唐某、陈某英等人以荔湾区茶滘街道办、区水务和农业局等为被告提起 27 件诉讼。黎某标因对南沙承包地的征收补偿不满，提起 12 件诉讼。朱某佳等因对花都集体土地征收补偿不满，提起 10 件一审诉讼。

二 政府信息公开工作存在的主要问题

（一）地方立法滞后、相关法律规范价值错配

"选择性公开"是全面落实政府信息公开制度的现实障碍，"公开力度不够，透明度模糊"则是最大短板。新《条例》明确了政府信息公开制度"以公开为常态，不公开为例外"的基本原则，回归地方实践，给不给公开、怎么给公开，则需要各地方更加精确明细。但现实存在地方规范硬实力滞后，操作性不强的窘境。《广州市政府信息公开规定》（下称《公开规定》）作为国内第一部有关政府信息公开的地方政府规章，制定于 2002 年，因制定较早，在具有开创性的同时也难免存在局限性[1]，尤其在 2019 年《条例》修改施行后，不能很好地契合上位法精神与内涵。例如：《公开规定》对政府信息界定模糊，局限于"各级人民政府及其职能部门以及依法行使行政职权的组织在其管理或提供公共服务过程中制作、获得或拥有的信息"，对照新《条例》检视，《公开规定》对政府信息公开立法宗旨的实现存在滞后性。

法律位阶之间也存在信息公开理念的龃龉。结合前文梳理的案件，行政机关对当事人申请公开的政府信息已经移交到国家档案馆的，则答复当事人不属于该机关公开的职责，指引当事人到国家档案馆查询。该种情形下，当事人想要查询该信息应当受到《档案法》《保守国家秘密法》的立法指导思想羁束，不能再优先适用《条例》。换言之，《条例》对于政府信息公开原则以公开为常态，而作为上位法的《档案法》《保守国家秘密法》并不凸显以公开为原则，这两种法律制度的理念对政府信息公开持反向思维。假使当事人向国家档案馆查询相关信息，应首先

---

[1] 张微：《推进政府信息公开的路径探析——以广州实践为例》，《探求》2021 年第 1 期。

适用《档案法》《保守国家秘密法》，故在法律位阶上《条例》作为行政法规，需要面临协调其他法律或者优先适用其他上位法律的境地。

（二）行政机关存在不愿公开、不敢公开、不知道如何公开的问题

1. 各级行政机关工作有发展不均衡的问题

从诉讼案件的情况看，各级行政机关存在工作机制、工作能力、工作成效发展不均衡的问题，主要表现为处理正确率与行政层级正相关，越是层级高的行政机关，政府信息公开工作越能体现良好效能。市、区政府由于有专门机构负责政府信息公开工作，工作效能较高，纠纷发生率较低，胜诉率较高。镇、街及其他区一级政府机关，没有信息公开的专职机构和专门人员，多属于兼职，在开展政府信息公开工作中往往对相关法律、法规不熟悉、处理流程不完善、处理结果不妥当等。有的行政机关对法律法规要求主动公开的征收补偿、城乡规划等规定不熟悉，对已经由政府公开的信息不掌握，却仅仅因为顾虑公开可能带来对自身不利的后果而简单拒绝公开；有的行政机关因为在履行行政给付职责时存在未依据法定标准的情形而不敢对外公开；有的行政机关起草文件部门不了解政府信息公开的法律要求，仅凭文件起草者的主观认知或者是个别负责同志的意志，在文件上随意加注"不对外公开""工作秘密""内部资料"等字样，或者是制作公文不加密但处理公开申请时又判断为"涉密"，致使信息公开负责部门处理依申请公开时颇感棘手，如果因此不予公开往往会在诉讼中被法院判认败诉。

2. 依申请公开存在不及时不主动的现象

数据统计分析显示，行政机关超期答复是政府信息公开诉讼案件的主要败诉原因之一。《条例》对政府信息依申请公开各环节均规定了明确的时限，赋予了行政机关严格的法定职责，如果任一环节逾期作出，均可能无法通过行政复议或者司法审查而被确认违法。实务中行政机关因种种客观或者主观原因，对政府信息公开申请的处理存在"慢作为"情形，比如，有的行政机关对政府信息公开制度不甚明了，收件部门与处理部门联系不畅、链条过长，以至于办理部门收到信息公开申请时间太晚、处理不及时，无法按法定的答复期限答复申请人，有的甚至在案件进入诉讼环节才作出答复；有的行政机关无视《条例》关于办理时限延长的审批权限，不办理审批手续擅自延期处理；有的行政机关以要求申请人补正为由拖延时限。实践中还有的行政机关存在"懒作为"的问题，就申请人的申请内容不对照自身机构职责尽合理检索查找义务，迳行作出信息不存在的答复，应诉时无法提供检索证据，亦成为败诉的一大主因；还有的基层政府、街道因征收拆迁工作补偿标准可能不统一，出于有关顾虑不愿意公开补偿信息，即便责令重作也会设法规避。上述问题，反应出一些基层行政机关在政府信息公开上存在懈怠与消极的情绪，服务行政的理念尚未完全确立，对公众的知情权缺乏足够重视。

行政机关收发件机制不完善，影响政府信息依申请公开工作的效能。有的行政机关未针对政府信息公开申请建立起规范的收件办件流程，公众申请信息公开存在来件流转不畅通，归口责任不明确导致逾期答复。例如，江某诉市规资局请求履行职责，通过快递的方式寄交申请，并在快递封面注明"申请信息公开"以及自己的联系方式，后来该快件因逾期无人领取退回江某。经审查认为，行政机关未对该政府信息公开申请进行答复，判决行政机关限期答复。另有甚者，行政机关虽然作出行政答复公开行政信息，但以邮件到付方式送达申请人，不符合法定的答复方式，增加了申请人的负担，经法院判决确认答复形式违法。

机构改革过程中，因职责合并或者划转，客观上导致公开主体不明确的过渡性问题。一些行政机关因职权变动、职责横向或者上下划转导致公开义务发生变化，对申请人及时获取政府信息造成了一定困难。如金溪餐饮公司诉市国资委信息公开案，金溪餐饮公司因诉讼需要向该委申请公开有关拆迁房屋历史资料文件，因有关文件已经移交给内设档案馆，期间住建委、国规委职能反复调整，导致行政机关政府信息公开职责变迁，行政机关也被判令反复重新作出处理。有的行政机关因机构改革资料交接不到位，也导致出现无法提供申请人所需要的政府信息情形。

3. 判断标准不一致、处理结果不妥当

对"是不是"政府信息认定不准确。在是否属于政府信息的判断上，将应予公开的政府信息错误认定成内部信息、过程性信息或者是需要汇总加工的信息。如（2019）粤7101行初586号陈某好诉广州市白云区钟落潭镇人民政府、广州市白云区人民政府信息公开及行政复议决定案。2018年10月12日原告通过"广州市政府信息依申请公开系统"向钟落潭镇政府申请公开"钟落潭镇政府与广州祥泰房屋安全鉴定有限公司签订的对竹三村幼儿园教学楼进行房屋鉴定的合同（协议）及鉴定支出费用信息"。该镇政府认为该信息属于内部管理信息，答复不予公开。一审法院审理认为，陈某好作为竹三村幼儿园的负责人，申请公开对竹三村幼儿园教学楼进行房屋鉴定的合同（协议）及鉴定支出费用信息，系根据其自身生产、生活、科研等特殊需要，该信息与原告有利害关系，判决镇政府败诉。

对"有没有"政府信息答复不妥当。如果所申请政府信息非本机关负责公开，应当依据《条例》第三十六条第五项规定"所申请公开信息不属于本行政机关公开的，告知申请人并说明理由；能够确定负责公开该政府信息的行政机关的，告知申请人该行政机关的名称、联系方式"，但个别行政机关简单以"不属于政府信息"作出答复。如案例（2019）粤7101行初415号朱某佳诉广州市花都区新华街道办事处。朱某佳申请提供《东风日产扩产扩厂项目征地拆迁补偿办法》实施细则和《东风日产扩产扩厂项目安置区建设安置办法》实施细则。新华街道办答复原告要求获取的信息经查询无记录，其所要求获取的信息不属于政府信息公开的范围。一审法院审理认为，案涉两份实施细则均由被告制作，被告具有公开该政府信息的法定职责。被告对原告所作的案涉答复中称对案涉政府信息查无记录，与事实不符且被告答复原告称其申请公开的政府信息不属于政府信息公开范围，没有依据，故被告对原告作出的答复违法。

对"给不给"政府信息论理不充分。《国家秘密定密管理暂行规定》强调了定密最小化、精准化原则，重申了定密工作要既确保国家秘密安全，又便利信息资源合理利用的方针。如（2018）粤71行终3482号广州金溪餐饮有限公司诉广州市规划和自然资源局政府信息公开案。二审法院认为，关于453号文是否涉密的问题，行政机关对政府信息不能确定是否可以公开时，应当依照法律、法规和国家有关规定报有关主管部门或者同级保密工作部门确定。广州市房地产档案馆虽出具说明称该档案文件注记为秘密件，但被上诉人作为该档案馆的主管单位，应当在重作过程中对该文件定密程序进行调查并作出合理说明。有的行政机关以申请人申请的政府信息危及"三安全一稳定"为由不予提供，但诉讼中应承担说理举证义务，并提供已报请有关部门审核的证据材料。有的行政机关以保护第三方合法权益为由不予公开，但并未合理衡量公共利益和个人权益保护，导致处理失当。

4. 信息主动公开与依申请公开存在一定的偏载现象

根据《条例》的规定，政府信息以政府主动公开为原则，以依申请公开为补充。当前在主动公开方面，行政机关普遍能够根据中央政府的要求，把政府信息公开作为建设法治政府的重要内容来抓，积极拓展公开领域、细化公开规定，对重大建设项目批准和实施领域、公共资源配置领域、社会公益事业建设领域、行政执法公示等领域的政府信息尽可能予以主动及时公开。但依申请公开领域的讼争事件多发现象，从一个侧面说明，当前政府和行政机关在政府信息公开方面与社会公众对信息的需求方面还存在不平衡，主动公开的信息虽多，但真正满足公众需求的信息却有限，供给侧和需求侧出现了一定程度的"资源错配"，政府信息资源没有得到有效配置和流动，特别是在涉及人民群众切身利益的"三旧改造"、土地房屋征收补偿、学位房分配等行政管理领域，主动公开的信息不能满足利害关系人的需求，只能依申请获取进而形成争讼。倘若政府提供了信息却未对民众自身生产生活信息需求作出有效回应，那么民众在接受政府信息服务时的个人体验就是不良的，势必影响认同和信任的形成。这直接影响到民众对政府透明度的心理感知以及对政府的公共产品和服务体验，政府信息公开的监督功能和服务功能于是难以发挥，立法所追求的发展经济、推进民主的目的难以实现，对治理现代化进程造成影响。有效供给不足的问题，反映出一些行政机关对于政府信息公开还存在一种工具理性倾向，即仅将信息公开视作政府的一种管理工具和实现管理目标的手段，而不是法治政府建设的本身，过于强调公开作为管理手段的意义却忽视了其政治属性和法律属性，不注重对民众诉求的回应和自身的责任，以及解决公共问题的需要，不关注民众的知情权和信息公开的民主参政功能[①]。

---

① 参见许若群《现代化治理视阈中政府信息公开供需失衡研究》，《云南行政学院学报》2020年第4期。

（三）司法审查中的法律适用有待进一步统一

1. 关于公开主体的补正释明问题

《条例》第三十条对补正释明作出了规定，将"补正"作为政府信息公开申请答复前的更改补充告知程序，不再作为答复的方式，一般情况下，这种政府信息公开补正通知不属于行政诉讼范围。但特定情形下，补正释明告知本身即可以视为拒绝公开，即申请人如果认为行政机关的补正释明告知没有理据，可以诉请撤销该告知行为或者直接诉请履行公开职责。此类案件的处理，要注意把握补正要求事项的"限度"，不是强行要求申请人必须表达出政府信息的具体文号和标题，只要使行政机关足以知道申请人所要申请的信息是什么就可以，否则就是强人所难，实践中不乏行政机关向申请人过度要求补正说明信息内容的问题，司法审查对此应予纠正。比如申请人要求获知其宅基地房屋或承包地所在集体土地的征地补偿信息，行政机关就应该根据工地征收的情况作出初步判断，提供对应的征收补偿文件。

2. 关于原告资格中的利害关系认定

《条例》删除了旧《条例》第十三条关于"三需要"的规定，不少人据此认为，《条例》的修订实际限制了申请人的诉权，也就是政府信息公开案件应当根据行政诉讼法关于起诉条件的规定，就原告是否与被诉政府信息具有利害关系进行审查，如果没有利害关系则应当认定原告主体不适格，应当裁定不予立案或者驳回起诉。也有人认为，新条例之所以删除了"三需要"这一规定，实质是回应行政改革的需要，进一步加大政府信息公开力度，对是否有"三需要"，既不应当作为原告资格条件审查，也不能作为实体问题审查。这一问题聚讼纷纭，在实践中引起了极大的争议。司法实践中不少审判工作人员基于自身司法审查的实际体验，倾向于对申请人资格予以适当限制，试图以"利害关系"为申请政府信息公开设置一定的准入门槛。鉴于我国是人口超级大国，潜在的申请人数量规模非同小可，似有以政府信息所涉及的行政行为为连接点予以适度规制的必要。

3. 职能主体问题

新《条例》第二条在原政府信息概念的基础上增加了"履行行政管理职能"的限定，对原来较为宽泛的政府信息概念进行了较大限缩，体现出政府信息自由立法面向客观法制度的发展，从"知的需要"到"知的权利"的转型。行政机关的行政管理职能是指行政机关履行经济调节、市场监管、公共服务、社会管理、环境保护等政府职责，区别于行政机关内部管理和内部监督职责。关于信息公开主体的认定，新《条例》第十条第一款规定："行政机关制作的政府信息，由制作该政府信息的行政机关负责公开。行政机关从公民、法人和其他组织获取的政府信息，由保存该政府信息的行政机关负责公开；行政机关获取的其他行政机关的政府信息，由制作或者最初获取该政府信息的行政机关负责公开。法律、法规对政府信息公开的权限另有规定的，从其规定。"对于制作机关，如果被申请人答复不具有制作文件的相关权责因而拒绝提供的，可以结合相关法律法规或者编制文件规定的行政机关职责权限来加以审查。但对于保存机关的公开义务问题，司法实务中存在不少分歧，鲜见学界对此展开探讨。以乡镇政府为例，乡镇政府对辖区村集体经济组织、乡镇企业有指导监督职能，每年获取大量的村务信息和乡镇企业经营管理资料，基于对辖区土地征收补偿的实施职责也获取了大量的拆迁补偿安置协议资料，基于其广泛的行政职能获取数量浩繁的信息，如果都因"获取—保存"的行为而被赋予公开职责，其工作量之大难以想象，为基层政权组织提出了一个难以破解的难题。对此，司法实务中似应对其公开义务予以一定的目的性限缩，例如，村民如果能够通过村务公开途径获取的信息，就不宜再通过向镇政府（街道）以申请政府信息公开的方式来获取，这一观点具有一定的现实价值，值得进一步探讨。

4. 案卷信息公开问题

新《条例》第十六条规定，行政机关在履行行政管理职能过程中形成的行政执法案卷信息，可以不予公开。《最高人民法院关于审理政府信息公开行政案件若干问题的规定》第二条规定行政程序中的当事人、利害关系人以政府信息公开名义申请查阅案卷材料，行政机关告知其应当按照相关法律、法规的规定办理，对此提起诉讼的不予受理。该解释制定于 2011 年，上述条款与条例的规定并不一致，是否还应该适用，不无疑问。两者的主要差别在于新《条例》规定的是行政主体对于行政执法案卷信息不予公开有极大的裁量权，不问申请人的身份，而司法解释则限定为当事人和利害关系人，时间为行政程序中，根据这一解释规定，参照最高法院的案例①，卷宗阅览权在行政程序终结后可以转换为信息公开申请权。对于非当事人、利害关系人以外的其他公众，则可以无障碍地通过政府信息公开方式获取信息。由于新条例规定的行政执法案卷信息所具有的不确定内涵，近乎所有的行政管理和执法活动都可以列入行政执法案卷信息，如果以此为由不予公开，将会极大地挤压既有的卷宗阅览权和旧《条例》下一般公众的获取信息权，为平衡政府信息公开立法保障公众知情权、监督权、参与权的宗旨，司法实践中应该对此予以适当限缩适用。

三 完善政府信息公开工作的路径

（一）立法：加强规范供给

新《条例》仍有些地方较为原则，地方应因地制宜，提升地方规范的硬实力。结合此次新《条例》修改的内容，对《公开规定》进行修订，着力细化新《条例》的新要求和程序规范，并在此基础上完善各项配套制度。例如，重新界定政府信息的范畴，新《条例》第二条对政府信息的概念进行修订，《公开规定》应紧跟上位法的立法设计作出完善与变革；重新确定规章目录，新《条例》基于"公开为常态"的基本原则，设立"主动公开"章节，将政府信息公开模式由被动转为主动，更有利于推进阳光政府建设。明确公开义务机关职责，新《条例》对信息公开主体确立总的规范为"谁制作谁公开、谁保存谁公开"，这对于实践中信息公开案件涉及领域繁杂多样的现实，原则且操作困难。《公开规定》亦囿于该困境之中，地方作为政府信息公开的主体，应及时参照《条例》修改规章，直接回应新形势下的政府信息公

---

① （2016）最高法行申 2839 号行政裁定书。

开现实问题。

(二) 行政：转变理念、完善机制

1. 转变政府信息公开理念

政府信息公开由被动公开迈向主动公开，是新《条例》立法理念最大的转变。目前，行政机关对政府信息公开的理念与人民日益增长的信息需要发展不平衡，尤其近年来所涉城市规划、城镇建设、征收征用等涉及社会重大发展、民生福利的政策加快落实，人民群众通过政府信息公开途径获得有利信息的渴望愈发强烈。在传统观念影响下，行政机关作为国家治理机器有着不可挑战的权威与神秘，从前文统计的数据一斑窥豹。行政相对人申请政府信息公开而不予公开的比率高达60%，申请获得政府信息不予公开，虽有行政机关的合理解释，但其实质性诉求未获满足，原本神秘的面纱更难看清，故而辗转成讼。因此，行政机关应当顺应新《条例》的立法精神转变思维理念，坚持公开为常态的基本原则。信息公开不仅只是一个监督与被监督的问题，更是政府合法性的证成问题和治理成本的降低问题，供需平衡和民众满意可以被视作政府信息公开持续性的内生动力源。信息公开的不及时、不主动，容易造成公众对行政机关工作的普遍不满，为防止政府与公众信息不通、交流不畅情况的频繁发生，行政机关应当将主动公开作为日常性工作，按照新《条例》的立法精神与要求，主动及时公开社会关注度高，涉及老百姓切身利益的信息，从根源上减少依申请公开的信息，不断扩大主动公开的范围，确定与完善政务公开主体以及公开目录，注重区分和加强日常性与突发应急性信息的公开流程与制度建设。

2. 建立健全"负面清单"，做好公开加减法

新《条例》确定"公开为常态、不公开为例外"，对不予公开的政府信息作出原则性规定：新《条例》第十四条规定，涉及国家安全、公共安全、经济安全和社会稳定的信息不予公开；第十五条明确，涉及商业秘密、个人隐私等公开会对第三方合法权益造成损害的政府信息，不得公开。但是，经第三方同意或者行政机关经审查认为不公开会对公共利益造成重大影响的，予以公开。第十六条规定，内部信息，包括人

事管理、后勤管理、内部工作流程等，可以不予公开。行政机关在履行行政管理职能过程中形成的讨论记录、过程稿、磋商信函、请示报告等过程性信息以及行政执法案卷信息，可以不予公开。但法律、法规、规章规定上述信息应当公开的，从其规定。上述豁免条款作为行政机关不予公开答复中的主要理由，向义务机关提供了基本原则，除此之外仍需做好政务公开的"加减法"。对主动公开的信息一律主动公开，切实满足人民群众的现实需要。进一步扩大民生领域的信息公开力度，一般来说不涉及国家秘密、三安全一稳定，应当做好公开加法。例如征收补偿、社会保障的标准问题，及时回应民生关切。政务公开做好减法，应立足《条例》精神，"三需要"的取消，破除了申请人主体资格的门槛，加强豁免条款的识别，需要行政机关建立健全"负面清单"[①]，简言之，需要对涉及国家秘密、商业秘密、个人隐私、国家安全、公共安全、经济安全、社会稳定的信息目录与标准、定级审批权限与期限等条件明确列明，对行政机关的自由裁量做减法，压缩"负面清单"条目，才能最大化地让政府信息透明运行、当"负面清单"的减法工作到位，政府信息公开常态化、制度化效果才能立竿见影。

3. 加快政府信息公开公共数据平台建设

2020年10月29日，第十九届中央委员会第五次全体会议通过《中共中央关于制定国民经济和社会发展第十四个五年规划和二〇三五远景目标的建议》（下称《建议》），《建议》第六章"全面深化改革，构建高水平社会主义市场经济体制"第24点中明确：推进政府服务标准化、规范化、便利化，深化政务公开。《建议》中亦提出"扩大基础公共信息数据有序开放，建设国家数据统一共享开放平台"。加快公共数据立法，通过公共数据开放提高政府信息公开的范围、速度、频率，满足公众知情权、强化公众知情权对政府工作监督的现实需要，为政府信息公开工作"补短板、强弱项、固优势、提能力"夯实法治基础，打通政府信息公开"最后一公里"。从2020年新冠疫情防疫工作中可以窥探，大数据为基础的公共数据开放平台已经

---

① 长江日报，http://opinion.people.com.cn/n/2014/0515/c1003-25020669.html，最后访问时间2021年3月3日。

展现了强大的资源效益性和价值效能性，疫情防控、人口迁徙、出行情况、复产复工等多维度支持政府和公众对信息互通与获取。政府信息公开建立公共数据大平台整合多部门、多领域的信息，借以大数据容量大、类型多、存取快的优势，进一步推动政府信息公开的透明化、高效化、便捷化，深入加强社会各界对政府管理的参与感和认同感，共同推进法治政府建设。

4. 完善科学的考评与监督机制

政府信息公开满意度和透明度是衡量政府信息公开质效的重要指标。根据2019年中国政府透明度指数报告，广东省与广州市的政务公开度均占前列，广州市在全省率先完成编制基层政务公开事项标准目录[①]。该项工作将推动全市各地区、镇政府、街道办事处克服政府信息公开随意性，保障公开内容质量，统一公开平台，进一步提高政府透明度，从行政机关内部建立巡查、评议以及年度考核。同时，《条例》规定，对政府信息公开进行社会评议制度，该制度作为外部监督形式对政府信息公开具有重要意义。通过明确社会评议的周期，增加评议频率，减少中间的审批汇报环节，节约时间和提升监督回报和付出的比率，积极切实回应群众关切；丰富评议的形式，除了调查问卷和组织代表评议，应当利用新数据时代的优势，发挥网络媒体、新闻电视的传播力与影响力，对于代表评议的选择亦应多元化，选取不同领域、年龄、性别、职业等，丰富评议的样本；最后对评议结果的公开，必须保证结果公正透明，对人民群众反映的问题与建议，行政机关应对解决的方案一并公开，接受广大人民群众的监督，才能彰显政府信息公开的透明度与有效性。

（三）司法：实现法律效果和社会效果共赢

1. 繁简分流，有效实现"简案快审"

基于数据样本的分析，广铁两级法院审理政府信息公开案件在认定事实、适用法律、合理性分析等方面基本已经形成统一的裁判尺度。面

---

① 陈甦、田禾主编：《法治蓝皮书·中国法治发展报告 No.18（2020）》，社会科学文献出版社2020年版，第174—210页。

对案多人少与实质解决行政争议的双重挑战,在审理政府信息公开案件应用繁简分流,提升司法效益。根据《行政诉讼法》第八十二条的规定,政府信息公开案件可以适用简易程序案件审理。在五年的跨区划行政改革中,广铁两级法院已经适用简易程序审理信息公开案件,大大提高了办案效率。广铁两级法院2020年成立速裁中心后,此类案件绝大部分适用简易程序由1名法官独任审理,案件审理期限大幅缩短。最高人民法院司法解释规定了政府信息公开诉讼案件四类不予受理的情形:(1)补正告知行为;(2)拒绝提供公开出版物;(3)要求制作、搜集和汇总、分析的信息;(4)查阅案卷的信息。行政审判实践中,还有诸如实质属于信访的信息公开申请、重复申请,上述案件如果已经立案,一般不经开庭审理,经过阅卷和询问,可以直接裁定驳回起诉。为真正实现简案快审,建议借鉴民事小额诉讼"一裁终局"制度,对政府信息公开诉讼实行一审终审。

2. 严格规制,阻遏信息公开权利滥用

在保障诉权方面,大陆法系创设了"诉之利益理论""权利保护必要性理论",而英美法系亦有"成熟性理论""诉由消失理论"等。[1] 无论何时何地,诉权保护是诉讼的精神内核,但"诉权"是否等同于"利益(权利)"?即提起诉讼的当事人是否必然立案,符合起诉的,是否进入实体审理?显然答案是否定的。司法审查,除了坚持保障诉权外,更应当考量司法经济的功能性、时机性、边界性。各国的实践均说明,滥用政府信息公开申请权和滥用起诉权,是一个世界性问题。日本学者盐野宏就曾指出:"有人好像是以专门请求信息公开为职业,将其当作兴趣或嗜好的人,日本有,台湾也会有,在日本听说有一个行政机关有80%以上的案子都是同一个人所请求的,如何来防止这样的情况的讨论也曾有过。"[2] 例如,建立滥用诉权黑名单。我国也有类似的实践,北京四中院是我国最早建立滥用诉权人员清单的法院。但清单的适用范围不应扩大,法院针对多次提起政府信息公开行政诉讼的少数个人可以建立清单,的确存在滥用诉权的情形的,可不予立案。

---

[1] 耿宝建:《裁判的方法》,人民法院出版社2016年版,第14页。
[2] 李广宇:《政府信息公开司法解释读本》,法律出版社2011年版,第89页。

3. 推动案例指导，营造良好沟通环境

政府信息公开案件审判实践发展到今天，仍处于探索成长阶段，建议确立政府信息公开行政案例指导制度，推动政府信息公开工作日臻完善。最高人民法院亦通过发布指导案例，提炼概括相应的诉讼规则，不仅有助于规范政府机关依法行政，而且为统一裁判尺度提供标准。以法院作为平台，通过案件的司法审查，一方面能推动行政机关转变工作理念，另一方面通过加强对案件的协调与释法，积极提高公民法律意识，正面引导公众理性参与政府管理活动，为法治政府建设贡献法院智慧和司法力量。

4. 强化司法建议工作，以信息公开促进依法行政

政府信息公开诉讼从诉讼类型看，属于履行职责之诉。通过前述的案例数据分析可以看出，相当一部分案件中，行政机关作出政府信息公开答复是以"政府信息不存在"而拒绝公开的。根据相关司法解释，如果行政机关能够举证证明其尽到了检索义务而答复信息不存在的，就可以判决驳回原告诉讼请求。至于行政机关是否应该制作、保存，在所不问，人民法院对此不作审查。在此，司法与行政之间就留下了一个缺口，也即司法审查对发现的行政机关不履行相关行政管理或者执法职责的行为并未起到监督和纠正作用。为了从源头上堵住政府信息公开的漏洞，促进行政机关改进关联领域的行政管理，提升政府公开与政府管理业务活动之间的黏合度，建议允许人民法院在司法审查中，发现行政机关根据法律法规或者编制文件、内部工作规范应予以制作或者保存该政府信息而未予制作或者保存的，可以直接在裁判文书中建议行政机关及时履行职责，必要时可以确认行政违法，以此确保政府信息得到充足供给，客观上也可以促进行政机关纠正管理和执法中的失职，将公开内嵌于政府管理和服务的各个环节，形成政府信息公开工作的"全生命周期"管理模式。

结　语

全面推进政府信息公开工作，是新时代政府管理和社会治理的必然要求，是建设服务型政府的重要着力点，人民法院通过行政诉讼司法审

查支持各级政府和行政机关依法公开并监督纠正瑕疵履职行为，可以起到推进法治政府建设、满足社会公众政府信息需求、促进国家社会治理现代化的作用。2016 年广铁法院集中管辖广州地区行政案件以来，通过审理大量的政府信息公开案件，为行政机关进一步规范依申请公开工作提供了有效的指引，为打造广州市场化、国际化、法治化营商环境提供了有力的司法支持。"百尺竿头，更进一步。"广州市作为千年商都、岭南文化中心和粤港澳大湾区核心区，经济发展活跃，法治土壤丰厚，公民社会发育充分，法治文明深入肌理，法治政府建设已经"积厚成势""蔚然可观"，政府信息公开诉讼案件数量本身就有力说明了社会公众与政府互动的法治化水平，体现了"政府—社会"的良性互动、有机融合。在改革开放的大潮涌动之中，在治理体系和治理能力现代化的视域里，广州市将进一步提升政府信息公开工作精细化、人文化水平，借助公开推动政府权力运行规范化和共建、共治、共享，建成法治政府、服务政府、责任政府和效能政府。

政府信息公开利益结构、诉讼解决与诉源治理

王惠奕　王强力　李　佳[*]

摘　要：政府信息公开具有保障知情权、提高政府工作透明度、建设法治政府、服务人民群众生产生活和经济社会活动的多重功能。经实证分析，申请政府信息公开的情形，主要是申请人出于维护自己人身财产等方面利益需要，并因对政府信息答复行为不服及维护利益的需要未满足而产生行政争议。政府信息公开诉讼应基于行政诉讼制度功能，以保护公民法人和其他组织通过政府信息公开申请维护自身合法权益的权利为目的解决相关争议，在政府信息公开申请类型化处理基础上进行类型化审查，应关注当事人是否有自身合法权益基础，发挥司法善意和司法能动妥善化解争议。行政机关应以依申请公开诉讼反映的问题为导向，贯彻新《条例》理念和制度，完善配套机制，实现诉源治理。

关键词：政府信息公开　行政诉讼　利益结构　诉讼解决　诉源治理

一　新《条例》施行以来政府信息公开案件变化

自2008年5月1日《中华人民共和国政府信息公开条例》（以下简称《条例》）施行以来，政府信息公开申请已成为传统行政管理之外的

---

[*] 执笔人：王惠奕，广东省深圳市中级人民法院行政审判庭庭长；王强力，广东省深圳市中级人民法院行政审判庭法官；李佳，广东省深圳市中级人民法院行政审判庭法官助理。

行政管理热点问题。此前极少因外部行政管理与行政相对人产生行政争议的行政机关，普遍遇到政府信息公开诉求，产生行政争议。以深圳市为例，在《条例》施行最初四年，政府信息公开申请需求爆发，行政争议进入复议和诉讼程序的案件数量连续攀升，随后趋缓，目前达到相对较低水平的平稳波动状态。2019年5月15日修订后的《中华人民共和国政府信息公开条例》（以下简称新《条例》）施行，进一步便利和规范政府信息公开申请，然而2019年和2020年申请数量并未出现爆发式增长，基本处于合理波动区间。2018—2020年，行政机关对政府信息公开申请作出答复引发的行政复议、诉讼案件数量同样处于较低水平，复议率分别为2.6%、3.0%、1.8%，诉讼率分别为3.3%、2.7%、2.2%，也呈较低水平的波动态势。其他研究者进行的更大范围实证分析也表明，政府信息公开引发行政争议的比率总体较低。[1]

表1　　深圳市行政机关历年办理依申请公开案件情况表[2]

年份	当年受理申请	当年予以公开	当年不予公开	其他处理	当年复议案件	当年诉讼案件
2009	76026	/	/	/	7	3
2010	45141	/	/	/	13	2
2011	37672	/	/	/	69	33
2012	38374	/	/	/	114	224
2013	5747	/	/	/	91	40
2014	6093	/	/	/	100	36
2015	5816	/	/	/	51	15
2016	6035	2734	483	1939	113	19
2017	8987	/	/	/	79	53
2018	4411	2955	329	1091	114	146
2019	3781	2207	213	1380	115	104
2020	5915	2695	517	2638	108	133

---

[1] 徐运凯：《政府信息公开行政复议案件的实证解析与制度重构》，《中国行政管理》2020年第2期。

[2] 数据引用自深圳市人民政府网站发布的政府信息公开工作年度报告，网址 http://www.sz.gov.cn/cn/xxgk/ndxxgkbg/，2021年3月25日访问。画斜线部分数据未见统计。当年受理申请数量与当年予以公开、当年不予公开、其他处理三类案件数量和并不一致，因存在当年受理申请未办理完毕，结转下一年度等情形。

从上述变化情况可以看出，除了具有开创性的前几年出现海量申请以外，一般情况下，立法赋予和保障政府信息知情权，并不必然产生政府信息公开申请权大量行使的现象。从实际复议和诉讼案例来看，人们并不仅因有知情权而行使这项权利，进而走进复议和诉讼之门。权利行使的最大动力还是争取现实的利益，同时与行政机关产生争议进行复议诉讼的最大原因，可能正是因维护利益诉求需要的政府信息未能得到满足。

二 政府信息公开案件的利益结构

政府信息公开具有保障知情权、提高政府工作透明度、建设法治政府、服务人民群众生产生活和经济社会活动的多重功能，宏观方面功能已有丰富研讨。① 基于司法解决个案和研究类案的基本任务，我们关注案件层面的问题。有的研究者认为："政府信息公开制度设置的初衷是为了保护社会公众在公法意义上的知情权，但是实践中，社会公众获悉政府信息的第一动力来源仍然是自身的需求，表现为拆迁征地、社会保障等领域的信息公开申请数量要远远多于其他领域。"② 对判例进行实证分析的研究者也得出了同样的结论。一是从案件分布地域特点看，政府信息公开申请案件数和诉讼案件数较多的是在经济发达、利益关系复杂、人口数量较多地区，例如江苏省、重庆市、浙江省、广东省、山东省、北京市等地。二是从信息涉及领域看，主要是规划房屋土地等财产权益涉及的信息。③ 笔者所在地区的政府信息公开诉讼案件同样体现出

---

① 周汉华：《打造升级版政务公开制度——论〈政府信息公开条例〉修改的基本定位》，《行政法学研究》2016 年第 3 期；彭錞：《我国政府信息公开制度的宪法逻辑》，《法学》2019 年第 2 期；陶林：《国家治理现代化视角下的政府信息公开研究综述》，《泰山学院学报》2020 年第 1 期，等等。

② 齐秀梅：《论政府信息公开中的价值冲突》，《河北青年管理干部学院学报》2020 年第 1 期。

③ 董妍：《政府信息公开判决解析——基于各地高级法院二审判决书的解读》；何渊、张洁莹：《政府信息公开案件的司法审判状况——基于司法案例的评估分析》，均载《上海政法学院学报（法治论丛）》2016 年第 4 期。

这两个特点，涉及规划国土领域（土地房产登记、房屋确权、房屋拆迁、补偿、城市更新、住房、查处违法建筑）的最多，其他领域也很广，包括公安管理类（治安、交通）、税务管理类、市场监管类等，这些领域都是直接涉及申请者人身财产利益较大较多的领域。

由此可见，政府信息公开所保障的知情权，只是政府信息公开保护的表层权利。申请人以享有知情权来主张获取政府信息时，也并不是单纯为了满足知情权。申请政府信息公开的深层利益诉求，概括来讲，主要还是申请人对人身权益的需求，对财产权属、公平分配和财富增值的需求，以及了解政府处理涉及切身利益事务的规则和活动的需求，复议和诉讼等救济也不过是在为了实现这种利益诉求，因而，政府信息公开申请领域存在"利益—信息—救济"的行为和关系结构。在此结构下，行政机关对政府信息公开申请作出的处理没有保障申请人的信息利益，是引发政府信息公开复议和诉讼案件的直接原因，而没有助益申请人通过信息维护自身权益则是根本原因。

三 政府信息公开诉讼的优化处理

虽然行政机关政府信息公开答复并不直接影响公民法人和其他组织通过申请政府信息最终所诉求的利益，但基于政府信息公开案件存在的"利益—信息—救济"结构和《中华人民共和国行政诉讼法》规定的保护公民、法人和其他组织的合法权益的宗旨，有理由认为，政府信息公开诉讼制度目的应当是保护公民法人和其他组织通过申请政府信息公开维护自身利益的合法权益。

（一）基于新《条例》处理决定的类型化进行类型化审理

笔者根据新《条例》关于主动公开、不得公开、可以公开及非公开申请情形以及相应答复方式的规定，梳理总结出依申请公开的处理类型，并根据《最高人民法院关于审理政府信息公开行政案件若干问题的规定》（以下简称司法解释）和行政诉讼法提出针对性的裁判思路。类型化有利于行政机关找准处理各类申请的答复方式、理由和依据，有利于申请人的诉求获得理据充分的答复，提高申请人的接受度，也有利于复议机关和司法机关优化审理程序，迅速准确开展合法性审查，妥善解决政府信息公开争议。

表2　　新《条例》依申请公开处理类型和法院审查内容表①

新《条例》处理类型		审查重点		行诉法及司法解释裁判类型	
类别	具体处理情形	程序	实体	支持被告	支持原告
不予处理	告知补正申请及逾期不补正 A30	原告起诉是否符合起诉条件	1. 原告有无申请政府信息公开需维护的合法权益基础 2. 被告作出信息公开答复行为合法性	不予受理起诉 A2	依行诉法
不予公开告知说明理由	不属于政府信息 A2			判决驳回诉讼请求 A12	A9、A10
	定秘的国家秘密 A14			判决驳回诉讼请求 A12	
	法律行政法规禁止 A14			判决驳回诉讼请求 A12	
	三安全一稳定 A14			判决驳回诉讼请求 A12	
	第三方不同意 A15			判决驳回诉讼请求 A12	
可不公开告知理由	内部事务信息 A16			判决驳回诉讼请求 A12	
	过程性信息 A16			判决驳回诉讼请求 A12	
	行政执法案卷信息 A16			不予受理起诉 A2	
予以公开	同意公开的内部事务信息 A16			依行诉法	依行诉法
	规定或同意公开的过程性信息 A16			依行诉法	依行诉法
	规定或同意公开的执法案卷信息 A16			依行诉法	依行诉法
	第三方涉公益公开 A32			依行诉法	A11
	告知已主动公开 A36，A19-21			判决驳回诉讼请求 A12	依行诉法
	直接提供政府信息 A36			判决驳回诉讼请求 A12	依行诉法
	告知信息获取方式 A36			判决驳回诉讼请求 A12	依行诉法

① 本表格借鉴耿宝建、周觅文中自制的信息公开处理决定类型化表格，经一定调整重新构造，以整体反映依申请公开处理类型和审查裁判思路。其中，A30 等序号表示新《条例》和司法解释条文序号。耿宝建、周觅：《新条例制度环境下政府信息公开诉讼的变化探析》，《中国行政管理》2020 年第 2 期。

续表

类别	新《条例》处理类型 具体处理情形	审查重点 程序	审查重点 实体	行诉法及司法解释裁判类型 支持被告	行诉法及司法解释裁判类型 支持原告
其他告知	第三方异议不成立 A32			判决驳回诉讼请求 A12	依行诉法
其他告知	数量频次不合理不处理 A35			依行诉法	依行诉法
其他告知	经检索不存在 A36			判决驳回诉讼请求 A12	依行诉法
其他告知	非本机关负责 A36			判决驳回诉讼请求 A12	依行诉法
其他告知	不予重复处理 A36			依行诉法	依行诉法
其他告知	登记资料依法律行政法规获取 A36			依行诉法	依行诉法
其他告知	需加工分析不予提供 A38			不予受理起诉 A2	依行诉法
其他告知	属信访投诉举报另行提出 A39			依行诉法	依行诉法
其他告知	获取公开出版物途径 A39			不予受理起诉 A2	依行诉法
其他告知	是否更正错误或向有权机关提出 A41			判决驳回诉讼请求 A12	A9
其他告知				解释增加：申请前已移交各级档案馆，驳回诉讼请求 A7	依行诉法
其他告知				判例增加：咨询类不属于政府信息公开申请①	依行诉法
其他处理	对超合理范围的收费 A42			依行诉法	依行诉法
其他处理	对建议转主动公开的处理 A44			依行诉法	依行诉法
其他处理	对请求监督政府信息公开的处理 A47、51			依行诉法	依行诉法

对比新《条例》对政府信息公开申请的类型化处理，司法解释的内容已经不够全面。基于"利益—信息—救济"的利益结构解决争议目

---

① 吴嘉懿：《"咨询"：政府信息公开申请的否定认定——以上海市 149 件判决为分析对象》，《公法研究》第 19 卷。但新《条例》没有明确将咨询列为非政府信息公开的识别标准，因为咨询的法律意义过于模糊，符合政府信息公开申请要件的申请也可能采用了咨询的形式。咨询形式能否认定为政府信息公开申请，应个案判断。

的，要对原告有无申请政府信息公开需要维护的合法权益基础进行延伸性的审查，这不但是确定案件裁判方式的基础，还是实质性化解争议的基础。

（二）基于司法善意和司法能动实质化解满足需求

司法善意作为一种新司法理念，在刑事和民事保全、执行等损益性司法活动领域得到提倡，旨在使用最小损害的司法手段达到司法目的。① 笔者认为，司法善意不仅包含采用最小损害的司法手段的含义，同时包含采用最大增益的司法手段的含义。政府信息公开行为和法院司法审查行为，均应秉持不干预公民法人和其他组织关于政府信息的社会生活和经济活动所涉利益关系的原则，最大程度依法提供信息公开服务和司法服务，由社会主体自主处理各类法律关系。人民法院在处理信息公开诉讼时，对申请人有实际利益基础需要相应政府信息的，人民法院可以通过诉前调解、诉讼协调、司法建议、直接调取、判决处理等多种积极主动的办案方式，发挥司法能动性，纠正行政机关理由不成立的不公开答复，避免程序空转和程序拖沓，满足当事人的信息需求。

（三）基于诉讼有效有限救济规制滥诉

规制滥用政府信息公开申请权和复议、诉讼权，是关于政府信息公开研究的一个热点和重点。少数人缺乏实际利益基础，反复、大量、滋扰性地申请政府信息公开并申请复议提起诉讼，耗费行政和司法公共服务资源而无实益，确实构成权利滥用。法院在办理政府信息公开诉讼案件时，出于正常发挥诉讼功能的司法政策考虑，对滥诉行为有必要依法予以限制。陆红霞诉南通市发展和改革委员会政府信息公开案开创的规制滥诉司法判例，不但对规制政府信息公开领域案件有指导意义，在整个行政诉讼领域都有开创意义，较有代表性地揭示了"在法治的初级阶段，重重压力下的司法，只能救济需要救济的权利，保护值得保护的公

---

① 王春：《"谦抑审慎善意"理念成为行动指南》，《法制日报》2017年7月26日第1版。

众,解决能够解决的纠纷"的司法政策①。但同时应注意,实践中除了个别比较典型的申请主体、申请案例外,滥用政府信息公开申请权和救济权的尚不多见,②我们仍必须要明确一点,对滥诉的规制只是对当事人主张利益方式的否定,而不是对当事人主张利益的否定。对于人民法院而言,比规制滥用政府信息申请权和救济权更重要的,仍然是监督和纠正行政机关在政府信息公开过程中的违法行为,最大程度保护申请人获取政府信息的合法权益。

四 政府信息公开争议的诉源治理

政府信息公开诉讼实践反映出,一些行政机关未能妥善处理公开申请,主观方面是未能忠实贯彻新《条例》政府信息公开理念和制度,客观方面是还有重要的配套、分流性的机制未能有效配合。解决好这些障碍,能够从源头上减少政府信息公开诉讼发生量。

(一) 切实贯彻政府信息公开理念和制度

中国共产党第十九次全国代表大会报告指出:"中国特色社会主义进入新时代,我国社会主要矛盾已经转化为人民日益增长的美好生活需要和不平衡不充分的发展之间的矛盾。"③在政府信息公开领导,为人民追求自身美好生活维护自身合法权益提供平衡而充分的政府信息公开服务,有益于新时代社会主要矛盾化解。习近平法治思想的重要内容之一,是坚持法治国家、法治政府、法治社会一体建设。政府依法提供政府信息,社会主体在信息平等条件下依法处理相互间利益关系,有益于法治社会建设。新《条例》进一步规范依申请公开政府信息工作,特

---

① 耿宝建、周觅:《政府信息公开领域起诉权的滥用和规制——兼谈陆红霞诉南通市发改委政府信息公开案的价值》,《行政法学研究》2016年第3期。

② 有的实证研究结论认为,"实践中个别行政机关片面强调政府信息公开申请权被滥用,似有夸大和借题发挥之嫌。徐运凯:《政府信息公开行政复议案件的实证解析与制度重构》,《中国行政管理》2020年第2期。

③ 习近平:《决胜全面建成小康社会 夺取新时代中国特色社会主义伟大胜利——在中国共产党第十九次全国代表大会上的报告》,人民出版社2017年版,第17页。

别是将《条例》被理解为限制申请资格的"生产生活科研"三需要予以删除,对主动公开、禁止公开、可以不公开、不按政府信息公开申请处理的各种情形予以法定化,对超过合理范围的申请予以限制,为依申请公开工作提供了规范明确的操作依据。行政机关应贯彻"以公开为常态、不公开为例外""公正、公平、合法、便民""及时、准确"的理念、原则和要求,遵循新《条例》关于类型化处理答复的规定,奉良法行善治,满足人民对于政府信息的需求。

(二) 完善配套性机制保障获取相应信息

司法实践中发现,存在两类依法不属于政府信息公开范围,但客观信息需求难以满足的情形,需要完善相应配套性机制,理顺与政府信息公开的关系,以保障申请人正当获取相应信息。

1. 理顺政府信息公开与行政执法案卷信息查阅关系

根据新《条例》第十六条第二款规定,行政执法案卷信息属于相对不公开的情形,行政机关可以不予公开,亦即也可以公开,并且法律法规规章规定应当公开的还应当公开。新《条例》并未界定行政执法案卷信息内涵外延,行政执法、行政执法案卷也缺乏学理通说定论。[①] 司法解释第二条规定:"公民、法人或者其他组织对下列行为不服提起行政诉讼的,人民法院不予受理:…(四)行政程序中的当事人、利害关系人以政府信息公开名义申请查阅案卷材料,行政机关告知其应当按照相关法律、法规的规定办理的。"对本条的理解,本报告认为有以下层次:一、本条直接适用于行政程序当事人、利害关系人有法律法规规定的查阅案卷材料途径和条件,行政机关告知按查阅案卷材料提供的情形;二、如果不存在本条所指查阅卷宗材料的法律法规规定和现实条件,则不排除行政程序当事人、利害关系人申请政府信息公开的权利;三、本条所指行政程序当事人、利害关系人以外的其他人,可以申请公开案卷所涉政府信息,行政机关可以以查阅案卷材料的方式提供,也可以按政府信息公开答复;四、行政程序当事人、利害关系人不论通过查

---

① 梁艺:《行政执法案卷信息的解释与适用——以〈政府信息公开条例〉第十六条为中心的初步观察》,《政治与法律》2020年第2期。

阅案卷材料还是政府信息公开，获取相关信息的保障不能低于其他人。因新《条例》在司法解释基础上，明确规定行政执法案卷信息相对不公开的制度，产生信息公开请求权与卷宗查阅权的选择问题[①]，结合新《条例》第十六条第二款和司法解释第二条第四项规定，申请政府信息公开涉及行政执法案卷信息的，行政机关应当举证属于并存在行政执法案卷。所谓行政执法案卷，应由行政机关依照具体法律法规规章采取执法行为立案受理、办理案件形成案卷。行政执法案件的当事人、利害关系人优先通过依法依规查阅案卷材料方式获取。无法律法规依据和现实条件通过查阅案卷材料获取信息的当事人、利害关系人和其他人，可以提出政府信息公开申请，行政机关应当作出是否公开的答复。

2. 理顺政府信息公开与档案开放利用关系

实践中因行政机关以申请的政府信息已经移交各级国家档案馆为由作出告知答复的案件逐渐增多。因档案馆保管行政机关移交的政府信息，按照《中华人民共和国档案法》和《中华人民共和国档案法实施办法》规定的年限开放，基本不可能满足申请人对时间稍久远的政府信息的公开需求，以致有的起诉行政机关，有的起诉档案主管部门和档案馆。[②] 司法解释第七条区分行政机关保管的档案状态政府信息通过政府信息公开处理，移交国家档案馆保管的档案状态政府信息通过档案利用处理。但新《条例》没有直接吸收司法解释的规则，第二十五条还规定政府应当在国家档案馆设置政府信息查阅场所并配备相应的设施、设备，行政机关应当及时向国家档案馆提供主动公开的政府信息，易产生行政机关仍然有对档案馆保管的档案承担政府信息公开义务的理解。2020年修订后《中华人民共和国档案法》第十五条第二款规定，"经档案馆同意，提前将档案交档案馆保管的，在国家规定的移交期限届满前，该档案所涉及政府信息公开事项仍由原制作或者保存政府信息的单位办理。移交期限届满的，涉及政府信息公开事项的档案按照档案利用规定办理"。第二十九条规定，"机关、团体、企业事业单位和其他组

[①] 戴文波、张小玉：《信息公开请求权与卷宗阅览权：界限、竞合与出路》，田禾、吕艳滨主编：《中国政府透明度2020》，中国社会科学出版社2020年版，第139—150页。

[②] 政府信息公开引发的档案行政诉讼研究课题组：《政府信息公开是档案部门的法定义务》，《档案建设》2017年第11期。

织以及公民根据经济建设、国防建设、教学科研和其他工作的需要，可以按照国家有关规定，利用档案馆未开放的档案以及有关机关、团体、企业事业单位和其他组织保存的档案"。第三十一条规定："向档案馆移交、捐献、寄存档案的单位和个人，可以优先利用该档案，并可以对档案中不宜向社会开放的部分提出限制利用的意见，档案馆应当予以支持，提供便利。"因此，行政机关是有依据有条件利用移交给档案馆的档案政府信息的，也就仍然存在行政机关是否负有依政府信息公开工作需要，利用档案馆未开放的档案，向申请人公开政府信息的问题。本报告认为，政府信息在行政机关保管以及移交档案馆保管，主要是保管主体、法律属性、管理体制有所不同，申请人对已经移交档案馆的政府信息有现实需求，而又不存在其他不予公开事由的，行政机关和档案馆有必要建立畅通的档案个别提前开放利用机制，保障申请人的信息需求。同时，现代政府管理已经充分信息化，很多政府信息并不具有唯一载体，行政机关并不因移交档案馆而不再保存相应政府信息，档案法也没有禁止行政机关自行公开已经移交档案馆的政府信息，只要行政机关仍然保存有政府信息，又不具有法定不予公开的情形，则仍应认定行政机关负有政府信息公开义务。

从司法实践角度浅析政府信息公开工作的健全与完善

张　童　徐东沂　陈学岚
曹先群　黄艳宇　金　鑫[*]

摘　要：随着社会经济的发展和政府工作改革的深入，在实践工作中，政府信息公开工作也暴露出一些不足。究其本质，既有现行法律法规无法完全涵盖人民群众对信息公开日益多样化要求的因素，也有政府信息公开工作能力本身有待提高的原因。本文将在论述实践中政府信息公开工作所面临的问题和困惑的基础上，着重针对如何规制滥用咨询事项作出信息答复、如何判定"商业秘密"和"个人隐私"、如何正确适用"政府信息不存在"的答复等方面进行论述，对政府信息公开工作提出完善与健全的意见和建议。

关键词：政府信息公开　咨询事项　商业秘密　个人隐私

《中华人民共和国政府信息公开条例》从 2008 年 5 月 1 日开始实施，至 2019 年 5 月修订，标志着政府信息公开工作的全面深入，彰显了中国政府对于保障广大人民群众拥有更深入广泛的政府执政知情权所做出的不懈努力。但实践中，政府信息公开工作也暴露出一些不足，例如：部分行政机关滥用咨询事项作出信息答复、"商业秘密"和"个人隐私"尚缺少明确规定、以"该政府信息不存在"为由作答情况频发、内部信息适用规则仍需完善等。

---

[*] 作者排名不分先后，系北京市炜衡律师事务所律师。

一 滥用咨询事项作出政府信息公开答复

实践中,有少部分行政机关未能准确适用政府信息公开的相关要求,以申请属于咨询事项为由阻碍申请人获取信息。

(一)将申请认定为"咨询"的实际情况

在北大法宝的司法案例库中,输入"中华人民共和国政府信息公开条例"后,检索到自2008年至2021年涉及政府信息公开的行政案件100343件;在搜索结果中再次搜索"咨询",总共检索到涉及以咨询事项作出政府信息公开答复的行政案件19717件,占比为19.65%(见图1)。

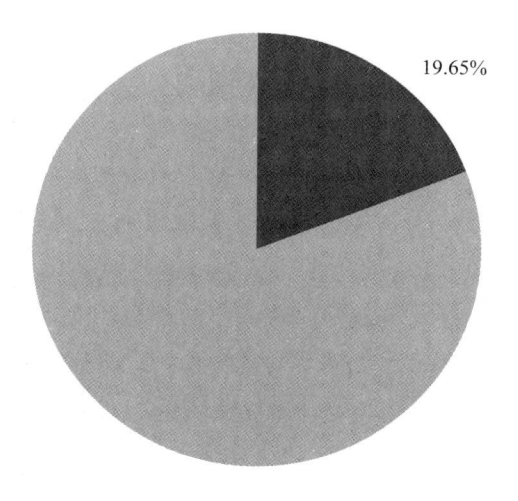

图1 "咨询事项"在政府信息答复中的比例

在以咨询事项作出政府信息公开答复的19717件行政案件中,以地域进行区分,北京市涉及4953件,占比为25.12%;江苏省涉及1781件,占比为9.03%;上海市涉及1751件,占比为8.89%;浙江省涉及1662件,占比为8.43%,上述四个地区占比超过总数的一半(见图2)。

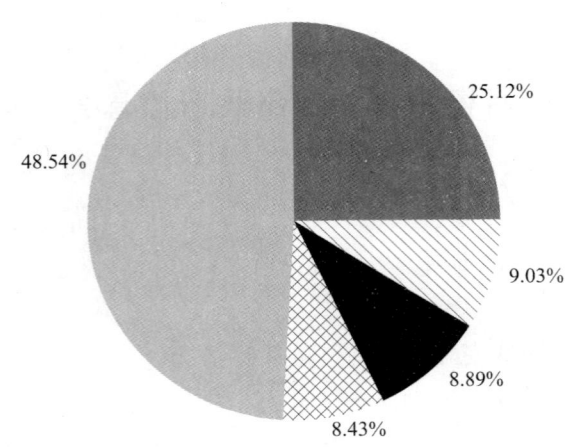

图 2 "咨询事项"在地域中的体现（北京市 25.12%、江苏省 9.03%、上海市 8.89%、浙江省 8.43%、其他地区 48.54%）

在以咨询事项作出政府信息公开答复的 19717 件行政案件中，以审理年份进行区分，2019 涉及 3988 件，占比为 20.23%；2017 涉及 3716 件，占比为 18.85%；2018 涉及 3566 件，占比为 18.09%，在 2017 年至 2019 年占比超过一半（见图 3）。

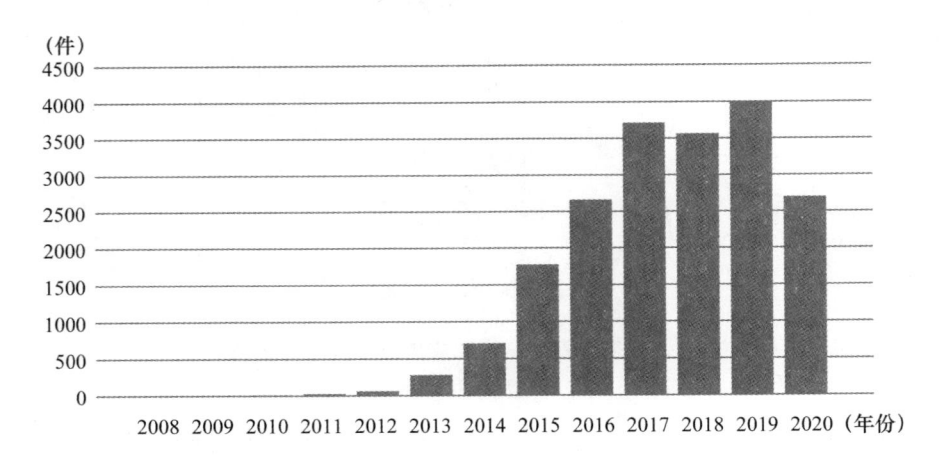

图 3 "咨询事项"在审理年份中的体现

在以咨询事项作出政府信息公开答复的 19717 件行政案件中，以审理程序进行区分，一审程序涉及 8800 件，占比为 44.63%；二审程序涉及8128件，占比为41.22%；一审案件中提起二审比例较高，占比为92%的一审案件均会提起上诉（见图4）。

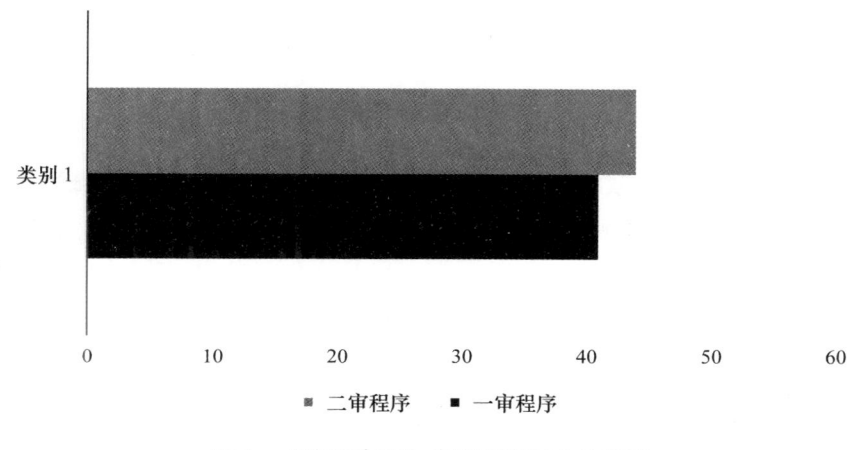

图4 "咨询事项"在审理程序中的体现

在以咨询事项作出政府信息公开答复而进入二审程序的8128件行政案件中，以二审审理结果进行区分，二审改判涉及3317件，占比为40.81%（见图5）。

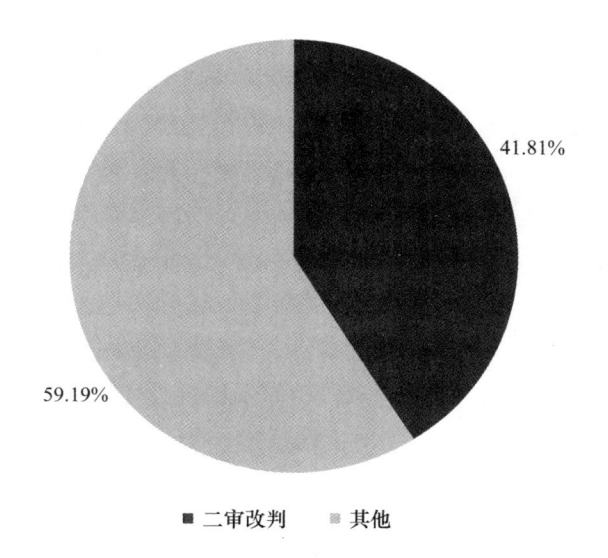

图5 "咨询事项"在二审审理结果中的体现

上述数据显示，近年来在各级行政机关作出的政府信息公开答复中，以申请属于"咨询事项"作为最终答复内容的案件后期涉诉比例较高，案件多集中在经济较发达地区，且当事人对于该种答复决定普遍认可度不高，上级法院与下级法院在事实认定和法律适用上也存在较大差异。

（二）实践中行政机关认定"申请"属于咨询事项的具体表现

在实践工作和司法审判中，行政机关认定申请属于咨询事项的案件主要有如下两种表现。

一是行政机关经常会以申请的政府信息不明确、不具体为由，要求申请人补正。《政府信息公开条例》第二十九条第二款第（二）项规定："政府信息公开申请应当包括下列内容：（二）申请公开的政府信息的名称、文号或者便于行政机关查询的其他特征性描述。"在政府信息公开实践中，行政机关往往容易机械适用该规定，苛求申请人对获取政府信息的描述义务。例如：在北京市第四中级人民法院（2015）四中行初字第935号《行政判决书》中，原告要求获取"关于北京市海淀区温泉镇太舟坞定向安置房项目小学校、幼儿园的建设情况及相关材料"，但海淀区政府却以原告提交的信息描述无具体文件名称、文号，并未指向确定的政府信息为由，要求原告补正。

二是对于拟申请获取政府信息描述较为笼统、原则的，行政机关经常会直接以所申请内容为咨询事项作出答复。在实践中，亦存在狭隘界定政府信息的错误认识和做法。有的行政机关认为申请人申请公开政府信息时无法准确提供具体政府信息的名称、文号的，都属于需对政府信息进行汇总、分析、加工或者以信息公开的形式向行政机关提出咨询的情况，因此经常直接作出其申请不属于《政府信息公开条例》调整范畴的结论。例如：北京市第二中级人民法院（2018）京02行终466号《行政判决书》中，原告申请公开"2004年至今，东城区政府向东城区文化委员会拨发北京历史文化名城保护资金的详细使用情况中涉及该资金的招投标文件"，但行政机关以原告所申请信息为咨询事项为由不予公开。

二 无法正确辨识政府信息与"商业秘密"和"个人隐私"

关于申请公开的政府信息中是否包含"商业秘密"和"个人隐私",以及如何辨识"商业秘密"和"个人隐私",在实践中颇有争议。由于《政府信息公开条例》中并没有对"商业秘密"和"个人隐私"进行明确的界定,从而导致行政机关容易利用法律概念的不确定性,规避公开义务。

(一)商业秘密的判定及相关案例

由于我国没有商业秘密法,在司法实践中,判定何为商业秘密,一是依据《中华人民共和国反不正当竞争法》(以下简称《反不正当竞争法》)中对"商业秘密"的定义。比较典型的如吴某某诉某区国家税务局一案。吴某某向某区国税局申请公开"(一)某房屋拆迁公司 2002 年 8 月—2004 年 12 月 31 日税务变更申请表的复印件;(二)该公司 2002 年 8 月—2004 年 12 月 31 日税务登记证件的内容"两项政府信息。某区国税局认定吴某某申请公开的第(一)项信息中,财务印鉴、企业印鉴和公司电话号码系商业秘密,个人印鉴系个人隐私,经过征询某房屋拆迁公司后,某区国税局作出不予公开该项信息的回复。吴某某不服,申请行政复议,复议机关维持了某区国税局作出的答复。该案诉至法院后,法院认为,根据《反不正当竞争法》,商业秘密是指不为公众所知悉、能为权利人带来经济利益、具有实用性并经权利人采取保密措施的技术信息和经营信息。而公司电话号码作为联系方式是公司开展经营活动的条件之一,财务印鉴、企业印鉴是公司在经营活动中进行意思表示的一种确认形式,三者通过对外公开或出示,发挥其基础作用,不符合商业秘密不为公众所知悉的特征,不属于商业秘密。

二是从其他公开渠道可获得的信息也被普遍认为不构成政府信息公开中的"商业秘密"。如原告计某某诉北京市东城区人民政府一案中,被告认为原告申请的信息"棚户区改造项目协议"可能涉及第三方北京城建集团有限责任公司的商业秘密，经函询第三方后，认为是商业秘密，不同意公开，故不予公开。

但法院认为，根据《最高人民法院关于审理不正当竞争民事案件应用法律若干问题的解释》第九条第二款第（五）项的规定，从其他公开渠道可以获得的信息不构成不为公众所知悉。虽然该司法解释系为审理不正当竞争民事案件而制定，但行政机关对信息公开申请作出答复时，也应当依法保护经营者的合法权益，维护市场竞争秩序，故对本案商业秘密的认定，应当参照该司法解释的规定。本案现有证据能够证明原告计某某在向北京市发展和改革委员会申请获取"北京市发展和改革委员会作出京发改（核）〔2016〕352号行政许可前收到的北京市东城区发展和改革委员会提交的申请材料"时，北京市发展和改革委员会已向原告计某某公开涉案信息。故该信息从其他公开渠道可以获得，不构成不为公众所知悉，也就不构成所谓"商业秘密"。故，依法应当予以公开。

（二）个人隐私的判定及相关案例

根据《中华人民共和国民法典》第1032条第2款规定，隐私是自然人的私人生活安宁和不愿为他人知晓的私密空间、私密活动、私密信息。

可见无论是从词典上还是法律上，对于隐私都给予了明确的定义。但由于定义所富有的含义宽泛，有时难以准确把握，给平衡知情权和个人隐私权带来了困难。

在前述吴某某告某区国家税务局的案例中，个人印鉴的使用为个人进行意思表示的一种确认形式，同签名一样，通过出示发挥其基础作用，因此法院判定不属于个人隐私。

而在另一个案例中，经过行政复议，最终责令被申请人公开相关信息，不能以个人隐私为由不公开。该案中，申请人要求公开"因峄城区滨河东路兴华片区二期项目，峄城区人民政府房屋征收管理办公室与上述项目全部被征收户签订的《房屋征收产权调换补偿安置协议》"。被申请人枣庄市峄城区政府认定该信息属于隐私不予公开。后申请人提起行政复议，枣庄市政府支持了申请人的请求，决定"撤销被申请人作出的（2019）第 1 号《政府信息不予公开告众书》，同时责令被申请人对申请人申请公开的信息依法予以公开。"

三 政府信息不存在答复的滥用问题

根据笔者的观察，以"信息不存在"为由作答复的情形在实践中一直广泛存在。以重庆市为例，从重庆市 2017—2019 年政府信息公开年度工作报告披露的信息来看，由于"政府信息不存在"而导致无法提供相关政府信息的案件数量，在依申请公开政府信息案件总量中连续数年占据稳定比例（见图 6）。①

	2017 年	2018 年	2019 年
依申请公开政府信息案件总数	9834	7896	7671
政府信息不存在答复案件	272	469	397

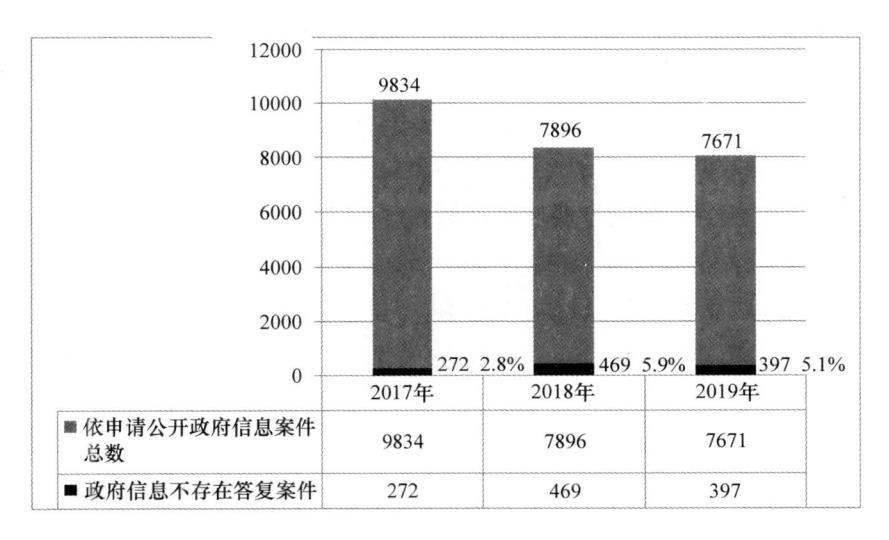

图 6 重庆市 2017—2019 年依申请公开答复中"信息不存在"的占比

多数情况下，对于信息是否存在的认定，申请人与行政机关容易产

---

① 数据来源于 2017—2019 年重庆市政府信息公开年度工作报告网址：http：//www.cq.gov.cn/qqc/searchResultPCCQ.html? keyWork = % E6% 94% BF% E5% BA% 9C% E4% BF% A1% E6% 81% AF% E5% 85% AC% E5% BC% 80% 20% E5% B7% A5% E4% BD% 9C% E6% 8A% A5% E5% 91% 8A&sitecode = 4c2dcfdf3ba9420ea0e6893e543880c9&siteid = 111，最后访问日期：2021 年 3 月 16 日。

生较大争议。受固有思维影响，申请人可能倾向于认为行政机关系因某种原因而故意隐瞒、不愿意公开该信息，或者行政机关没有认真履行查找职责而干脆直接否认信息的存在。该类答复后期引发的行政诉讼案件也与日俱增。

（一）"政府信息不存在"答复的情形

实际上，根据《中华人民共和国政府信息公开条例》第三十六条的规定，对政府信息公开申请，行政机关可以作出"政府信息不存在"答复的前提，只能是由于存在"经检索没有所申请公开信息"的情形。但是在现实中，"政府信息不存在"答复的出现往往包含以下几种情形。

一是申请公开的政府信息客观不存在。即申请人申请公开的政府信息从始至终就不存在。申请所涉及事实、行政行为从未发生；涉及事实或行政行为虽然发生，但行政机关没有制作、记录、保存的法定义务以及职能职权；或者由于行政机关履职不当没有制作、保存相关政府信息。该种情形下，无论行政机关如何穷尽检索查找，被申请公开的政府信息都是无法查到的。

二是申请人所申请公开的政府信息阐述不准确、内容有误。在现实操作中，往往遇到申请人对拟申请公开的政府信息所涉及的项目名称、实际内容、相关事项、具体负责的行政机关等认识不清、模棱两可的情况。同时，受限于申请人参差不齐的文化水平，对申请内容的描述往往过于口语化、内容指向不清晰，导致行政机关在检索查找的时候，无法精准提炼有效信息，造成现实中的查找障碍。

三是个别行政机关存在推诿、不作为。虽然《国务院办公厅关于做好政府信息依申请公开工作的意见》（国办发〔2010〕5号）第二条明确了行政机关一般只提供现有的政府信息，不承担为申请人汇总、加工或重新制作政府信息的职责，但在某些基层组织和工作人员眼中，仍然不可避免存在着将老百姓申请信息公开视为"找麻烦""没事找事"等错误认识，因此也导致了基层组织动辄以"政府信息不存在"为由进行回复情形的出现。

(二)"政府信息不存在"案件的审理情况

由于"政府信息不存在"答复所涉案件数量多,问题突出,引发了司法界的关注。最高人民法院于 2018 年 12 月 19 日发布了《罗元昌诉重庆市彭水苗族土家族自治县地方海事处政府信息公开案》(最高人民法院指导性案例第 101 号)。根据该指导性案例,在政府信息公开案件中,行政机关以政府信息不存在为由答复申请人的,人民法院应审查行政机关是否已经尽到充分合理的查找、检索义务;如果申请人提交了该政府信息系由行政机关制作或者保存的相关线索等初步证据后,若行政机关不能提供相反证据,并举证证明已尽到充分合理的查找、检索义务的,法院将不予支持行政机关有关政府信息不存在的主张。

而在该例指导案例正式出台之前,全国各地法院就已经就此类案件进行了不同程度的阐述。并且根据案件审理时间的不同,也可以看出法院对于"政府信息不存在"案件审判思路的变化。

2011 年,杜某某诉佛山市某区人民政府土地政府信息公开案①中,佛山市中级人民法院认为,对原告申请的政府信息不存在,被告已经履行法定告知或者说明理由义务的,人民法院应当判决驳回原告的诉讼请求,此时法院甚至没有将行政机关是否履行检索义务纳入审理范围。而到了 2013 年,张某不服上海市规划和国土资源管理局政府信息公开决定案②中,上海市黄浦区人民法院认为行政机关以信息不存在为由拒绝提供政府信息的,应当证明其已经尽到了合理检索义务,如果行政机关仅以原告的描述为关键词进行检索,进而简单答复政府信息不存在的,则属未尽到检索义务。之后全国各地法院对于"政府信息不存在"案件的审理,均不同程度认为行政机关应当举示证据证明其在合理范围内充分履行了全面检索义务、对搜索的方法和结果作必要的说明,以及对政府信息不存在的原因给出合理的解释。可以说,从单纯要求释明政府信息不存在,到逐步要求行政机关举示证据证明已经尽到了合理限度内的全部检索义务,对信息不存在的原因作出合理解释,法院审查角度在

---

① 广东省佛山市中级人民法院(2011)佛中法行终字第 146 号行政判决书。
② 上海市黄浦区人民法院(2013)黄浦行初字第 132 号行政判决书。

近年来发生了根本性的变化。特别是对于原告可以举示初步证据证明被申请公开的政府信息应当存在的情况，更加加重了行政机关的举证责任和义务。

四 政府信息公开工作中内部信息的实践问题

（一）内部信息的概述

内部信息是反映政府机关系统内部情况的信息，是指党的系统和国家权力系统为保持执政活动的一致性和有效性而在内部传输的信息，主要包括下行信息、上行信息、沟通信息等[①]。换言之，内部信息即"内部管理信息"，不涉及公共利益，仅和内部琐碎事项有关。内部琐碎事项主要指人事方面事宜，如员工的选拔、安置、培训以及与此相关的政策、程序等制度[②]。

行政机关的此类内部信息，突出地表现出两个典型特征：一是这类信息不对外产生直接约束力，即行政机关和行政相对人不会因该类信息产生行政法律关系；二是该类内部信息具有非终局性[③]。如此界定内部信息，其目的在于防止披露过多信息可能带来的法律规避风险，保护机构内部或不同机构之间的交流，避免使不成熟的沟通外露，从而使公职人员能够畅所欲言，毫无顾忌地表达自己的真实想法。

（二）内部信息的认定标准

美国、欧盟、日本等国家（地区）把政府机关的"内部信息"列入免予公开范围，坚持以公开为例外，不公开为原则。美国《信息自由法》将"内部文件"纳入免予公开范围之初，也出现过现今中国司法实践中出现的问题，即对内部文件认定上没有统一标准。为解决此问题，美国法院明确了认定"内部管理信息"的三个标准。一是"内部

[①] 何盛明：《财经大辞典》，中国财政经济出版社 1990 年版。
[②] 李广宇：《政府信息公开司法解释读本》，法律出版社 2011 年版，第 262 页。
[③] 薛亚君：《政府信息公开中"内部信息"公开豁免问题研究》，载《情报理论与实践》2016 年第 11 期。

管理信息"必须与内部规则相关。二是"内部管理信息"应当完全或仅仅与内部人事规则相关，强调的是信息绝对的内部性。三是"内部管理信息"应属于政府机关内部保存，即行政机关保存该类信息的目的只在于为自身管理提供方便。不难看出司法机关认定"内部管理信息"时始终都在贯彻尽力保障公民行政知情权的理念，为了避免与公民利益相关的政府信息被披上"内部管理信息"的外衣而被行政机关拿作不予公开的挡箭牌。

我国"内部信息"一词最早出现在2010年11月国务院办公厅下发的《如何做好政府信息依申请公开工作的意见》中。随着《如何做好政府信息依申请公开工作的意见》的实施，自2012年起，依申请公开案件中涉及"内部信息"的案件逐年递增。法院在政府信息公开案件中也无法回避如何对"内部信息"进行审查的问题。最常见的做法就是法院基本认可政府机关以申请公开事项为"内部信息"的理由并笼统地引用国务院办公厅《如何做好政府信息依申请公开工作的意见》中相关"内部信息"一般不予公开的规定。而2019年修订的《政府信息公开条例》第十六条明确规定：行政机关的内部事务信息，包括人事管理、后勤管理、内部工作流程等方面的信息可以不公开。

（三）实践中对内部信息的认定

修订前的《中华人民共和国政府信息公开条例》并未对"内部信息"进行界定，不少国家也纯粹是根据"损害标准"而不是以文件的形成阶段来决定是否公开。简单来说并非赋予了"处于讨论阶段的信息"绝对公开例外的地位，而是只有在行政机关有证据证明信息公开会造成对公共利益或国家利益的损害时才会被免于公开。故在收到政府信息公开申请时，决策者需要评估公开此类信息可能带来的影响，如果告知公众一项重要议案可能造成更大的损害结果就会决定不予公开[①]。

2010年11月国务院办公厅下发的《如何做好政府信息依申请公

---

① 颜海：《政府信息公开理论与时间》，武汉大学出版社2008年版，第158页。

开工作的意见》规定也比较模糊，因此司法实践中许多行政机关常常以被申请公开的信息为"内部管理信息"为由加以拒绝，也正是因为在《如何做好政府信息依申请公开工作的意见》中未明确对"内部信息"进行解释的前提下，法院审理相关政府信息公开行政案例时常常各执己见。部分法院在审理政府信息公开行政案件时，在认定当事人申请公开的信息为"内部信息"不加以解释，或者对"内部信息"认定上作出解释时强调面各不相同；有的法院对同时具有内部性与外部性的信息加以认定时更侧重内部的属性，进而将其列入不予公开的范畴，而有的法院则侧重外部性特点认为其对外影响力已超过了内部属性，最终作出政府给出的不予公开理由不合法的判决，造成"同案不同判"的效果。

由此可见，司法机关在"内部信息"认定上采取的不同标准不仅不利于《中华人民共和国政府信息公开条例》立法目的的实现——保障公民的行政知情权，也间接给行政机关赋予了更大的行政裁量空间。

在某案件中，当事人请求公开"大兴区集体经营性建设用地试点规划研究和大兴区黄村镇城乡统筹规划实施方案"两份政府信息，大兴分局以当事人申请的信息属于内部信息为由，作出不予公开的决定。但笔者认为上述信息不属于内部管理信息，理由如下：内部管理信息是因行政机关的内部管理行为产生，管理的对象是行政机关内部工作人员。本案中当事人所申请的两项政府信息系全国人大常委会在 2015 年 2 月 27 日授权国务院在北京市大兴区等三十三个试点县（市、区）行政区域暂时调整实施有关法律规定，进而推进农村集体经营性建设用地入市试点工作过程中形成的政府信息，该两份信息均是现行法律调整后对集体经营性建设用地的规划和实施方案，并不符合上述内部管理信息的特征，故判断政府信息是否属于内部管理信息，不能仅以行政机关的单方陈述作为依据，某一项行政行为直接影响行政相对人的权利义务时，应当结合该政府信息的背景进行综合考量，更不应当局限于政府信息的名称本身。否则，极可能出现行政机关规避履行政府信息公开义务，从而造成行政相对人的知情权遭受侵害，也使得行政机关的后续行政行为缺乏应有的监管。

五 政府信息公开工作的健全与完善建议

(一) 对于咨询事项滥用的规制建议

若放任咨询事项的滥用,必定会增加公民、法人或其他组织申请政府信息公开的成本,阻碍政府信息对人民群众生产、生活和经济社会活动服务作用的发挥,使《政府信息公开条例》束之高阁,因此应当从以下四个方面切实加强对咨询事项滥用的研究、规制。

1. 确立政府信息公开申请明确性的适当性原则

加强申请明确性的适当性是世界各国政府信息公开的立法基础和实践前提,其目的在于使行政机关明确申请人所希望获取的政府信息,并进而能够更加有效地进行查找和公开工作。但申请的明确性需要一个科学合理的"度",如果这个"度"过于放宽则有可能使行政机关将主要精力投入于海量的检索工作,不利于行政机关的工作效率;如果这个"度"过于严苛则有可能加大申请人的义务,甚至可能成为行政机关"刁难"申请人的理由。加强政府信息公开申请的明确性原则对健全完善政府信息公开工作而言是一柄双刃剑,既不能疏于辨识,将明确的信息公开申请视为不明确,滥用咨询事项予以答复,也不应让行政机关被迫以猜测的方式来处理一个确实比较笼统、原则的信息申请。笔者认为政府信息公开申请明确性的适当程度,应当以普遍公众对拟申请获取政府信息特征描述来进行判断,只要申请人尽其所知对所要求获取的信息进行详尽、准确的特征描述,且这种特征描述包含了较为明确的信息指向,则就应当认定该申请是明确的。

2. 加强对政府信息补正的司法审查

通过近年来的司法审判实践已经明确了信息公开办理过程中的补正属于程序性事项,只要其依法作出,则人民法院不予受理单独针对补正而提起的行政诉讼。《最高人民法院关于审理政府信息公开行政案件若干问题的规定》(法释〔2011〕17号)第二条第(一)项规定:"公民、法人或者其他组织对下列行为不服提起行政诉讼的,人民法院不予受理:(一)因申请内容不明确,行政机关要求申请人作出更改、补充且对申请人权利义务不产生实际影响的告知行为。"一般来说,补正系行政机关通过书面告知方式来要求申请人对不明确、不具体的政府信息公开申请进行补充、更正,申请人接到补正告知后可以根据行政机关相关要求对申请内容、特征描述进行调整,行政机关以申请人补正后的政府信息描述为基础进行相关办理和检索工作,这种一般意义上的补正行为确实属于过程性行为且未给申请人权利义务产生法律上的影响,因此根据上述法律规定不应纳入人民法院审理范围。但需要注意的是,人民法院并非仅对补正进行形式审查即作出不予受理,对于影响申请人实体权利义务或者以借补正之名而行阻碍之实的补正,则具备可诉性,具体包括下列五种情形:一是申请人对拟获取政府信息的特征描述已经十分清晰,行政机关过于苛责申请人所申请内容的准确性,通过补正告知来增加申请人的责任和义务。二是基于行政机关文件名称的内部性或者特殊性,普遍公众不可能对拟获取政府信息作出精确描述或者不可能精准提供文件名称,行政机关通过补正方式不履行答复或公开义务。三是行政机关通过多轮或者反复要求申请人补正,使政府信息公开程序始终停留在补正环节,从而达到不予公开相关政府信息目的。四是行政机关在收到政府信息公开申请时怠于履行审核职责,在延期办理之后借补正告知来达到拖延答复期限的目的。五是行政机关所作出补正明显具有终局性质,例如在补正告知中有不按期补正则终止办理、无法提供特征描述则按撤回申请处理等内容的。

3. 明确行政机关的协助义务

政府信息公开工作的设立初衷系充分发挥政府信息在服务生产、生活和经济社会活动的作用,通过透明政府来推动法治政府建构。对大多数申请人而言,其更希望及时、便捷地获得其需要的信息,而非刁难政府,刻意提起行政诉讼。为此,《中华人民共和国政府信息公开条例》第二十八条规定了"行政机关应当为申请人依法申请获取政府信息提供便利",第三十条规定了"政府信息公开申请内容不明确的,行政机关应当给予指导和释明"。因此在实践工作中应当切实加强行政机关的协助义务,转变工作思路和理念,对于信息公开申请确实存在不清晰、不具体情况的,行政机关政府信息公开工作人员应当通过电话、书面等方式及时与申请人取得联系,向其释明所提交政府信息公开申请所涉咨的事项、原因,并在问清其拟获取政府信息文件范围、内容、真实意图的基础上指导申请人做好补正工作。

4. 明确咨询事项的类型和范围

建议立法部门通过适时启动修订程序或者最高人民法院适时出台司法解释等方式,对咨询事项的类型和范围予以进一步明确。从实践工作中来看,导致出现政府信息描述不准确的情形无外乎以下三种:一是政府信息公开申请中存在大量的提问用词,例如:为什么、是什么、依据是什么,等等。二是政府信息公开申请中存在大量的要求行政机关解决问题的描述,而这些问题明显不应当通过政府信息公开渠道解决。三是政府信息公开申请并不存在拟申请获取政府信息的特征描述,且政府信息申请内容存在理解上或者认识上的歧义,致使行政机关无从检索、无法查找。

(二) 对于商业秘密和个人隐私的完善建议

商业秘密的界定可以参照《反不正当竞争法》及《最高人民法院关于审理不正当竞争民事案件应用法律若干问题的解释》,但是,不同的法律规范之立法目的与价值取向各有不同,《反不正当竞争法》立法目的在于鼓励和保护公平竞争,保障私主体的合法权利,与《中华人民共和国政府信息公开条例》保障公民知情权、打造透明政府的价值取向并不完全融合,故应当在援引概念时,对于两者差异进行阐述并适当调整利益偏向,借以加强准用理由。同时参考理论界通识和相关指导案例,确保认定标准一致,适法统一。

对个人隐私的认定,并不是绝对的,而是有界限的,为了社会公共利益或者隐私所有人之受侵害人的利益,个人隐私可以作适当的让渡,而不应构成政府信息公开的阻却事由。法律的本质在于公平,如果一味地强调对个人隐私的保护,实际上必将侵害另一合法权益。故而应当注意做好两者之间的平衡。

(三) 政府信息不存在答复的完善建议

针对"政府信息不存在"案件,应当区分案件产生的不同原因,结合法院审查该类案件的角度,来思考如何解决目前工作中容易出现的问题。

首先,对于"政府信息客观不存在"的情形,应当做好针对申请人的解释说明工作，而不应仅生硬答复了事。特别是由于行政机关应当制作而未制作、应当妥善保管而中途遗失等实际上属于行政机关履职不到位所造成的政府信息不存在，更应在答复申请人的同时探索是否可以采取补救措施，而不应该"讳疾忌医"，一拒了之。

其次，对于申请人本身原因造成的对申请公开的政府信息描述不准确、不到位的情形，负责接待处理现场申请的工作人员应当耐心帮助、积极引导申请人理清所想要申请公开内容的相关线索、范围和具体内容，避免口水话、模棱两可的申请请求不利于后期业务部门检索和查找工作的顺利开展，在申请的第一步就力求提高信息检索的精准性和可行性。同时，针对申请公开的内容，应在合理范围内适度扩大检索和查找的途径和方法。

（四）政府信息公开内部信息适用的建议

1. 制定和完善相关法律法规。目前除2019年对《中华人民共和国政府信息公开条例》进行了修订，第十六条中规定了对"行政机关的内部事务信息，包括人事管理、后勤管理、内部工作流程等方面的信息可以不公开"外，我国尚未有其他法律法规对政府信息公开关于"内部信息"的界定作更进一步的规定。

2. 注重培养执法人员的法律素养，上岗前进行专业培训，对什么是"内部信息"进行明确的认定，以便于其在执法过程中能够将"内部信息"同属于应当公开的政府信息之间进行严格划分，明晰二者的界线。因为实践中以"内部信息"为由不予公开政府信息，不完全是行政机关不想公开的推辞，部分是源于部分工作人员不能正确区分申请事项是否属于可公开范围。

3. 加强执法监督力度，采用责任追查制度，同时制定奖惩制度。如：行政相对人申请政府信息公开，工作人员应当履行登记义务，包括但不限于申请的事项以及根据申请内容作出是否公开的答复。人事监督员定期对该登记情况进行核查，对一定时期内没有行政相对人投诉，亦对登记任务完成出色的人员进行鼓励，进而激发其积极性；对玩忽职守、懒政、怠政的工作人员给予相应的处罚，彰显法治权威，促进秉公执法。

北京市西城区政务公开特色机制与创新探索

西城区政务公开课题组[①]

摘　要：西城区人民政府深入贯彻落实国务院办公厅《关于全面推进基层政务公开标准化规范化工作的指导意见》（国办发〔2019〕54号）文件精神，全力打造法治化透明化政府，对标北京市政务服务及政务公开新布局，顺利完成了2019年机构改革调整，以网站、新媒体、政务服务融合创新发展为机遇，努力探索构建西城区政务公开特色机制，高水平开展"西城区政府向公众报告工作""金融街国际论坛"等大型活动，努力发挥自身"北京市全清单试点单位"、政策精准推送等领先优势，向建设服务型、法治型政府目标不断迈进。

关键词：政务公开　核心区　规划　融合创新

近年来，西城区紧紧围绕首都功能核心区定位，大力弘扬"首善标准"、践行"红墙意识"，坚持推进政务公开向全面性、标准化、精细度发展，强化制度建设，细化政策解读，深化重点领域公开，政务公开工作始终保持高质量发展。

[①] 执笔人：杨真，西城区政务服务管理局党组成员、副局长；高伟，西城区政务服务管理局政务公开科四级主任科员；宋洋，西城区政务服务管理局信息公开科科员。

一 改革新格局为政务公开带来新机遇

（一）首都战略规划新定位

2020年8月，《首都功能核心区控制性详细规划（街区层面）(2018—2035年)》得到党中央国务院正式批复，首都规划建设从此进入新的历史阶段。西城区作为首都功能核心区，是全国政治中心、文化中心和国际交往中心的核心承载区，是历史文化名城保护的重点地区，是展示国家首都形象的重要窗口地区。

（二）西城机构改革新格局

2019年3月，北京市委、市政府正式批复《北京市西城区机构改革方案》。机构改革后，西城区政务公开工作迎来新的机遇。

西城区政务服务管理局作为新组建部门正式挂牌。西城区政府政务公开科、信息公开科从西城区政府办公室整编划转至区政务服务局，负责协调推进全区信息公开、政务公开工作。主要职责包括协调推进西城区"互联网+政务服务"工作；推进、指导、协调、监督区政府信息公开和政务公开工作等。区政务服务管理局既是改革顶层设计机构，又是推进改革的机构、统筹服务的机构。政务公开工作围绕助力西城优化营商环境，进入依法履行政府信息公开义务、打通为民服务"最后一公里"。

（三）政务公开抢抓新机遇

新格局带来新机遇。机构改革期间，恰逢2019年修订的《政府信息公开条例》颁布实施，西城区紧抓政务公开转型机遇，借势推出了"政务服务、政府网站、政务新媒体"三融合的"西城模式"。

首先，实现政务公开与政务服务工作相融合。准确把握新形势下政务公开新要求，把落实《政府信息公开条例》贯穿到"放管服"、优化营商环境之中，贯穿到企业群众的需求之中。政务服务强化公开领先，依法依规，精准高效，全力打造服务型"阳光政府"。

其次，实现政务公开与政府网站工作相融合。深化"互联网+政务公开",推进网上政务公开,发挥政府门户网站的主渠道作用。建设网上履职治理平台,实现网上履职"一网通览"功能,为企业群众提供权威、便捷的政策查询服务。

再次,实现政务公开与新媒体工作相融合。充分发挥政务新媒体传播快、受众面广、互动性强等优势,以内容建设为根本,不断强化发布、传播、互动、引导、办事等功能,为企业和群众提供更加便捷实用的移动服务。建设网站新媒体融合平台,促进网站新媒体一体化融合发展,努力打造"指尖上的网上政府"。积极运用政务新媒体推进政务公开、优化政务服务。

二 西城区推动政务公开的主要做法及经验

(一) 加强决策公开,增强群众的参与感和满意度

一是坚持区领导高位统筹,实施政府常务会议微博直播常态化。成立以区长为组长的西城区政府信息与政务公开领导小组,细化主要领导、分管领导工作职责。各部门、各街道按照区级模式成立政务公开领导小组,建立"一把手"任组长、"一把手"统筹推进的工作机制,并要求各单位配齐配强专职工作人员。近年来,本着"推进服务型政府建设,保障市民的参与权和表达权"的服务理念,为了扩大公众参与,加强政务公开,西城区先后建立了公众代表列席区政府常务会、区政府常务会议微博直播等制度,政府通过人大代表、政协委员、市民线上线下列席政府常务会议等形式,共同讨论政府重大决策,营造开放式决策环境,政府内部一年比一年透明。2020年邀请16名人大代表、政协委员、社区居民和专家学者列席了4次区政府常务会议,参与了10项议题的讨论。共有15次区政府常务会议25项议题进行微博直播。

二是坚持区长履行"第一解读人"职责,高水平开展"区政府向公众报告活动"。2017年,西城区率先在全市制定了《北京市西城区人民政府向公众报告工作实施意见》,是构建"社会沟通"桥梁,推进共治、实现共享的重要举措;是全面推进决策、执行、管理、服务、结果公开的新探索;是继西城区政府会议开放、政府开放日、政民互动中心

等之后的公众沟通新形式；是继向人大报告、政协通报、网站和媒体公开之后的延伸和补充。截至 2020 年，西城区已连续 4 年高标准举办区政府向公众报告活动，累计参会代表 2800 余名，会议现场区长、副区长解答各界代表提问 50 余人次，西城各部门、街道围绕报告主题征集各行各业代表议题 200 余条。西城区政府向公众报告工作已形成长效机制，受到北京市高度评价，并成为全国政务公开"政府向公众报告工作"的样板。2020 年 11 月 15 日上午，西城区区长带领 7 位副区长参加了以"共克时艰，共创未来"为主题的 2020 年第四届西城区政府向公众报告活动。受疫情影响，活动设立了 1 个主会场和 16 个分会场，在确保参会代表健康安全的同时，最大限度扩大参与范围。本次活动分为两个环节：第一环节，区长向参加活动的社区居民代表、专家学者代表、统战人士代表、驻区部队代表、驻区单位代表、驻区企业代表和媒体代表等线上、线下共 650 余名各界代表报告年度政府工作及未来发展方向。第二环节，聆听政府工作报告后，代表们就疫情防控、安全稳定、经济发展、社会治理等方方面面的问题进行了提问，区领导与代表们进行现场互动交流，解答了大家的疑问，回应群众关心和社会关切。为加强政策解读效果，区政府制作并在网站政策解读专栏发布了 H5，"北京西城"官方微博对活动进行了文字和图片的全程直播，央视频 APP 发布活动全程视频回看，十余家互联网媒体对活动进行了报道，通过全方位、全环节的宣传，给未参加活动的社会公众提供了解政府工作的渠道。

三是坚持打造"双管家"高端服务，区领导带队宣传推进政策落地。西城区作为金融街国家金融管理中心的承载区，为吸引更多外资金融机构在京落地，北京金融街服务局与北京金融街服务中心有限公司共同打造的"双管家"团队，建立了一整套的工作机制，形成了一站式、"多对一"、多领域的专人服务模式。"我是您的金牌服务管家"，是西城区"双管家"团队对机构的承诺和对自己的定位，让金融街不仅有高度，更有温度。在"两区"建设的重要历史机遇中，"双管家"团队联合走访机构 131 家，对接机构 400 余家，在谈储备项目 10 家，已有 19 家优质金融机构落地西城区，金融街成为吸引各类金融机构的战略要地。聚焦"全球变局下的金融合作与变革"主题，集中发声、交流互动，线上点击量超 13 亿人次，金融街国际影响力进一步提升。举办第三届北京金融法治环境建设研讨会。服务金融业新生板块落地，新引进银河资产、锋裕汇理、中储粮财务等重点金融机构 45 家，注册资本金规模 1177 亿元。举办第二届企业上市主题交流活动。推动奇安信、金融街物业成功上市，国源科技成为首批新三板精选层企业。前三季度，金融业实现生产总值增加值 1930.5 亿元，占地区生产总值的52.90%，金融业支柱地位更加显著。19 家全球 500 强外资企业包括高盛、瑞银、瑞信、大和证券、SWIFT、东方汇理等国际知名金融集团、投资银行、资管公司以及国际金融组织纷纷在西城区落子布局，全球500 强外资企业中有 19 家在此设立分支机构，金融街聚集优质金融资源取得丰硕成果，打开了门类最全、领域最宽、体系最完整的金融业开放高地的新局面。

（二）加强政务公开规范化管理，推进政策发布全链条公开

一是全市率先完成"全清单"标准化制作，率先进入精细化管理应用。2018 年，西城区作为国务院试点单位，率先在全国、全市完成了三类清单建设的制作和公开。首先，完成了重点梳理国务院试点要求北京市落实的重大项目建设、财政预决算、税收管理等九类清单；其次，以北京市重点领域三级清单建设为契机，编制完成五十一大类重点领域区街两级清单；再次，依据各部门"三定"职责，对包括 15 个街道在内的全区 83 家单位履职过程中产生的信息进行全面梳理，按照公开属性进行分类，建立了"西城区政府信息目录清单库"。同时，本着"政府信息底数清，工作人员职责明，公开标准有依据，公开实效看得见"的标准，在区政府政务公开科牵头下，部门街道迅速跟进，经过反复打磨、反复对照、反复清理，以"一把尺子量到底"的勇气和标准，带领区属 49 家单位（34 个部门 + 15 个街道）高质量制作完成了"信息主动公开全清单"，经与市级标准对标统一后，在政府网站"政务公开全清单"栏目中统一对外公开。因"全清单"制作成绩突出，西城区受北京市政府办公厅公开办的委托，在国办公开办召开的试点工作推进会上进行了经验交流。目前，各单位"信息主动公开全清单"由专人负责并及时更新。

二是推动政策全生命周期公开，建立配套解读机制。依托政府网站"政务公开"专栏，打造集中统一的政策公开平台。区政府办、区政务服务局和区司法局联合建立政策制定解读协调工作机制，结合政府常务会议题预安排，每年年初制定区政府文件解读目录。从政策意见征询、政策制定审议、政策公开发布、政策解读适用等多环节紧密配合，实现所有非涉密政策文件坚持全生命周期公开。建立文件发布前政策解读备案流程，实现文件与解读配套公开。

三是高水准建设集约化网站，彰显"政府第一发布平台"重要作用。建设全区"一网一站"。深化集约化建设成果，深度提升政务服务水平。2019年，西城区顺利完成政府网站集约化平台建设，将信息资源和用户空间纳入全市信息资源库管理。2020年，西城区政府网站已完成信息发布、互动交流、政务服务三大类集约化建设。在北京市16区率先上线政府英文网站互动交流功能，提升西城区人民政府网站对外服务水平。完善智能问答类、咨询类、直播互动类、民意征集类等互动渠道建设，实现咨询类信件当天答复、信件数据及时公开。西城区政府门户网站设立了"我要咨询"栏目。集合政府网站"我要咨询"、66007070咨询平台、12345受理平台，针对所有受理问题进行热点检索和大数据分析，梳理高频问答，建设完成政务回声专题栏目。网站建立政务回声专题栏目，拓宽政民互动有效渠道，提供智能问答类、咨询类、投诉类、直播互动类、民意征集类等更加完善的互动渠道，基本覆盖了公众、企业的在线互动需求，咨询类回复由区政务服务局业务咨询专席进行答复，全部当日办结，内容规范完整。

（三）推进依法履职依法治区，多措并举破解依申请公开难题

西城区作为全国首批政务公开试点单位，率先突破固有机制，依据《条例》采用多种有效手段、连续两年实现全区信息公开类行政诉讼案件"零败诉"，群众对政府行政机关依法履职满意度进一步提升。

一是通过制度建设筑牢体系根基。将政务公开与政务服务有机结合，保留政府信息公开科负责承办依申请公开业务。制定"依申请公开工作规程""依申请公开工作手册""义务主体规范办法"等制度文件，坚持全区"谁制作谁公开、谁保存谁负责、谁履职谁应诉、谁违规谁担责"的常态化机制。

二是通过业务培训拓展公开思维。依托政府专家库与法律顾问团队，灵活探索多种业务培训形式，在防控政府法律风险、促进政府规范履职、服务社会公众需求之间求得最大公约数，让依申请公开工作培训"活起来"。普适性培训面向全区，主要从法规应用、答复程序、典型案例等方面进行全方位辅导；点对点培训走进部门，根据部门职责属性和突出问题进行针对性培训；沙龙式培训以搭建沙龙互动平台形式开展，深入探讨焦点问题和疑难案件，分享经验心得。

三是通过"一对一"服务提升群众满意度。通过对申请内容的分析研判，进一步掌握群众对政府信息的关注点，尝试定期对申请内容进行梳理，并将群众所需政府信息提供给业务部门、政民互动直播间、政府向公众报告大会等渠道进行参考，精准回应群众诉求。通过公开部门、业务部门、法制部门共同举办的群众座谈会，现场为群众提供"一对一"精准服务。例如，多名申请人申请获取房屋拆迁许可证续期相关政府信息，经与拆迁主管部门区房管局沟通协调，已将房屋拆迁许可证续期信息作为主动公开内容。面对三里河南区危旧房改建项目不断攀升的300余件申请，依托项目指挥部和业务部门召开了居民代表大会，由相关专业人士为申请人现场解答问题。面对某申请人先后8次申请获取某个未完结项目安置房源且每件必诉的情况，邀请业务部门、法制部门与申请人一同座谈，赢得申请人的理解和支持，申请人未再提起行政复议及诉讼。

四是通过需求把脉推动依法规范履职。通过西城区依申请公开工作发现，个别行政机关对外行使职权、履行行政管理职责时还缺乏法律规范性，需进一步改进和完善。西城区认真对待、积极探索，对潜在法律风险进行讨论评估，定期向各行政机关提供依法行政合理化建议。至今已先后提出"'政府名义'在非政府法定职责中需谨慎使用""向外发布的政府信息内容需规范""公文属性源头管理制度需严格执行""常设临时机构信息管理工作需加强"等多项工作的依法行政合理化建议。

（四）探索创新服务模式，综合提升政务公开实效性

一是推进区块链全场景应用，助力优化营商环境政策落地。2020

年，西城区政务服务在全市范围内率先引入区块链技术，覆盖企业注销、企业社保账户注销、小额贷款公司设立与变更、社会医疗救助、婚姻登记、城乡最低生活保障对象认定、建筑垃圾消纳许可、建设工程联合竣工验收、我要办超市9个场景应用和电子证照现场核验1个场景应用。数据材料能共享，链上跑路减成本，没带证件可"刷脸"，办事成为新体验。西城区政务服务中心区块链"9+1"应用场景在减材料、减跑动、减时限方面，共减少申请材料15份，减少办事人跑动13次，减少办理时间20个工作日左右，实现了科技赋能提效率，协同办事增便利。在办理量方面，"9+1"应用场景截至2021年4月3日已经办理74件，其中企业注销公示场景办理4件，社会医疗救助场景、建筑垃圾消纳许可、城乡最低生活保障认定场景各办理1件，应用电子证照办理医师变更执业注册、小客车指标配置等事项67件。规自西城分局积极推广应用7个场景，推出"区块链+不动产登记"7个应用场景，提供网上查询、网上预约、网上支付及EMS递送等服务，办事群众和企业可登录市不动产登记领域网上办事服务平台办理。正式推行不动产登记电子证照，所有不动产登记电子证照已通过区块链技术进行防伪存证，可进行预览和下载。

二是完善政务新媒体功能建设，发挥连接群众桥梁纽带作用。西城区初步形成了传统媒体与新媒体相结合的传播矩阵。西城区在微博、微信、抖音、今日头条上都开通了官方账号。以政务微博为例，2011年7月"北京西城"在新浪网正式开通，随后在腾讯网、人民网上线，形成三大平台同时发布的格局，截至2019年已有超过88.5万的粉丝量，具有较为广泛的社会影响力；"西城家园"作为西城区着力打造的自有品牌，建设架构为"区—街—居"，治理区域为"社区—小区—楼门"，服务中心为"居民"，是西城区委区政府连接公众的统一渠道。截至5月27日，西城家园注册人数近44万，其中已完成认证人数16.5万，发布通知公告数量1700余条。除此之外，政务微信也迅速发展，以"北京西城"官方微信为中心，集合了各个西城区各委办局、各街道办事处的官网微信公众号，形成了体系性的政务微信矩阵。西城区创建了"西城e办事"微信公众号。"西城e办事"具备互动咨询功能，每月梳理咨询高频问答，通过漫画、图片、问答及小视频多种政策解读形式,对群众关注的热点问题进行高频回应,实现重要文件、重大决策等公众关注度高的内容"看得懂",围绕百姓需求提供实用、精准的政府信息和政务服务。发展至今,已在微信公众号、视频号、西城报、抖音短视频、快手、新华网、《北京日报》等平台,进行了政务回声专栏的同步更新,单条最高点击量达到60万。

三是依托街道服务中心创新机制,实现街居层面政策精准推送。西城区15个街道政务服务中心实现政策精准送达服务,由"人找政策"向"政策找人"模式转变,主动研究政策落实对象,实现惠民利企政策精准推送,贴心指导服务。形成政务服务精准画像,增强政策适用度。实行精准管理,以政务数据为支撑,基于退休人员、失业人员、学生等不同群体需求,对存档人员办理退休、失业登记、就业服务等业务,进行"私人订制"一对一指导。完善发布途径,增强政策信息到达率。通过纸质材料、短信通知、公众号解读、视频交流、入户辅导等多种形式实现政策全方位、整链条的快速获知。"一老一小"集中参保、"失业领金"等服务类政策信息推送已百分之百覆盖对应人群。把准企业群众需求,确保政策全落实。在为失业人员推送政策时,实现政策、企业和失业人员的"智能匹配",辖区企业在为失业人员提供就业岗位后,企业也获得政策红利,实现政策落地的"互利双赢"。

三 政务公开工作面临的问题

(一)公开意识有待于提高

个别部门对政务公开重视程度不够,对政务公开工作仅限于满足完成上级任务,由此导致政务及信息公开岗位工作人主动公开意识还不够强,工作积极性不高,工作要反复督促后才能有效落实。部分单位稳定性差、岗位调换比较频繁,工作交接不全面不规范。

(二)公开机制还需完善

近年来,西城区为推动和保证政府政策全生命周期公开、全链条管理,做了大量卓有成效的工作,但仍存在一些问题,如政策文件解读不充分,解读形式单一、质量不高的问题,重大决策和重大事项公开不及时不彻底的问题,行政执法信息公示不完整的问题。

(三) 智能服务还需提升

智能应用技术、网络互动技术距离首都核心区的高度自动化、智能化标准还有差距。依托于政府网站"政民互动"栏目中"智能机器人",针对网站访客咨询的自动回复还不够精确精准,回复内容及回复结果距离实际需求还有出入,网站后台数据标准化与前台"机器人"的智能化匹配还有待于进一步加强。

四　未来发展的方向与展望

(一) 强化《条例》高效运用意识

一是向会议及培训要质量。定期召开以区各单位主要领导参加的区政府政务公开专题会议以及区政府信息与政务公开领导小组会议,区主要领导亲自讲评、亲自推进公开工作。二是强化运用《条例》指导推进工作。逐条强化岗位工作人员《条例》意识,达到能宣讲《条例》、会分析案例、能准确运用《条例》和灵活运用案例开展工作。三是牢固树立以全清单作为主动公开标准的意识。加强对各单位全清单源头制作、改革调整和动态更新的检查力度,对未经批准擅自修改、删除全清单内容的单位纳入绩效扣分项,确保全清单公开有账单、有内容、有质量、能对应。

(二) 强化政策全生命周期公开机制

一是建立留痕机制。在网站公开政策"全生命周期",包括建设政策建议征询、政策制定审议、政策公开发布、政策解读适用、政策效果评价5个环节,全程在网站公开留痕。二是要遵循全流程公开机制。除依法应当保密的外,对涉及公共利益和公众权益的重大事项都要全程公开。政策文件意见征集时间不少于5天并须记录翔实。三是要强化监督配合机制。规范行政执法行为,落实监督主体责任,监督部门依法对执法部门进行有效督查，行政执法全流程集中向社会进行信息公开并形成《检查通报》，以"有一说一"的态度树立监督机制的严肃性和权威性。

（三）强化网站智慧精准服务功能

一是增强政策解读针对性。不断提升区政府网站科技化服务水平、应用水平，充分利用大数据技术对浏览网站的用户进行分析和搜集总结，切实为群众提供解渴的服务和有效的政策解读。二是提升搜索功能精准性。坚持"搜索即服务"意识，以科技为依托进一步优化升级门户网站的搜索引擎，做到搜索结果与群众需求高度匹配，实现信息精准化搜索、政策精准化推送。三是提高政民互动智能性。集合政府网站"我要咨询"、66007070咨询平台、12345受理平台所有咨询问题及有效答复，加强数据分类整合，及时更新升级问答知识库内容，加强技术攻关，深耕扩展智能问答服务范围，逐步实现对群众关注的热点问题的主动智能有效回应。

推进政务公开建设法治天心的实践与探索

湖南省长沙市天心区政务公开建设法治政府课题组[*]

摘　要：政务公开是政府为人民服务、对人民负责、受人民监督的重要制度安排，对推进国家治理现代化、加快建设法治政府具有重要意义。长沙市天心区聚焦政务公开，将政务公开作为打造法治政府的重要基石，不断创新政务公开新模式，着力构建高效开放透明的法治政府，切实提升人民群众对政府工作的满意度和获得感。

关键词：政务公开　法治政府　国家治理

政务公开是政府为人民服务、对人民负责、受人民监督的重要制度安排，对推进国家治理现代化、加快建设法治政府具有重要意义。2020年10月，中国共产党第十九届中央委员会第五次会议通过了《中共中央关于制定国民经济和社会发展第十四个五年规划和二〇三五年远景目标的建议》（以下简称《建议》），全会提出，到二〇三五年基本实现社会主义现代化远景目标，并在"国家治理效能得到新提升"中明确提出要在今后五年努力实现"行政效率和公信力显著提升"；在"加快转变政府职能"中强调要"推进政务服务标准化、规范化、便利化，深化政务公开"。自2019年5月中央全面依法治国委员会办公室公布《市县法治政府建设示范指标体系》以来，天心区突出问题导向，对标对表

---

[*] 课题组负责人：吴波勇，天心区行政审批服务局局长。课题组成员：左罗、陈湘彧、张一璇。执笔人：左罗，天心区政府办副主任。

推进，全区政务公开取得了长足进步，法治政府建设成效显著。

一 以政务公开为抓手建设法治天心的基本情况

近年来，天心区深入贯彻落实依法治国方略和《法治湖南建设纲要》，进一步加强政务公开，规范行政行为，落实法治惠民，切实将政府各项工作纳入法治轨道。

（一）行政决策依法规范

全面实行区政府常务会议、区长办公会议议题会前法制审查制度。坚持实行区政府日常工作"三必须"，即重大决策涉法内容必须经法制机构提出法律意见，重要会议法制机构必须列席参加，重要文件必须经法制机构审核把关，对于经济、社会和生态环境有重大影响的决策事项，坚持做好公众参与、专家论证等工作。有力提高了政府科学决策水平。实行重大行政决策公开制度，除依法不予公开的外，重大行政决策事项充分听取社会公众意见，决策事项、依据和结果全部公开，并为公众查阅提供服务。加大重大行政决策实施效果评估力度，积极推行政府法律顾问制度，组建政府法律顾问队伍，为政府重大行政决策、出台规范文件等提供法律支持。强化政府合同和规范性文件管理，出台《天心区政府合同管理办法》，全面规范公文运转流程，规范性文件的报备率、及时率及规范率均为100%。

表1　　2018—2020年天心区政府规范性文件制发情况表

年度	制发规范性文件数量	报备率	及时率	规范率	公开率
2018	8	100%	100%	100%	100%
2019	2	100%	100%	100%	100%
2020	5	100%	100%	100%	100%

（二）行政效能高效便捷

创新审批服务机制，率先实现"一件事一次办""跨域通办"。成立区级企业服务中心和 24 小时自助服务厅，全天候为群众提供自助查询、自助办理行政审批事项。在全省率先推出"立等可取""容缺受理"服务，推进"证照分离"，企业准入零收费且 1 天办结。行政审批"网上办"比例达 98% 以上，为长沙市内五区最高。组建商会法律顾问团，成立天心区人民法院长沙市知识产权协会多元调解工作室及 16 个商会纠纷调解中心，实现涉企纠纷联动处理。开展企业家人身财产安全保护和"除虫护花"专项行动，营造"最安全"营商环境。首创区领导联系服务企业和"区长企业接待日"制度。依法规范做好依申请公开，均做到了按时依法依规答复。

（三）行政执法公正文明

一是抓制度建设。天心区在全市率先出台《天心区全面推行行政执法公示制度执法全过程记录制度重大执法决定法制审核制度的实施方案》，认真执行行政处罚自由裁量权标准，促进公正文明执法。二是抓队伍建设。每年定期举办行政执法培训，以赛促学、以学促干，不断增强行政执法队伍的素质和水平。建立执法人员持证上岗和资格管理制度，全面加强执法队伍管理。三是抓质量监管。全面推行"双随机、一公开"监管，按照"谁检查、谁录入、谁公开"的原则，及时将抽查结果进行公示，并由行政执法部门按年度公示行政执法总体情况、重大行政执法决定法制审核目录及行政执法证信息，全面接受社会监督。创新引入第三方机构定期开展执法案卷集中评查。全区行政执法案卷在 2019 年全市行政执法案卷评查工作中位居前列，其中行政许可类案卷评查得分位居全市各区、县（市）第一。

（四）社会治理持续向好

一是健全行政复议化解行政争议工作机制，率先搭建行政复议庭。创新出台《天心区人民政府行政复议应诉重大疑难案件会商制度》《天心区行政复议应诉重大疑难案件会商法律顾问聘用管理办法》及《天心区行政复议案件庭审办法》，加快推进重大疑难案件会商法律顾问专家库建设，不断加大监督纠错力度，助力法治政府建设。二是建立矛盾纠纷快速联动处置机制，率先打造纠纷多元化解"天心样板"。通过建设检调对接工作室和法院诉调工作中心、建立"行政调解＋仲裁确认"快速联动处理模式，以及在行政复议案件中引入调解前置机制，形成了多部门联动处置矛盾纠纷合力。创新人民调解网格化管理，整合全区近400个调解网格，构建起"区—街—社区—楼栋"四级联动化解矛盾纠纷工作体系，通过早排查、早预防、早普法，全区矛盾纠纷数量逐年递减。天心诉源治理工作在全国高级法院院长座谈会上做经验推广。三是推广基层协商议事机制，率先探索基层依法治理"天心模式"。创新实施"有事好商量"基层协商议事机制，建设"区—街—社区（村）"三级公共法律服务实体平台，实现基层站点建设和社区（村）法律顾问全覆盖，发展公共法律服务志愿点967个，各级法律顾问主动服务三大攻坚战、疫情防控，以及村规民约和居民公约法制审核等基层治理工作，形成了"党政善治、区域共治、群众自治、厉行法治、强化德治"的"一核多元融合共治"基层治理格局，有关工作经验在全国推广。

表2　　　　　2018—2020年人民调解案件递减情况表

年度	人民调解案件数	较上一年度减少数	减少率
2018	1905	270	12%
2019	1393	512	26%
2020	1232	161	11%

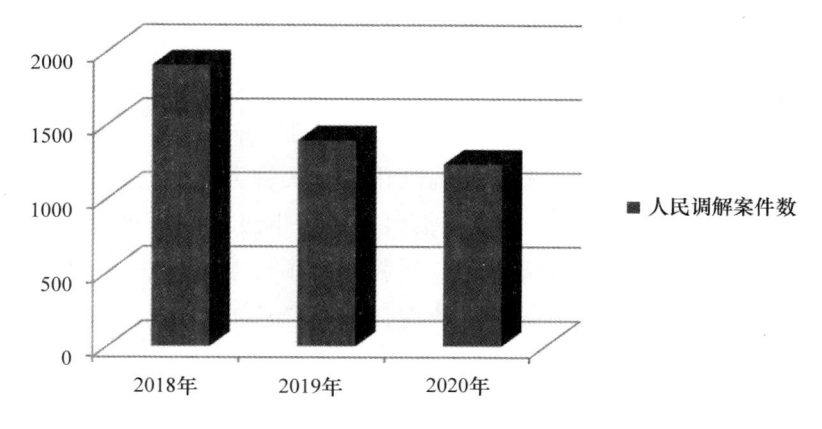

图1　2018—2020年人民调解案件逐年递减图

二 以政务公开为抓手推进法治建设的特色做法[①]

（一）落实政务公开平台建设，推动政务公开有序开展

天心区政府全面贯彻落实《中华人民共和国政府信息公开条例》，在天心区政府门户网站设置"天心区基层政务公开"和"政府信息公开"专栏，对政府的重大决策、行政许可、行政强制、行政收费、重大项目等内容和居民群众关注的民生信息如教育、医疗、社保、就业、公共卫生等内容进行分级、分类、主动公开，满足群众参与公共决策，维护自身权益的需求；优化"办事服务"栏，对"权力清单""责任清单""中介服务"清单等进行公示，提供个人办事、法人办事、部门服务等网上办事服务，提供查询、咨询、办事、预约、数据统计、政策解读等全方位线上服务。对门户网站"政府信息公开"平台内容进行了责任分解，制作并下发了《天心区人民政府门户网站"政府信息公开"平台内容保障责任分解表》，进一步压实政府信息主动公开责任，确保政府信息及时准确公开。

（二）强化权力运行过程信息公开，推进基层政务公开标准化规范化

认真落实《国务院办公厅关于全面推进基层政务公开标准化规范化工作的指导意见》（国办发〔2019〕54号），按照省、市对基层政务公开标准化规范化工作的要求和部署，天心区制作并下发了《长沙市天心区全面推进基层政务公开标准化规范化工作实施方案》，严格对照国务院部委制定的26个领域公开标准指引，对标市级梳理要求，结合全区各街道、各相关部门权责清单和公共服务事项清单，对26个领域基层政务公开事项标准目录进行逐项梳理，形成长沙市天心区26个领域基

[①] 长沙市天心区人民政府2020年度政府信息公开工作年度报告，http://www.tianxin.gov.cn/zwgk8/bmxxgkml/qzwfwzx/xxgknb44/202102/t20210207_9773031.html。

层政务公开目录；在门户网站设置基层政务公开专题专栏，指导督促全区各街道、各部门按照梳理好的基层政务公开目录，做好平台事项录入工作，严把公开事项和公开内容关，切实做到"公开是常态，不公开是例外"。结合全区工作实际，建设完成区本级及14个街道办事处具有天心特色的基层政务公开专区，有效拓宽基层政务公开渠道，提升政务公开水平，进一步拉近政府与群众的距离。

（三）聚焦优化营商环境，提高政务服务公信力

对标国家和省目录库，动态调整完善政务服务事项目录清单和实施清单，编印办事指南，一次性告知办事流程、申请材料等要素，依托区政府门户网站对外发布，让群众和企业"好办事"。线上设置"一件事一次办"专栏，进一步推进"一件事一次办"事项跨域通办、智能导办、线上线下同质办，通过湖南政务服务网、天心区政府门户网、"我的长沙"APP等线上办理业务，打破数据壁垒，实现在线申办、免费快递到家，全程网办零跑腿，实现涉及民政、人社、教育、卫健等高频事项"不见面审批"，让群众企业"办好事"。

（四）持续强化重要政策解读，多渠道回应社会关切问题

进一步提高政策解读的针对性、科学性、权威性和有效性，增进社会公众对重大决策、重要政策措施的理解认同，提升政府公信力，通过文字解读、音视频解读、撰稿解读、新闻发布会、在线访谈等形式，全领域、全媒介、全时段、全过程抓好重大政策信息解读发布，重点做好涉及群众切身利益特别是教育、社会保障、医疗卫生、食品药品等民生领域政策措施的宣传解读工作。不断优化完善领导信箱、政府热线、在线访谈、网友留言等互动交流平台建设，扩大公众参与渠道和范围，把人民群众的期盼融入政府决策和工作之中。打通"12345"热线工单办理末端渠道，将消费者申诉举报热线"12315"和人社"12333"等多条热线并入"12345"热线，理顺工作机制，促进工单落地落实，及时解决群众身边困难问题，切实为基层依法治理畅通线上渠道，有力提升人民群众对政府工作的获得感。

三 法治建设视域下政务公开现存的主要问题和困境

(一) 依申请公开压力不断增加

据统计,从2018年到2020年,天心区共接到政府信息公开申请分别为186件、171件、191件,整体呈逐年增加趋势。

表3　2018—2020年天心区政府依申请公开情况表

年度	受理政府信息公开申请数量(含结转)	较上一年度新增数	按时依法依规答复率
2018	186	29	100%
2019(机构改革)	171	-15	100%
2020	189	18	100%

(二) 主动公开标准不一

根据《市县法治政府建设示范指标体系》要求重大行政决策事项目录、标准、依据、结果和行政执法主体、权限、依据、程序、救济渠道及随机抽查事项清单等内容须依法全面公开,但在实际操作层面,由于有关公开标准不明确,导致相关信息公开的随意性较大。

(三) 各单位政务公开能力水平不一

政务公开工作人员的业务素质直接决定着单位政务信息公开的水平,有的工作人员对政务公开的范围、内容以及本单位、本领域政务公开的要求认识模糊,导致无法满足政务公开的实际要求以及公民获取政务信息的需要。

(四) 政务信息发布渠道叠床架屋

目前,各级行政单位除要负责本级政府信息平台的信息发布工作,可能还要面临业务指导部门政务平台的信息发布工作,甚至各部门内部各处（科）室还有具体的业务发布平台的发布工作，从而导致同一工作需要多平台发布，造成人力、资源的重复浪费。

（五）配套制度亟需完善

对照2019年修订后的《中华人民共和国政府信息公开条例》，中央和上级政策文件，建议完善政府信息公开规定，并按照《市县法治政府建设示范指标体系》要求，出台关于重大行政决策公众参与等工作规则，切实确保公民参与决策的权利。

四 新形势下推进政务公开建设法治政府的建议

（一）进一步完善配套制度

要对照《市县法治政府建设示范指标体系》和《中华人民共和国政府信息公开条例》，进一步完善政府信息公开规定和重大行政决策公开制度，健全行政执法公示制度和行政复议网上公开制度，按照信息发布及时规范、数据上网准确完整、网页排版标准的要求，规范工作流程，健全工作机制，进一步明确公开要素，规范数据标准，严格上网程序，确保行政决策、行政执法依法公开规范。

（二）进一步完善政府信息发布网络平台

根据国家省市政务发布工作有关要求和信息发布平台建设情况，进一步对各级政务及部门存在的多种平台进行有效整合，以门户网站为主要平台，集中发布信息。比如可以将省级"双随机、一公开"信息公开平台融合进各级人民政府政务门户网站，切实打破数据壁垒，从而避免工作人员重复录入，实现"一后台录入、多平台发布"的效果。

（三）进一步强化部门间协同配合

强化工作措施，切实畅通协调数据发布部门、政务公开管理部门和系统建设维护部门之间衔接配合问题，明确责任分工，做到职责清晰、权责明确。建立政务信息公开通报机制，把握关键工作节点，适时通报工作进展情况，研究工作存在的难点，切实形成工作合力。

（四）进一步加大对政务公开队伍建设

根据"谁制作、谁公开、谁负责"的原则，既要充分发挥区政府办、区行政审批服务局等主管部门的牵头抓总作用，统一发布平台和规范，更要充分调动各部门、各街道力量，加大队伍培训力度，树立牢固的阳光理念和意识，才能逐步打破各部门间的"信息壁垒"，实现各部门信息之间的共享共建，提升政府数据的价值，真正打造一支"会公开""擅公开""敢公开"的工作队伍。

（五）建议进一步加强对政务公开质量监管

政务公开的内容和质量是政务公开工作的生命之源。在我国政府网站的发展过程中，虽然政府网站数量较多，但网站功能、安全、资源方面的质量与数量的增长却存在鲜明反差，"更新不及时、内容不准确、互动不回应、服务不实用"等"四不"问题普遍存在[①]。因此，要不断加大政务公开的监管力度，一是在政府门户网站等平台嵌入查密、查错等自检系统，建立常态化监管机制。在信息录入时，把好第一道关口。二是实行政务公开评估机制，完善用户体验评价方式。可以委托有资质的评估机构作为政务公开第三方对政务公开工作进行评估，以监督促规范、以评价促优化。三是加强监督的结果运用。在每次监督或政务公开第三方评估结束后及时向有关部门、社会公众公开评估结果，督促相关部门限时整改，从而着力构建高效、开放、透明的法治政府，切实提升人民群众对政府工作的满意度和获得感。

[①] 王仲伟：《切实加强内容建设　努力办好政府网站》，《中国行政管理》2014年第12期。

聊城市茌平区推进基层政务公开的实践与思考

聊城市茌平区人民政府办公室[*]

摘　要： 基层政府直接面向人民群众，政务公开的质量直接影响人民群众的切身感受，需要不断改进和创新公开的方式方法，切实让人民群众在公开中提升对政府的认同感。聊城市茌平区通过健全政务公开工作机制、明确公开主体、规范公开内容和程序、多渠道推进政务公开等手段，增加了区政府的透明度，让群众看得见、看得清，大大提升了群众参与的主动性和积极性。报告深入剖析在推进基层政务公开中存在的主动公开意识不强、专业人员配置不足、公众参与度仍待提高等困难问题，就如何加强基层政务公开工作提出意见建议。

关键词： 政务公开　法治政府　基层政府　公众参与

2020年10月中国共产党第十九届中央委员会第五次会议通过的《中共中央关于制定国民经济和社会发展第十四个五年规划和二〇三五年远景目标的建议》明确提出，要在今后五年努力实现"行政效率和公信力显著提升"，在"加快转变政府职能"中强调要"推进政务服务标准化、规范化、便利化，深化政务公开"。聊城市茌平区认真贯彻党中央、国务院及省市区各级部署，对标对表推进政务公开，全区政务公开取得了突破性的进步，政府透明度进一步增强。

---

[*] 执笔人：董军，山东省聊城市茌平区政府办公室科员；常霞，山东省聊城市茌平区政务网络中心主任；韩兆兵，山东省聊城市茌平区政府办公室科员。

一 以政务公开为抓手，切实提高政府透明度

（一）健全机制，推动"不愿公开"向"主动公开"转变

政务公开工作涉及内容多，包括政府文件、政府公报、政府会议等几十项内容；涉及单位多，几乎涉及所有政府部门；涉及变化多，每年的公开内容和要求都有一定变化。因此，政务公开是一项纷繁复杂、历久弥新的工作，在刚开始接触这项工作时，很多部门、很多同志都感到无从下手，从思想上认为这项工作太复杂太烦琐，而且没必要，"公开的东西能有几个人看""与其在这浪费时间，不如为群众办一些实事、细事"等声音长期存在。为在思想上解决"不想干""不愿干"的问题，茌平区通过健全工作机制，切实转变了区政府各部门、各乡镇街道的思想认识，变"不愿公开"为"主动公开"。

一是健全领导机制。建立了由区政府办公室主要领导负责，分管领导牵头抓，业务部门具体抓的工作体系。2018年4月，茌平区人民政府办公室印发了《关于成立茌平县政务公开领导小组的通知》，明确领导小组组长、副组长及35个成员单位。机构改革之后，为持续发挥政务公开领导小组作用，同时加强乡镇街道政务公开工作力度，2020年2月，及时调整了全区政务公开领导小组成员，包括区委宣传部、区委编办、区发改局等35个部门及振兴街道、信发街道等14个乡镇街道。2020年5月，领导小组印发了《聊城市茌平区政务公开领导小组工作规则》和《聊城市茌平区政务公开领导小组办公室工作细则》，明确了政务公开领导小组的主要职责、各成员单位的任务分工以及政务公开领导小组办公室的工作细则，要求各成员单位严格按照政务公开工作要求，明确专人负责，做到了分工具体、责任明确，确保政务公开工作落到实处。

二是完善制度机制。为了保证政务公开工作的持久、有效推进，同时加强全区基层政务公开标准化规范化工作实施，茌平区设立相关工作推进制度，建立完善了《茌平县政府信息公开工作主动公开制度》《聊城市茌平区基层政务公开与村（居）务公开协同发展的制度（试行）》

《聊城市茌平区政策解读回应制度（试行）》《聊城市茌平区办事服务公开标准化机制（试行）》《聊城市茌平区基层行政决策公众参与制度（试行）》等制度，印发了《聊城市茌平区开展基层政务公开标准化规范化工作实施方案》（以下简称《实施方案》）。《实施方案》明确了工作目标、时间节点和工作任务。同时完善考核激励机制，将政务公开纳入区政府绩效考核体系，政务公开工作的情况列入部门考评内容，与部门其他工作进行同步考核，将考核结果与奖惩工作有机结合，为政务公开工作提供了坚强的组织保障。

三是实行政务公开评估机制。政务公开第三方评估是2019年修订的《政府信息公开条例》第47条的明确要求，也是提升政务公开工作实效的重要举措。政务公开第三方评估对于衡量政务公开水平、质量具有非常重要的作用，同时也能提升政务公开透明度，成为加强当前政务公开工作的有力抓手。每季度由聊城市组织的第三方评估机构对茌平区政务公开工作进行评估，检查区政府、区直部门、各乡镇街道等应公开的内容是否齐全，公开的依据是否符合上级政策，公开的形式是否规范，公开中暴露的问题是否得到及时解决。2020年共接到问题反馈30余项，区政府办公室及时将评估结果反馈至相关单位进行整改，确保了依法公开、全面公开、规范公开。

通过以上措施，2020年以来，茌平区政府文件、部门文件公开率全部达到100%，政府会议公开率达到100%，民生事项、重大项目、脱贫攻坚、财政信息、执法信息等信息公开率达到100%。

（二）规范公开，信息内容由"粗枝大叶"向"精雕细刻"转变

政务公开工作内容多，涉及政府文件、部门文件、政府会议、民生事项、重大项目、脱贫攻坚、财政信息、执法信息、建议提案等政府工作事项的方方面面，每一项公开的内容要素各不相同，比如政府文件公开，需要公开全部政府文件、政办文件及解读，而且需要添加文件WORD版、PDF版的附件，政府会议则需公开全体会议、常务会议、专项会议内容，每次公开都必须包括会议时间、会议地点、会议议题、参会人员、会议内容等要素，茌平区前期公开主体模糊，内容粗糙，程序不清，要素不全，时间滞后，通过明确公开主体、规范公开内容、规范公开程序等手段，彻底解决这一问题，公开内容由"粗枝大叶"变为"精雕细刻"，完整显示各类要素。

一是明确公开主体。要求全区各级政府部门，法律、法规授权的组织、政府机关委托的组织，实行垂直领导的行政管理部门或事业单位，全部实行政务公开制度。《国务院办公厅关于全面推进基层政务公开标准化规范化工作的指导意见》以及省、市文件下发以来，茌平区结合自身实际情况，出台了《聊城市茌平区开展基层政务公开标准化规范化工作实施方案》，将26个试点领域细化分工，要求各部门，按照职责分工，密切沟通上级政府相关部门。出台本部门的试点领域标准目录编制和标准指引落实意见，同时编制本单位标准目录。目前目录编制工作已全部完成。

二是规范公开内容。为防止政务公开只公开表面，不公开实质，只公开自己想公开的，不公开群众想知道的，只公开办事程序、内容，不公开结果的倾向，茌平区严格落实"政务公开是常态，不公开是例外"，除涉及国家秘密外的所有事项，都要公开。凡是政府规范性文件，都要公开。尤其是群众最关心、反映最强烈、社会最敏感、最容易引发矛盾的"热点"问题，要作为公开的重中之重。凡是与基层单位和群众直接接触的，具有行政管理、行政执法职能和从事社会服务的部门，都要把办事标准、程序、时限、执法主体、依据、内容、责任和办事纪律、投诉渠道、举报监督电话等向社会公开，需要公开办事结果的还要公开办事结果。

三是规范公开程序。根据公开内容的不同，规定了操作性强的政务公开程序，以保证公开内容的真实性。涉及经济和社会发展计划，财政预算、决算等重要内容，要经人民代表大会审议通过后公开；重要决策、重要项目安排和大额度资金的使用，必须在广泛征求意见的基础上，经各级党委、政府及部门集体讨论作出决定后公开；各级政府及部门在决定或办理与群众密切相关的重要事项之前将方案预公开，在充分听取意见进行调整、修改后，再予以正式公布。

通过全要素保障，2020年，茌平区政府网站主动公开政府信息8172条，政务服务网主动公开信息1567814条；公开重要部署执行公开信息106条，政府工作报告执行情况80条；公开建议提案信息564

条。其中人大建议 122 条，人大建议办理结果 134 条，政协提案 130 条，政协提案办理结果 134 条。依申请公开的各项信息公开程序规范、内容完整、要素齐全。群众关心的财政信息、扶贫信息、执法信息、环境保护等信息清晰明了。

（三）面向群众，引导群众由"漠不关心"向"积极参与"转变

政务公开的对象是群众，政务公开的目的是让群众了解、关心、参与、监督政务活动，因此，政务公开不能缺少公众参与，如果缺少公众参与的话，政务公开就会成为一种形式，失去了存在的价值。经过多年普法宣传，人民群众的法治意识也越来越强，但基层政府网站的信息孤岛现象还比较明显，各个部门之间、部门内部不同业务处室之间的信息不畅通现象仍然严重，信息资源无法共享的情况依然存在，造成政府业务难以协同开展，政府行政效能大受影响。尤其是对于相当一部分基层群众而言，依然对政务公开的接触不多，理解不深。这些都造成公众对政务公开的参与度不高，无法真正实现政民互动。茌平区坚持公开面向群众，让群众积极参与政务公开，变"漠不关心"为"积极参与"。

一是抓好试点部门和试点乡镇政务公开工作。在推行政务公开的整个过程中，茌平区政府始终坚持上级要求与本地实际相结合，根据国家、省、市相关文件，结合自身实际，制定发布了年度工作要点，聚焦"富民强区八大行动"重大决策部署进展及落实情况，优化营商环境和疫情防控，"六稳""六保"工作政策解读回应等方面，拓展公开广度和深度。茌平区政府在全面推行全区政务公开的同时，还着力抓好区人力资源和社会保障局、区综合行政执法局、信发街道办事处、冯屯镇人民政府等 6 个区直单位、4 个乡镇街道的政务公开工作，并逐步延伸到其他区直部门和乡镇街道。

二是充分发挥政府网站的公开作用，以最大限度地保证群众的知情权、参与权和监督权为基本原则。首先，及时在茌平政务网推进决策公开。制定发布重大行政决策事项目录、标准，做好重大决策预公开工作。起草与企业生产经营活动密切相关的地方性法规文件，须充分听取企业家的意见建议；需要听证的，按要求召开听证会，常态化落实邀请利益相关方、公众代表、专家、媒体等列席政府常务会、部门办公会制度；持续深化开展政府开放日、网络问政、电视问政等多形式的公众参与和监督活动。其次，及时在茌平政务网推进管理和服务公开。更新完善权责清单，建立规章和规范性文件定期清理和公开制度，全面贯彻落实行政执法公示制度，深化"双随机、一公开"监管、"互联网＋监管"和"信用监管"等监管信息公开，提供市场监管规则和标准公开标准，做好政务服务"一网通办"、政务大厅"一窗受理"、民生服务"一链办理"。再次，及时在茌平政务网推进执行和结果公开。定期公开政府工作报告重点任务、民生实事项目、重大工程项目的执行情况，做好督查和审计发现问题及整改落实情况的公开，及时在茌平政务网公开人大代表建议和政协提案办理结果。最后，凡区政府及其各工作部门制定的重要规范性文件，均通过茌平政务网进行公开发布，及时让老百姓知晓。对与群众切身利益密切相关的"实事工程"、重大决策，也通过政府网站公开向群众征求意见。2020年，区教育局等部门开展电视访谈，由主要负责人走进电视、电台直播现场或市民广场，直接面对群众。

　　三是拓宽公开渠道。除建立固定的政务公开栏、印制政务公开手册、办事指南外，有条件的部门还设置电脑触摸屏、电子大屏幕，设立微信公众号等方式，利用先进的通信和网络系统，拓宽政务公开的渠道。首先，推进政务新媒体规范有序发展，统筹推进政务新媒体与政府网站的协同联动、融合发展，明确政务新媒体功能定位，以内容建设为基础，强化发布、传播、互动、引导、办事等功能。"今日茌平""掌上茌平""智慧茌平"等自媒体大量引用政府网站信息，尤其在义务教育、民生进展、市场监管等方面，加之深度解读，促进了政务信息的传播，提升了政务活动的知晓率。2020年，全区有政务新媒体31个，其中微信公众号21个，新浪微博5个，今日头条4个，抖音1个。其次推动政府公报创新发展，进一步增强政府公报规范性，加快推进政府公报数字化工作，突出政府公报权威性，使其在多样化的传播渠道中更好发出政府权威声音；提高政府公报时效性，缩短出刊周期，优化出刊方式，强化政府公报服务公众的功能，做好政府公报的赠阅发行。最后，充分利用各级各类新闻媒体平台，加强与宣传、网信等部门以及新闻媒体的沟通联系，充分运用各级各类新闻媒体资源，做好政务公开工作；

充分发挥新闻发布会作用，增强政府信息发布的主动性、权威性和时效性。最后，乡镇、街道一级机关结合基层直接面对群众的实际，以便民利民为目的，通过建立"便民服务中心""政务服务中心"和"政务超市"等形式，融综合性服务功能于一体，为群众办事提供了便利条件。

四是完善政民互动机制。借助电子邮件、电子布告栏、领导信箱等方式，与群众建立一个迅速、有效的沟通途径和意见反馈机制，实现和扩大公民对政府公务管理的参与，使群众意愿得到充分尊重、群众要求得到快速回应、群众需求得到最大满足、群众利益得到有效维护。对涉及广大群众切身利益的事项，除了在正式公开前充分听取群众意见外，还在事后对群众提出的疑问及时作出解释，对群众提出的建议予以积极采纳，对群众反映的问题认真进行查处。设立政务公开体验区和政务信息查阅点，广泛征集群众代表，健全群众代表列提政府常务会议制度。这些制度的建立与完善，有效地防止和避免了政务公开的短期行为和走过场，为政务公开工作朝着扎实有效的方向发展提供了可靠保证。2020年，茌平区在市政、三农、安全、营商环境等领域公开重大决策8项，其中公开征求意见通知8条，公开征求意见稿8条，公开征求意见稿解读8条，公开征求意见反馈10条。邀请市民代表列席政府常务会议参与政府决策1次，公开政府常务会议13次，专题会议21次，部门会议153次。收到政府信息公开申请30件，按时答复30件，答复率100%。

（四）服务群众，引导群众由"我想知道"向"我很了解"转变

政务公开尤其是民生事项的公开，关系到广大人民群众的切身利益。以前由于信息发布不及时、不全面，致使群众想知道的信息无法快速传递，致使群众消息闭塞。最常见的就是义务教育招考信息，到了招生季，群众对招考信息的了解意愿非常强烈，但由于招考信息的发布不及时、解读不到位，经常会引发群众聚集。围绕办好人民满意的教育这一目标，茌平区坚持招考事项及时公开、及时解读，群体性事件大幅下降，政府公信力进一步提高，促进了全区的义务教育工作均衡发展。

一是做好招生平台建设，让群众"少跑腿"。以公开促改革，努力实现"一次办好"。2018年茌平区建立了义务教育招生平台系统，学校统一现场审核材料并上传平台。2020年平台接入手机端口，借助手机

拍照功能即可实现材料上传平台。现正积极探索家长自行上传材料，实现报名录取网上办，免去家长集中到现场排队、准备提交资料之苦。通过网上招生平台，可实现全程网上填报、自动匹配小区、线上审核、线上电子入学通知书、一键分班等流程，有效化解了义务教育入学报名"择校难""多次跑腿"等突出问题，并借助信息化、数据分析，实现对全区适学学生的掌控，为全区教育资源规划、分配、调整、决策提供了数据支撑，确保各类学校招生工作公开、公平、公正，切实规范学校招生行为，促进义务教育优质均衡发展。

二是多方广泛征求意见，让群众"能参与"。招生方案制定前，对义务教育阶段适龄儿童入学情况进行摸排调研，了解城区学校现有学生情况、最大容纳量等供需情况，听取家长及学校教职工建议，形成义务教育招生工作方案草案。草案征求招生领导小组成员单位意见，并经讨论修改，形成《义务教育学校招生征求意见稿》。《意见稿》通过政府网站、学校公示栏、家长工作群和教体局微信公众号公开公示，广泛征求各方意见，收集整理群众纸质意见书、网上建议，并将征集意见反馈情况在政务网信息公开栏目进行公示，答复群众意见建议。通过广泛征求意见及充分调研摸排，修改完善草案，形成最终招生方案。

三是多渠道信息公示，让家长"早了解"。线上依托茌平区政府门户网站和"聊城市茌平区教育和体育局"公众号平台，第一时间公开公示招生政策、政策解读、划片范围、招生计划、招生程序、招生条件、咨询方式、招生结果、监督举报平台、信访接待地址等信息，以便家长及时了解相关招生政策。2020年，通过公众号发布义务教育招生报名相关信息，阅读量达到6万。线下要求全区所有学校在门口显著位置、公示栏张贴公示招生信息，努力实现信息公开线上线下全覆盖。

四是做好政策解读，让家长"看得懂"。通过多种方式回复答疑，积极回应群众关切。2018年、2019年在公示招生政策的同时，配套做好政策解读公示。2020年组织区教育和体育局通过茌平"政务访谈"栏目解读全区义务教育学校招生政策，就群众关心关注的问题答疑解惑。公布招生方案的同时，公布招生咨询电话和监督电话，并要求各学校做到专人值班，耐心细致地做好招生政策宣传、解释工作，对学生家长的有关问题做到及时了解、及时回复。此外，对于政府网站"问政互动"栏目关于义务教育招生的咨询建议及时处理，优先回复。对于微信公众号评论里的咨询建议、常见问题逐一回复并置顶处理。通过多种方式提升信息公开时效性，确保义务教育招生政策让人民群众看得见、听得懂、信得过。

通过拓宽公开渠道，积极回应群众热切问题，做好交流沟通、答疑解惑，着力解决群众热切关注的教育痛点和难点问题，义务教育在均衡性及公平性上有了极大提高。除此之外，在环境保护、扶贫攻坚、就业创业、社会保险等其他民生事项上，群众热线投诉和聚集事件也大幅减少，由以前的"我想知道却不知道"转变为"我想知道就能知道"，群众满意度进一步提升。

二 政务公开存在的问题

通过坚持不懈的努力，聊城市茌平区政务公开工作取得了积极进展，但与上级的最新决策部署以及人民群众的热切期待相比，仍然存在不容忽视的问题。

（一）思想认识还不够到位，主动公开意识需进一步提高

政务公开的原则就是"以公开为常态、不公开为例外"，虽然主动公开的观念已深入人心，但综合近几年政务公开的情况来看，部分单位存在主动公开的意识不强，公开的时效性不强，内容不完整等问题。究其根本，还是个别工作人员思想认识不到位，公开意识、民主意识还不够强，没有从内心深处认识到此项工作的重要性，没有高度重视起来，在思想上容易产生松懈情绪。思想上的不重视导致行动上的不认真，影响了政务公开的成效。

（二）人员配置不足，缺乏专职人员

政务公开内容量多面广，涉及整个政府的工作，作为具体负责这项工作的人员需要对本单位所有事项进行研究，比如，哪些需要主动公开，哪些需要只对申请人公开，公开的标准是否出现变化等。作为政务

公开工作人员，不仅需要熟悉政务公开的有关法律法规和要求，还需要熟悉本部门、本领域的法律法规和要求，这是一项全局性、统领性的工作，需要花大量的精力。但对基层尤其是乡镇政府而言，负责政务公开的人员同时还担负着其他职责，一身多职，时间上、精力上都不能很好地满足工作需要。

（三）公众参与积极性还不够，需进一步调动

政务公开不能缺少公众参与，如果缺少公众参与的话，政务公开就会失去了存在的价值。公众作为一个整体，对政府行为和行政权力起很大的督促作用，公众参与能够有效保证政府信息开放，而且有利于形成一股强大的监督力量。但对于相当一部分基层群众而言，依然对政务公开的接触不多，理解不深。究其原因，一是宣传不深入，相当一部分人不知道政务公开，尤其是农村地区，很多人没有登陆过基层政府网站，对公开内容也知之甚少；二是兴趣不高，关注度不高，部分基层群众只关注对自身有影响的政务活动，其他活动漠不关心。这些都造成公众对政务公开的参与度不高，无法真正实现政民互动。

三 完善基层政务公开工作展望

（一）强化领导，加强思想引领

进一步强化对政务公开工作的领导，首先要在思想上解决问题，将政务公开工作摆在更加显著的位置，主要领导亲自抓，分管领导靠上抓，这样具体工作人员就会把政务公开工作作为一项主要任务，摒弃思想上的消极懈怠，变被动为主动，在行动中转变工作方式，严格把关公开内容，全面提升政务公开质量和实效，让公开成为自觉，让透明成为常态。

（二）注重培养，加强人才队伍建设

解决思想上的问题，就要解决人员问题。基层政府部门要建立健全政务公开工作人员的选拔标准和培育机制，要组织开展好业务培训，邀

请有关专家、上级部门等开展授课培训；要加强法制教育，政务公开工作人员首先要知法、懂法，明确政务公开的内容与形式；要开展经验交流，经常性地与同级部门相互学习，相互交流。有条件的地方，要设立专人专岗，保证政务公开工作的延续性，避免工作人员频繁更换。

（三）注重宣传，加强政民互动

要建立健全政务公开工作的长效机制，群众参与而且主动参与是很重要的一个方面，这就需要基层政府部门加大宣传。首先要"扫盲"，加强对公民进行公民权利和义务的教育以及法律知识培训，培养其法治观念，树立权利意识和民主意识，引导公民正确参与政务公开，让每一个群众都知道政务公开、了解政务公开；然后要"吸引"，增加公开形式，创新公开方法，让群众希望参与、乐意参与政务公开，提高群众参与政务公开的积极性和主动性，要充分发挥新闻媒体的舆论引导作用，把公众的政治参与和新闻媒体的舆论引导有效结合，形成积极的政民互动氛围。

Ⅲ

特定领域的政务公开

以政务公开促落实、促规范、促服务的税务实践

国家税务总局税收宣传中心[*]

摘　要：2020年，税务系统认真贯彻党中央、国务院关于政务公开的决策部署，坚持"以公开为常态、不公开为例外"原则，深入推进税收工作决策、执行、管理、服务、结果公开，持续优化政务公开平台，推动政务公开职能转变，更好发挥以公开促落实、促规范、促服务作用，为统筹推进疫情防控和服务经济社会发展做出积极贡献。

关键词：税收工作　政务公开　税务执法　办税缴费

税收在国家治理中发挥着基础性、支柱性、保障性作用，税收领域一直是政务公开的重点领域之一。国家高度重视政务公开工作，主要领导多次进行部署，提出要求。2020年，全国税务系统深入贯彻党中央、国务院关于政务公开的决策部署，按照全国政务公开领导小组第三次会议精神，坚持"以公开为常态，不公开为例外"的原则，把政务公开贯穿于税收工作全过程，政务公开工作取得了新进展、新成效，为推动税收现代化发挥了积极作用。

一　坚持决策公开，推动税费政策精准实施

2020年，国家税务总局积极推进重大税收决策公开，及时主动公

---

[*] 执笔人：赵圣伟，国家税务总局税收宣传中心办公室副主任；李雪琦，国家税务总局税收宣传中心干部；梁勇，国家税务总局佛山市税务局办公室干部。

开税费政策文件，强化政策解读，进一步保障公众的知情权、参与权、监督权，提升税务部门政务公开和政务服务水平，打造阳光税务。

（一）加强重大决策预公开

国家税务总局认真落实重大决策预公开制度，明确重大行政决策的决策主体、事项范围，进一步健全群众参与、专家咨询、风险评估、公开发布等工作机制，增强重大决策的透明度和参与度。凡涉及群众切身利益、需要社会广泛知晓的重要改革方案、重大政策措施，特别是制定涉及纳税人、缴费人切身利益的税务规章和规范性文件，除依法应当保密的外，均认真听取税务行政相对人代表和行业协会商会的意见，广泛征求公众意见。2020年，先后对《中华人民共和国消费税法（征求意见稿）》《国家税务总局关于资源税征管若干问题的公告（征求意见稿）》《国家税务总局关于修改〈重大税务案件审理办法〉的决定（征求意见稿）》等公开征集意见。征求意见前，坚持说明稿与政策措施文件同步研究、同步起草、同步报批；征求意见时，说明稿与政策措施文件同步发布，便于社会公众更好理解政策措施。各地税务机关按照统一部署推进决策预公开，如上海市税务局制定并公开年度重点工作及重大决策目录清单，召开座谈会倾听企业、专家等各方意见建议，邀请媒体列席重大会议，公开征求社会公众对《长江三角洲区域税务轻微违法行为"首违不罚"清单的公告（征求意见稿）》《长江三角洲区域申报、发票类税收违法行为行政处罚裁量基准的公告（征求意见稿）》的意见建议，并对合理意见建议予以采纳。

（二）加强税费政策公开

国家税务总局积极通过互联网、微信、客户端等线上渠道主动公开与税务部门履职相关的法律、法规、规章、规范性文件以及促进深化改革、经济发展、民生改善的税收政策措施；充分发挥税务网站作为政务公开第一平台的作用，在税务网站设立"税收政策库"，集中统一公开政策性文件以及相关解读材料，充分发挥网站随时可学的支持保障优势，着力做好助力疫情防控和社会经济发展相关税费政策及其落实情况的公开工作。2020年，聚焦支持防护救护、支持物资供应、鼓励公益捐赠、支持复工复产、稳外贸扩内需等方面，对国家部署出台的支持疫情防控和经济社会发展税费优惠政策，及时制发操作文件，且做到当日印发、当日即在网站公开，并跟进媒体和专家重点解读，确保基层一线和市场主体全面及时知晓国家政策规定。对 2013 年以来制发的规范性文件逐一确认有效性标识，方便社会公众查阅获取。更新发布国别（地区）投资税收指南 58 份，累计发布税收指南 104 份，助力企业"走出去"。

（三）优化政策解读回应

为确保各项政策落地生根，切实让广大纳税人、缴费人了解并用好各类税费政策，充分享受政策红利，税务总局多措并举，聚焦重大决策部署，持续提升解读能力、拓宽解读渠道、丰富解读形式，积极回应群众关切，真正让群众看得到、听得懂、能理解、易获取。聚焦中心工作加强政策解读。围绕税收服务国家重大战略开展解读，先后 4 批发布 308 个政策问答口径，并提供智能问答等人机交互服务，有效解决各地对政策细节把握不一问题。发布、更新《支持疫情防控和经济社会发展税费优惠政策指引》。围绕京津冀协同发展、粤港澳大湾区、长江经济带、海南自贸区建设等国家重大战略，加强税费优惠政策及征管服务措施解读。拓宽渠道提升解读效果。推动税务部门政务公开职能从社会公开为主转为对社会公开与对下级机关公开并重，2020 年先后围绕国家出台的多批次支持疫情防控税费优惠政策、个人所得税改革政策、《车辆购置税法》及《资源税法》实施等，开展一系列"一竿子到底"视频培训，确保政策在各级税务机关执行过程中不走样、不遗漏。2020 年，国家税务总局先后十余次参加国务院新闻办公室新闻发布会、政策例行吹风会，并按季度召开国家税务总局新闻发布会，介绍税务部门政策落实情况，回应社会关切。国家税务总局相关司局负责同志先后接受央视等中央主要媒体采访，及时开展税收重大政策措施解读、反映政策执行效果，向社会传递权威声音。发挥国家税务总局门户网站在线访谈受众面广、权威性强、影响力大的优势，2020 年以支持疫情防控税费优惠政策措施为主题开展 3 期在线访谈，国家税务总局领导和相关司局负责同志与网友在线交流互动。各地税务部门联合地方政府新闻办公室发布平台密集发声，局领导及业务部门负责人出席当地媒体"局长在线访谈"等栏目,解读助力复工复产的税费政策及征管服务举措。创新形式加强深度解读。准确把握疫情期间纳税人、缴费人对税费优惠政策需求,通过电子书、短视频、动漫、长图等形式进行立体式、多方位解读。打造权威政策解读视频节目"税务讲堂",由国家税务总局相关司局负责人主讲,推出"税费优惠政策解读""你来问我来答""热点政策解读"三批共19期课程,获得中国政府网、新华社、中国新闻社等权威媒体的积极报道,新华社推出"税务讲堂"视频播放量最高达101万。2020年,税务总局推出图解《一看就懂!疫情期间,这些税费可减免》《手把手教你办汇算》系列短视频,《新办一家企业有多方便?创业大学生带你体验一下》《我到政府来办事:带你体验智慧办税》等Vlog短片;汇编《支持疫情防控和经济社会发展税费优惠政策指引》电子书,打造"秒懂税费政策""税问我答""办税便利贴""税法小课堂"等短视频系列品牌,发布短视频256期,累计阅读量达5000万次。

二 坚持用权公开,推动税务执法透明规范

国家税务总局紧扣依法治税,坚持优化协同、突出质效并重,以"三项制度"为着力点,公开权责清单,促进规范税务执法权行使,把用权公开贯穿于税收法治建设的各方面、全过程。

(一) 权责清单全面公开

按照突出重点、依法有序、准确便民的原则,国家税务总局推进权责清单、权力运行图编制工作,编制完成涵盖4领域27事项61子项的《国家税务总局权力和责任清单(试行)》并在国家税务总局网站公开,为进一步推动形成上下贯通、有机衔接、运转顺畅、透明高效的全国税务系统权责清单运行体系奠定了基础。部署省及省以下税务机关编制权力和责任清单,全面公开税务部门职责权限、执法依据、执法流程、救济途径等,并建立健全清单、运行图动态调整公开机制。截至2020年7月,税务系统已全部对外公开权力和责任清单、运行流程图,实现了权责清单对外公开的全覆盖,有力促进税务执法公平公正,为转变政府

职能、深化简政放权提供有力支撑。

（二）税务执法情况有序公开

税务系统进一步加强税务执法事前、事中、事后公开，税务执法能力和水平进一步提升。开展税务系统行政执法公示制度、执法全过程记录制度、重大执法决定法制审核的制度体系建设，构建涵盖 1 项基本制度、3 项管理制度和 27 项操作指引的"1＋3＋N"的制度体系。明确重大执法决定法制审核事项清单，完善执法全过程记录工作流程，主动公开执法文书、税务事项办理进度等执法信息，税务执法更透明、可回溯、受监督。健全税务执法决定信息公开发布、撤销和更新机制，通过执法信息公示平台、税务网站、政务新媒体、办税服务厅等渠道，及时向社会公开税务执法信息。2020 年，税务系统公示准予行政许可等各类信息 880 余万条，配备执法记录仪近 7 万台，记录执法信息 140 余万条，建立约谈（询问）室近 6000 间，配备法制审核人员近 2.5 万名，法制审核 29 万余件。

（三）"双随机、一公开"持续推进

制发随机抽查对象名录库和随机抽查执法检查人员名录库管理办法，全面整合稽查对象名录库，主动公开税务执法检查人员名单，健全随机抽取检查对象、随机选派执法检查人员的"双随机"抽查机制。抽查对象和执法检查人员全部由"双随机平台"产生，抽查方案、检查过程、检查结果在系统留痕，并及时通过门户网站、微信公众号、办税服务厅以及行政执法信息公示统一平台等渠道向社会公开发布，促进执法公平，自觉接受社会监督。配合市场监管总局制发联合抽查事项清单，推动各省税务局与同级市场监管部门开展联合执法，将税务部门"双随机、一公开"融入部门联合"一盘棋"。

三 坚持服务公开，推动办税缴费便捷高效

国家税务总局始终坚持以纳税人、缴费人为中心的理念，紧扣优化

税收营商环境和深化"放管服"改革，优化办税缴费流程，创新"非接触式"办税缴费方式，推进办税缴费便捷高效透明，不断提升纳税人、缴费人的获得感和满意度。

（一）全面公开便民办税新举措

2020年，国家税务总局以"战疫情促发展　服务全面小康"为主题，连续7年开展"便民办税春风行动"，围绕"支持疫情防控帮扶企业纾困解难、积极推动企业复工复产、全力服务国家发展战略、切实优化税收营商环境"等4个方面，推出24项76条纳税服务措施，并面向社会公开。如进一步拓展网上办税缴费事项范围，实现纳税人90%以上主要涉税服务事项网上办理；扩大出口退税无纸化申报范围，将全国正常出口退税的平均办理时间在2019年10个工作日基础上再提速20%。各地税务机关按照税务总局部署，细化服务措施，有效助力了疫情防控和企业复工复产。江苏省税务局将办税缴费事项全面纳入地方政府政务服务"一张网"，推行办税事项一次性告知，实现纳税人和缴费人涉税事项进度跟踪、节点查询、咨询互动，推动税收服务事项实现在线申请办理、在线申请查询。

（二）持续推动办税缴费便利化

2020年，税务部门大力推进"非接触式"办税，简化办税程序，精简办税资料，办税效率持续提升。联合国家发展改革委、财政部等制发《税务总局等十三部门关于推进纳税缴费便利化改革优化税收营商环境若干措施的通知》，稳步拓展网上办税缴费清单事项，积极引导纳税人、缴费人通过电子税务局、自助办税终端、手机客户端等"非接触式"途径办税。发布《"非接触式"网上办税缴费事项清单》《复工复产等重点涉税服务事项全程网上办清单》，214个税费事项可网上办理，其中203个事项全程网上办，让政策"码上可知"、咨询"线上可答"、业务"网上可办"、操作"掌上可行"。世界银行《2020营商环境报告》显示，中国纳税指标排名进一步提升。

（三）完善社会公众参与渠道

加强纳税人需求征集工作，各地税务机关在办税服务厅设置意见建议箱，做好信息的收集处理和反馈；通过问卷调查、纳税人座谈会、入户走访等方式广泛收集纳税人需求，依托税务总局12366纳税服务平台，采用"非接触式"在线问卷方式开展纳税人需求调查，对普遍性和共性问题及时响应。积极推进政务服务"好差评"工作，将办税服务厅、电子税务局、12366纳税服务热线、自助办税终端全部纳入评价范围。2020年2—6月，国家税务总局针对部分企业生产经营困难、资金链紧张，以及部分企业财务人员不能返岗，无法进行纳税申报的实际情况，先后5次延长纳税申报期限，全国税务部门共为21.6万户纳税人办理延期申报，帮助困难企业缓解资金压力。

四　优化平台建设，打造政务公开多元渠道

国家税务总局持续推进"互联网＋税务"行动计划，推进税务网站、行政执法公示平台、12366纳税服务平台、政务新媒体等数据融通、服务融通、应用融通，不断提升政务公开平台的信息化建设水平。

（一）将网站打造为政务公开第一平台

对照《政府网站发展指引》，将税务网站打造成更加全面的政务公开平台、更加权威的政策发布解读和舆论引导平台、更加及时的回应关切和便民服务平台。税务总局持续升级门户网站，优化政府信息公开目录系统、智能搜索、政策查询库、"互联网＋税务督查"等服务功能，深化纳税咨询、互动交流、资料下载等服务功能建设。2020年新设"小微企业和个体工商户服务""减税降费"和"疫情防控"等专栏，推动公开内容聚焦减税降费等重点领域重点事项；在优化自有服务应用的同时，联通电子税务局、自然人电子税务局、12366纳税服务平台，推动办税服务功能的前端整合，创新提供智能问答等人机交互功能，努力打造足不出户的税收服务"一张网"；税务总局门户网站"一带一

路"专题网页集成展示"一带一路"税收征管合作机制政策法规，英文网站开通英文实时在线咨询功能，依托12366双语知识库为外资企业和外籍个人提供便捷的涉税咨询服务。各省税务局全面落实网站建设管理规范，规范网站开设管理、内容页面、平台建设、安全管理、管理机制等，全面优化访问和服务体验，依托门户网站打造全新的政务公开专栏，以"五公开"为主线，将决策公开、执行公开、管理公开、服务公开和结果公开设置在专栏醒目位置，分类展示主动公开政府信息，切实方便公众查询获取，更好地服务纳税人、缴费人和基层税务人。

（二）规范建设行政执法信息公示平台

国家税务总局统筹部署各省税务局依托税务门户网站设立行政执法公示平台，统一归集公开重大税收违法失信案件信息、行政征收、行政许可、行政检查、行政处罚、执法服务等执法信息，方便社会公众查询。

（三）深化12366纳税服务平台建设

扩展12366纳税服务功能，将12366由单一的人工服务热线扩展为集纳税咨询、涉税查询、纳税人学堂、办税服务、在线互动、涉税专业服务为一体的综合型服务平台，进一步满足办税人、缴费人的办税需求。提升12366纳税服务平台的信息化水平，引入网络咨询、人工智能和云技术等，充分发挥大数据作用，上线"智能咨询"模块。在12366纳税服务平台设立支持防控疫情税收优惠政策专栏，制作"一码全知道"二维码，通过专栏发布形式多样、通俗易懂的宣传产品。2020年，专栏点击量达393.1万，二维码扫描量达168万，动漫视频、长图等各类疫情防控产品的点击量超过1.12亿次。

（四）拓展新媒体公开平台

国家税务总局积极拓展新媒体传播阵地，开设微信、微博、百家号、头条号、人民号、知乎号等多个新媒体账号和腾讯微视、央视频等2个短视频账号，开发建设了国家税务总局移动客户端。目前，国家税务总局新媒体平台的总粉丝量超过1700万人次，2020年新媒体平台共发布信息 5000 余条，总浏览量 2.37 亿次。在 2020 年中国数字政府服务能力暨第十九届政府网站绩效评估中，国家税务总局微信获评优秀政务微信。同时，统筹构建以税务总局为龙头、省局为主体、市县局为补充，整体协同、上下联动、交互传播、响应迅速的税务新媒体矩阵。广东省税务局立足于纳税人、缴费人需求和广东省社会经济发展情况，建立完善"需求生成—分包承接—创意提案—论证指导—执行落地"的新媒体产品孵化链条，打通门户网站、微信、微博三大平台的信息共享渠道，同源发布、集群发展、矩阵发声，构建"一市一品"宣传矩阵，先后获评广东互联网政务论坛"最具影响力政务微信奖""年度政务公开奖""政务传播大奖"，官方微信公众号"广东税务"粉丝量突破 1160 万，成为广东省首个粉丝破千万的政务微信公众号，连续 4 年获评广东互联网政务论坛"最具影响力政务微信"。

五　优化监督管理，提升税务系统公开质量

国家税务总局严格执行《政府信息公开条例》，紧紧围绕政务公开重点工作任务，不断加强统筹协调、健全工作机制、提升队伍素质、强化监督考评，提升税务系统公开质效。

（一）加强组织领导

国家税务总局领导高度重视政务公开工作，主要领导对文件发布、政策解读、回应关切、"一竿子到底"政策直达机制等工作多次作出批示指示，分管局领导担任政务公开领导小组组长并主持召开领导小组会议，研究协调重大事项。2020 年，国家税务总局根据 2020 年政务公开工作要点研究制定《2020 年税务系统政务公开工作重点任务清单》，从"紧扣依法治税推进用权公开、紧扣'六稳''六保'推进税费政策发布解读和辅导、紧扣优化税收营商环境推进税费服务公开、紧扣执行《政府信息公开条例》推进政务公开制度化规范化、紧扣责任落实推进政务公开提质增效"五个方面，明确 23 项政务公开重点任务。按照国家税务总局要求，各地税务机关加强领导，充实人员力量，切实抓好政

务公开工作。

（二）完善工作机制

抓好《政府信息公开条例》贯彻落实、配套制度建设和系统平台优化，加强对制度执行的监督，提升政务公开工作质效。规范政府信息公开工作流程，健全政府信息动态调整机制，加强政府信息全链条管理，将政务公开工作与公文管理相结合，规范制发文件的公开选项管理和文件公开工作，完善信息发布审核机制，把好政府信息公开的"文字关、政策关、公开关"。研究制发《税务机关政府信息公开申请办理规范》，对同类型申请答复实现口径统一、标准统一、文书统一，规范税务系统政府信息公开申请办理答复工作。加强税务总局机关政府信息公开台账管理，2020 年税务系统办理信息公开申请 1904 件，办理工作满意率进一步提升。对照国务院办公厅工作要求，统一各级税务机关年报编写内容、数据统计、填写格式等，并对各地税务机关年报内容加强检查考核，对于不符合要求、内容填报错漏等情况，及时给予纠正指导，进一步提升年报编写质量。

（三）推进基层政务公开标准化规范化建设

国家税务总局深入贯彻《国务院办公厅关于全面推进基层政务公开标准化规范化工作的指导意见》要求，推动《税收管理领域基层政务公开标准指引》深入贯彻落实，探索在办税服务厅试点建设政务公开专区，统筹推进税务系统基层政务公开标准化规范化。2020 年，广东省税务局在佛山市南海区税务局桂城办税服务厅试点打造全国税务系统首个基层政务公开专区，有机融合政府信息查询、政策解读、热点查询、办税指引、信息公开申请、意见反馈等多项服务，推动政务公开工作在基层税务部门落地落细落实。

（四）提高队伍政务公开工作水平

国家税务总局把《政府信息公开条例》作为落实领导干部学法制度的重要内容，不断加强对税务干部特别是领导干部的培训，将《政府信息公开条例》列入公务员初任培训必修课程，增强公开意识。依托学习兴税平台，发布政务公开相关课程，供全国税务系统干部学习。2020年，国家税务总局组建全国税务系统政务公开人才库并举办专题培训。

（五）强化政务公开考评问责

为了发挥绩效管理"指挥棒"作用，国家税务总局设置"政务公开"绩效指标，分值占绩效考评总分值的4%，对信息公开、政策解读、回应关切等政务公开工作进行量化考评，既对先进单位给予加分鼓励并宣传推广，又对落后单位给予扣分鞭策并及时督促整改。

山东省济宁市民政领域政务公开的探索与实践

山东省济宁市人民政府[*]

摘　要： 民政工作作为民生工作的重要组成部分，一直以来都受到社会的高度重视和广泛关注。尤其是民政领域信息公开，随着人民群众主人翁意识的不断增强，对公开的全面性、载体的便捷度、内容的丰富性都提出了更高的要求。进一步提高民政工作的透明度，已经成为各级民政部门工作开展不可或缺的重要环节。本文在理论分析和工作实践的基础上，对济宁市民政领域信息公开现状进行了梳理，归纳出民政公开的特点，浅析了现阶段存在的问题，并从健全公开制度、完善监督考核机制、强化公开队伍和能力建设等方面提出了意见建议。

关键词： 民政　政务公开　村务公开

一　民政领域信息公开发展历程

政务公开是建设法治型政府、服务型政府、透明型政府的重要内容和必然举措。自2008年《政府信息公开条例》施行、2019年修订以来，我国政府信息公开从试点探索逐步走向规范化、制度化建设。民政系统也陆续制定出台了《民政部全面推进政务公开工作实施细则》《民政部主动公开基本目录》《民政部政府信息公开工作规程》

---

[*] 执笔人：郭晓璇，济宁市民政局办公室一级科员。

《山东省民政厅机关政府信息公开暂行办法》《山东省民政厅关于进一步加强政务公开工作的意见》等多项制度政策，规范民政领域政务公开工作。

在直接规范民政业务的法律法规规章中，对民政领域政务公开提出了更细致的要求。在社会救助方面，《社会救助暂行办法》要求社会救助工作应当遵循公开、公平、公正、及时的原则。同时为保障困难群众的隐私权，要求履行社会救助职责的工作人员对在社会救助工作中知悉的公民个人信息，除按照规定应当公示的信息外，应当予以保密。在养老服务方面，制定了《养老服务质量信息公开标准指引》，养老服务质量信息公开事项主要包括服务机构基本信息、服务过程信息、服务质量管理信息等。在慈善事业方面，《民政部关于进一步加强社会捐助信息公示工作的指导意见》提出了实事求是、依法依规、分类公示、尊重当事人意愿4项信息公示原则，对信息公示机构的重点、信息公示的内容、方式、监督与管理进行了明确。《慈善组织信息公开办法》要求慈善组织应依法履行信息公开义务，建立信息公开制度，明确信息公开的范围、方式和责任，及时将公开募捐情况、慈善项目有关情况、慈善信托有关情况向社会公开等。

为推进基层社会救助和养老服务领域政务公开标准化、规范化进程，民政部印发了《社会救助和养老服务领域基层政务公开标准指引》。其中，社会救助领域基层政务公开事项分为综合业务、最低生活保障、特困人员救助供养和临时救助4大类，以及政策法规文件、办事指南、审核审批信息、监督检查信息等二级事项。养老服务领域基层政务公开事项则主要包括通用政策、业务办理、行业管理信息3大类，具体包括国家和地方层面推进养老服务发展的法律、法规、政策与标准文件，民政部门负责办理的养老服务业务信息、办理结果、养老机构评估、行政处罚结果等行业管理事项信息等。

二 济宁市民政领域政务公开工作基本情况

近年来，济宁市民政局把政务公开作为推动政策落实、提升服务能力、建设阳光民政、推进依法行政的重要手段，把政务公开作为一项长期性、系统性工程。按照中央和省、市关于政务公开的部署要求，围绕决策、执行、管理、服务和结果"五公开"，不断创新公开形式，拓展公开载体，强化工作举措。

（一）打破信息孤岛，营造齐抓共管工作格局

坚持把政务公开工作作为"一把手"工程，完善了局长负总责亲自抓、分管局长靠上抓、局机关科室和局属单位负责人具体抓的工作体制，明确政务公开工作由1名班子成员具体分管、2名工作人员具体负责。根据科室负责人轮岗调整情况，及时调整完善政务公开领导小组，成立了由局主要负责人为组长，分管负责人为副组长，局机关各科（室、局）、局属各单位主要负责人为成员的领导小组，下设领导小组办公室，负责推进、指导、协调、监督全市民政系统政务公开工作。通过组建三支队伍，实现了信息公开全员参与。

组建一支信息联络员队伍，覆盖19个科室（单位）、14个县（市、区）民政部门，建立起配套的政务信息报送和采用情况通报制度，形成人人抓公开、层层抓落实的良好工作格局。组建一支民意参谋员队伍，充分发挥派驻"民情书记"团队、乡村振兴服务队等民政干部作用，将其打造为搜集民意、宣传政策、征求建议的"直通车"。其中，"民情书记"团队每月5日、15日、25日深入基层开展民意"5"来听行动，到联系社区听民意、解民忧，累计入户走访1164户、接待群众1326人次、收集反馈民意诉求132条，协调策划志愿服务活动6次，为切实解决群众关心关注的热点难点问题出对策、出实招。组建一支社会监督员队伍，在民政综合、婚姻登记、慈善捐赠、流浪乞讨人员救助等方面，邀请50名人大代表、政协委员、媒体记者等作为监督员，通过实地调研、座谈讨论、督查检查等方式，对民政重点工作进行全方位监督。

（二）完善制度体系，推进政务公开规范化

中央要求，要以制度安排把政务公开贯穿政务运行全过程，权力运行到哪里，公开和监督就延伸到哪里。在公开制度建设方面，结合民政

工作实际，先后制定信息发布协调、保密审查、监督保障、考核评估等配套工作规范，印发年度政务公开工作要点和实施方案等，及时修订政府信息公开指南、主动公开目录，不断以规范管理增强公开实效。

在保密审核建设方面，严格落实公开属性源头认定机制，明确公文类信息主动公开、依申请公开、不予公开的适用范围，在文件合法性审查阶段提出公开属性建议，在文件印发时明确标注公文公开属性。完善了政府信息公开审核和保密工作审查单，公开信息前，必须经科室负责人、分管局长、保密领导小组成员审核把关，确保公开信息准确无误、安全规范。每年至少组织召开2次民政系统政府信息公开保密工作培训会议，提升机关工作人员的保密意识和水平。

在依申请公开办理方面，细化了政府信息公开申请受理、登记、审核、办理、答复、寄送、归档的工作流程，明确各项程序的时间节点和具体要求，做到一案一档。近年来，市民政局收到政府信息公开申请22件，均在规定时间内按程序规范答复，未出现因政府信息公开申请引发的行政复议和行政诉讼案件。

（三）向基层延伸，打造立体化公开平台

坚持多领域开展政务公开和信息宣传工作，推广"线上+线下"宣传模式，积极回应群众关切，形成信息公开合力。在线上，以"用户体验"为导向，突出宣传窗口作用，对"中国济宁"政府门户网站民政端口、济宁市民政局官方网站、"济宁民政"微信公众号的栏目进行优化升级，统一开设了新闻动态、信息公开、通知公告、互动交流等版块。将微信公众号菜单栏目调整优化为便民服务、民政发布、政策大全3大版块，制作便民服务清单17篇，为群众常咨询的婚姻登记、低保办理、慈善捐赠等事项提供服务指南和咨询电话，并增设局长信箱、网站问政平台跳转链接。自开设以来，累计发布政务微信729篇，年均浏览量12.6万人次。同时，积极开辟新闻媒体的宣传阵地，年均在省、市级以上电视、报刊等主流媒体发稿180余篇。持续巩固回应关切的新型阵地，局主要负责人带队参加政风行风热线、电视问政、在线访谈等栏目，年均通过市长热线、局长信箱、网络问政平台、"一窗受理"收集反馈咨询和建议240余条，切实营造了健康稳定的舆论环境。

在线下，以"群众需求"为导向，针对民政服务对象覆盖面广、特殊群体数量多的特点，开展各种形式的政策宣传活动，确保政民互动渠道畅通。在市内主要路口设置20块大型移动电子屏，让各类民政政策抬头可见、触手可及。在156个乡镇（街道）设立智慧民政触摸屏终端，及时公开婚姻登记、殡葬服务、低保办理、慈善捐赠等23个事项的政策标准、办理流程、服务热线等信息。开展"政府开放日"活动10余次，举办新闻发布会6场，介绍了全市民政事业改革发展和贯彻实施《民法典》，推进婚俗改革工作情况，并回答记者提问。举办媒体见面会，邀请8家省、市新闻媒体对民政宣传工作提出意见建议，全面了解社会各界对民政工作的真实评价，集中收集服务对象诉求。组织"大爱寻亲、温暖回家"救助管理机构开放日活动9次，邀请部门负责同志、社工组织近距离感受救助管理工作，动员社会力量参与流浪乞讨人员救助寻亲工作。

（四）细化优化流程，实现政策文件全生命周期管理

扩充主动公开范围，不断规范文件政策公开流程，将公开贯穿于文件制发的全过程。一是严把"入口关"，推进重大决策预公开机制，发布年度重大行政决策事项目录，逐一制定实施计划，列出承办科室和完成时限，并根据工作进度更新决策结果和评估情况。坚持"公开为常态、不公开为例外"的原则，积极扩大主动公开范围，凡是能主动公开的文件一律主动公开。拟依申请公开、不予公开的文件，需说明理由。二是征集"金点子"，将意见征集作为重大行政决策的前置条件，通过"两网一微"发布重大决策意见征集和采纳情况40余则，邀请利益相关方、公众代表、专家列席局长办公会议7次，邀请市政协委员、养老企业和养老机构负责人等9名各界代表参加全市养老工作提升发展座谈会，增强决策公开透明度和民主参与度。三是及时"划重点"，按照"谁制定、谁解读"的原则，做好政策解读工作。政策性文件与解读方案、解读材料同步组织、同步审签、同步部署，着重解读政策措施的背景、依据、出台目的和主要内容等要素。相关解读材料应于文件公布后3个工作日内主动发布，解读材料页面要与正式文件互相关联。同时，从社会公众生产生活实际需求出发，梳理归纳解读材料，提高数字图

文、媒体视频、新闻发布会等形式的解读比例,及时解读养老服务、婚姻登记、社会救助等涉及群众切身利益的民生政策。四是定期"立改废",按照上级部署及文件要求,定期清理不适应经济社会发展需要、不符合政府职能转变要求或已超过适用期的规范性文件和政策性文件。清理以市政府和市政府办公室名义印发的文件13件、现行部门规范性文件12件、部门政策性文件110件,并及时发布清理结果,保障群众的知情权。完善政策文件公开形式,在市政府网站的政策文件专栏中,明确区分文件类型,明晰文件的效力状态,部门规范性文件统一配有word、pdf格式的附件供社会公众下载。

三 济宁市民政领域政务公开的创新实践

济宁市民政系统对群众关注度高的民政重点领域公开工作开展了积极探索,切实以公开促落实、以公开促规范、以公开促服务,用政务的"公开指数",换取群众的"幸福指数"。

(一)建立社会救助和福利工作主动告知机制

将"服务对象找民政政策"变为"民政政策找服务对象"。一是制作政策明白纸。对由民政部门负责落实的低保、特困人员救助供养、临时救助、残疾人"两项补贴"、经济困难老年人补贴,以及孤儿、事实无人抚养儿童、重点困境儿童福利等9项社会救助和福利政策和关联政策进行全面系统梳理,制作民政惠民政策"明白纸"70000余份,详细列出待遇标准、资格条件、审核审批程序以及政策依据等事项。二是畅通主动告知渠道。在为群众办理救助和福利事项审核审批时,同步将"明白纸"发放到群众手中;对已纳入救助供养范围的群众,以主动上门的方式将"明白纸"发放到本人和其所在的村(居)组织。三是加大政策宣传力度。市、县两级民政部门组织基层民政工作人员集中培训15场,编印《民政脱贫攻坚政策宣传手册》450余册,增强工作人员的政策认知和把握能力。开展以"阳光救助、暖心服务"为主题的宣传活动,在"一门受理、协同办理"大厅、村居为民服务站、乡村集市等场所开展集中宣传110余场,切实提高了广大群众对社会救助政策的知晓度和社会救助工作的公信力。

(二)社会救助实现"全流程"公开

一是让信息多跑路,提高政策知晓率。编制《济宁市民政救助业务应知应会手册》,分发给基层民政干部,提升其业务经办能力。全面公开各类救助政策的申报指南和救助热线电话。在全市156个镇街普遍设立"一门受理、协同办理"社会救助服务窗口,对困难家庭主动发现、主动救助,确保困难群众求助有门、受助及时。二是让群众少跑腿,优化简化审批程序。深化社会救助领域"放管服"改革,将最低生活保障、特困人员供养、临时救助审批权由县级民政部门下放到乡镇(街道)政府实施。进一步简化审核审批环节,压缩审核审批时限,低保、特困人员救助供养、支出型临时救助审核审批时限压缩到20个工作日内;推行即时救助模式,打造"济时救"社会救助品牌,对符合急难救助条件的24小时内先行救助。大力推进低保规范化、标准化建设,全面应用统一的低保行政文书。发挥低保申请家庭困难指数评估救助系统作用,做到"线上办理、线上核对"。三是让监督零距离,实施"阳光救助"行动。严格落实低保公示制度,按季度在济宁市政府门户网站公示济宁市城乡低保对象信息,主要包括户主姓名、所属县(市、区)、所属乡镇(街道)、居住村(社区)、保障人口数、户月保障金额、监督举报电话、公示时间等内容。提倡县级民政部门通过县级政府门户网站、镇政府(街道办事处)政务公示栏、政务大厅设置的电子屏等进行长期公示,确保社会救助工作公开、公平、公正、公信。

(三)养老服务实现"全覆盖"公开

联合11个部门发布济宁市基本养老公共服务清单,涵盖特困老年人兜底保障、困难老年人养老服务、普惠型老年人服务和优待、养老服务优惠扶持等4大类16项具体服务项目,打造老年人"政策大礼包"。完善重大行政举措执行效果跟踪反馈机制,对农村幸福院、敬老院改造提升等民生实事,实行一月一通报、一月一公开,主动接受群众监督。举行《山东省养老服务条例》宣传活动,累计开展系列政策宣讲活动

40余场，发放政策解读单行本1000余册，宣传单页30000万张。开展养老院服务质量建设专项检查行动，联合市应急管理局、市住房和城乡建设局等6部门开展养老机构"双随机、一公开"检查，抽查检查结果即时通过省监管平台录入并进行公开。建设集呼叫服务、养老咨询、安全监护等为一体的市级智慧养老平台，统一管理老年人和养老服务组织信息，实现管理服务"数据化"、工作部署"可视化"、服务老人"便捷化"。

（四）村务公开推进"全透明"进程

村务公开"民主日"是济宁市探索基层民主政治建设形成的独有模式，每年1月5日、7月5日举行，由村"两委"汇报半年工作总结和计划，现场答复群众关切的问题，村民代表和党员民主评议村"两委"成员，并将评议结果作为考核的重要依据。截至目前，已开展村务公开"民主日"活动30次，全市行政村活动覆盖率100%。开展村务公开"民主日"活动列入市政府"我为群众办实事"实践活动。一是提早谋划、周密部署。市村务公开工作领导小组及成员单位共同研究制定工作方案，印发《关于进一步加大工作力度全力开展好村务公开"民主日"活动的通知》，指导各县（市、区）做好活动准备、宣传动员等工作。全市138个乡镇街道召开专题部署会议，对包村干部、村"两委"成员进行了专项培训。二是紧扣关键环节。"民主日"活动围绕年度工作情况、资产收支状况等村级重大事项，坚持做到事前广泛征求群众意见，找准群众关心关注重点；事中全面深入公开透明，切实回应群众关切，进行村干部民主评议；事后及时公开评议结果，强化评议结果运用，落实提前告知活动时间、发布活动实施程序、明确救济途径等要求。三是强化督促指导。市县政府采取"四不两直"方式对各县（市、区）"民主日"活动开展情况进行督促检查，指导完善村务公开内容、程序、时间等信息，通过"查、看、问"等形式对村规民约、居民公约制定和完善情况开展督查暗访120余次。通过村（居）民代表会议、"村务公开民主日"、"民情恳谈日"、乡贤理事会议、红白理事会议等形式，进一步落实村级议事协商制度。

（五）慈善事业公开探索"立体化"形式

连续14年开展"慈善公开周"活动，采取敞开式现场公开、网上公开、新闻动态公开等形式，向社会公开财务账目、审计报告、捐赠和救助档案等业务相关资料，并就资金募集和使用情况及救助程序问题进行现场答疑。对不便亲临公开现场的单位或个人，可以登录济宁慈善网"信息公开"专栏，查阅相关慈善公开材料。在媒体记者、人大代表、政协委员中邀请社会监督员，自2006年以来济宁市慈善总会已先后四批聘请社会监督员309名，持续对全市慈善总会工作进行监督检查。及时公布"情暖万家""朝阳助学"等慈善救助活动项目情况，"慈心一日捐"、疫情防控等慈善捐赠款物募集和使用情况，公开市、县监督举报电话，主动接受社会各界监督，确保每一笔爱心款在阳光下运行。

（六）基层民政部门提倡"个性化"发展

2019年12月国务院常务会议强调"基层政务与群众的切身利益息息相关，凡应公开的要全部公开"。济宁市各县（市、区）民政局均成立了政务公开领导小组，明确了政务公开工作的分管负责人、责任科室和具体工作人员。各选派1—2名熟悉工作、新闻敏感性强、有一定写作能力的工作人员担任本单位的信息联络员，组建了覆盖全市民政系统的58人的政务公开联络员队伍，通过"济宁民政信息宣传"微信群及时反映新闻线索，做好民政信息宣传工作。仅2020年度，县级民政部门通过设置惠民政策专栏，制作政策宣传短片、电子书、H5动画等方式提高政策解读实效，发布养老服务、婚姻登记、社会救助等涉及群众切身利益的民生政策文件和解读80余则，公布各类社会救助和福利事项的救助对象认定、救助标准、福利补贴申领及申请审批程序、救助款物和补贴发放情况978则。建立并公示社会救助和养老服务领域基层政务公开标准目录26则，制作了《济宁市民政业务应知应会手册》《兜底保障政策汇编》等，让基层民政部门公开有标准，让基层工作人员办事有依据。

四 民政领域政务公开的问题和对策

经过近几年的探索和发展,济宁市民政领域政务公开工作取得了一定的成绩,但在工作实际中仍存在着公开不够及时、公开形式不灵活、公开信息化水平较低、公众参与积极性不高等问题。为做好民政领域政务公开工作,还需要进一步做好以下工作。

一是进一步建立健全公开制度。完善主动公开、依申请公开制度,除特别涉及有关国家军事、政治秘密、商业秘密和个人隐私的信息不得公开外,其他需要公众广泛知晓的政务信息都要依照公众需求向社会开放。各级民政部门在政务公开规范化建设中,要对公开事项再细化,对常规性公开内容再明确。

二是进一步完善民生领域政务公开的监督和考核机制。从社会监督、法律监督、舆论监督、内部监督等方面,建立起全方位、多层次的监督机制,强化政务公开的考核评价体系和结果运用,通过考核评估不断增强基层政务公开的自觉性。

三是进一步强化公开队伍和能力建设。在信息联络员队伍的基础上明确县级民政部门负责政务公开工作的专职人员,构建全市民政系统政务公开"点线面"网络。从提升政务公开服务意识着手,持续加大对《政府信息公开条例》《山东省政府信息公开办法》等相关政策法规和典型案例的学习和培训,提高工作人员依法规范公开水平。

以服务企业"政策计算器"助推政务公开的苏州实践

苏州市人民政府办公室课题组[*]

摘 要： 行政机关根据企业需求，利用互联网新技术加强对政府信息资源的管理和开发利用，方便企业查找惠企政策信息，为企业免费提供优质的政策咨询服务，对于建设服务型政府、优化营商环境等具有重要意义。本文以苏州市推出的"政策计算器"变"企业找政策"为"政策找企业"为例，分析了在提升惠企政策到达率、落地率方面可能遇到的问题，介绍了苏州市的创新举措及取得成效，并就如何加强政府信息管理、更好地服务企业发展提出五点启示。

关键词： 政府信息 惠企政策 管理 开发利用

在信息化时代，政府信息作为公共资源，成为一种日益重要的生产要素，能够产生重大经济价值和社会效益。充分发挥政府信息对人民群众生产、生活和经济社会活动的服务作用，是《政府信息公开条例》的立法目的之一。2020年以来，在统筹推进疫情防控和经济社会发展过程中，各级、各部门出台了不少惠企政策，并依托政府网站和政务新媒体等政府信息公开平台向社会发布，为夺取疫情防控和经济社会发展"双胜利"提供了有力支持。由于政策的制定机关较多、发布平台分散，一些惠企政策的到达率、落地率不够理想，一定程度上制约了政策效果的充分发挥。苏州市结合企业需求，利用互联网新技术加强对惠企

---

[*] 课题组负责人：周伟，苏州市人民政府秘书长。成员：徐自建、何摧、蒋曾荣、李筱纳。

政策的管理和开发利用,创新推出"政策计算器",方便企业查找惠企政策信息,为企业免费提供优质的政策咨询服务,取得了较好成效。"政策计算器"是由苏州市工业和信息化局开发的向企业免费提供惠企政策咨询服务的应用,通过对归集的海量惠企政策进行拆解、分类,形成惠企政策申报条件数据库,并运用大数据算法和人工智能技术将惠企政策的申报条件与企业数据、企业自行提交的"企业简历"信息进行匹配计算,一秒就能为企业"计算出"可以享受哪些优惠政策。"政策计算器"的查找方式:登录 https://www.qyfw.suzhou.com.cn/,或者关注"苏州市企业服务总入口"微信公众号。本文以苏州市"政策计算器"为例,结合服务企业实践,就加强政府信息资源管理和开发利用、更好服务企业发展予以观察研讨和总结。

一 "政策计算器"是开发利用政府信息资源的现实需要

李克强总理曾指出,目前我国信息数据资源80%以上掌握在各级政府部门手里,"深藏闺中"是极大浪费。[①] 加强对海量的政府信息资源的管理和开发利用,唤醒"沉睡"的政府信息资源,使其在服务企业发展中创造更大价值,具有重要意义,主要体现在以下几个方面。

(一)建设服务型政府的需要

加快转变政府职能,建设人民满意的服务型政府,对政府优化服务提出了更高要求。就政府信息公开来说,"建设人民满意的服务型政府,要求政务公开着力点随着政府职能转变而转变,逐步从监督导向转为监督、治理、服务导向并重"[②]。随着政府信息公开广度深度的拓展、制度体系的健全、信息化程度的提升,行政机关目前对法定主动公开内容已基本公开到位,但对政府信息资源的整合利用还有较大提升空间。企

---

① 张砥:《在信息公开问题上政府的"说"就是"做"》,《北京日报》2016年5月13日。
② 肖捷:《以人民为中心推进新时代政务公开》,《学习时报》2019年9月9日。

业除了要求能够查询到相关政府信息，还期待查询方式更便捷、查询结果更精准，使政府信息更好地服务于企业发展。企有所呼，政有所应。企业对惠企政策信息有需求，政府在这方面的公共服务就不能缺位。要有针对性加强政府信息资源管理和开发利用，为大众创业、万众创新增添更多便利、提供更多支持。

（二）推动政策落实的需要

《中共中央关于全面推进依法治国若干重大问题的决定》对政务公开工作提出了"五公开"的具体要求。除了决策公开，"五公开"的其他公开都涉及制度执行、政策落实。中共中央办公厅、国务院办公厅《关于全面推进政务公开工作的意见》也强调，以公开促落实，以公开促规范，以公开促服务。以公开促落实，就是要通过做好政务公开工作，更好推动重大决策、重要政策、改革举措落地生效。政策的生命在于落实到位。近年来，各级、各部门出台了不少惠企政策。打通惠企政策落实的"最后一公里"，离不开对惠企政策信息的有效管理和开发利用。一方面，通过全面归集惠企政策，使企业能够更加便捷地获取惠企政策信息，从而提升惠企政策的到达率。另一方面，通过向企业免费提供惠企政策咨询服务，也有助于优化政府服务、提升惠企政策的落地率，使政策红利得到充分释放，惠及更多企业。

（三）打造数字政府的需要

大数据、云计算、人工智能等互联网新技术与政务服务深度融合，为数字政府建设提供了技术保障，也为全面深化政府信息公开提供了重要支撑。近年来，各地在推进政策信息"一网通查"、互动交流"一网通答"、办事服务"一网通办"、数据资源"一网通管"等方面进行积极探索、取得积极进展，推动了政府治理手段、模式和理念创新。加强政府信息资源管理和开发利用，推进政府信息资源的整合利用，发挥政府信息资源的经济价值和社会效益，是数字政府建设的重要内容。随着政府掌握的信息资源不断增多、推出的应用场景日益丰富，给政府信息资源管理和开发利用带来了新的课题，原来对政府信息所设置的核心元数据和分类方法已经难以有效满足企业的实际需要。因此，要以企业需求为导向，积极利用互联网新技术赋能政府信息管理和开发利用,不断降低信息管理成本、提高信息管理效率,更好汇聚政府信息资源、满足企业信息需求。

(四) 深化信息公开的需要

《政府信息公开条例》第八条提出,要加强政府信息资源的规范化、标准化、信息化管理,加强互联网政府信息公开平台建设。国务院办公厅信息公开办《关于规范政府信息公开平台有关事项的通知》明确,政府信息公开平台是加强重点政府信息管理的管理平台。当前对政府信息管理的要求,主要针对行政法规、规章、规范性文件等重点政府信息,着力解决底数不清、体系不完善等问题。如司法部网站推出"行政法规库",集中统一对外公开了现行有效的行政法规。此外,《政府信息公开条例》第十八条要求,要建立健全政府信息管理动态调整机制,本行政机关不予公开的政府信息进行定期评估审查,对因情势变化可以公开的政府信息应当公开。可见,强化政府信息资源管理,对政府信息进行全生命周期管理,是今后政府信息公开的一项基础工作。正如有学者所言,"适应网络时代要求的政府信息公开必须从信息管理入手,只有高质量的信息管理才能实现高质量的信息公开"①。

(五) 地方政府优化营商环境的需要

营商环境是企业生存发展的土壤。对于苏州市这样一个外贸依存度约120%的城市来说,2020年经济运行能够经受住疫情冲击等多重考验,地区生产总值迈上2万亿元新台阶,规模以上工业总产值达3.48万亿元,也得益于其持续推进优化营商环境创新行动,倾力打造"苏州最舒心"营商服务品牌。根据全国工商联发布的2020年万家民营企业评营商环境报告,苏州市得分位居全国第三。"从地方实证层面考察,优化营商环境主要包括精准有效的政策环境、透明高效的政务环境、公正规范的执法环境、亲商安商的社会环境等"②。2020年1月1日起施

---

① 吕艳滨:《网络时代政府信息公开制度的问题与应对》,《重庆邮电大学学报》(社会科学版)2016年第6期。
② 骆梅英:《优化营商环境的改革实践与行政法理》,《行政法学研究》2020年第5期。

行的《优化营商环境条例》要求，各级人民政府及其部门应当坚持政务公开透明。涉企政策作为企业重点关注的政府信息，在构建市场化、法治化、国际化营商环境中具有特殊地位。加强惠企政策的管理和开发利用，既是回应企业的关切，也有助于降低企业制度性交易成本，营造各类市场主体公平竞争的发展环境。

二 "政策计算器"着力解决的惠企政策落实中的问题

再好的政策，如果执行不力，政策的效果也会大打折扣。对惠企政策来说，其落实情况如何，直接关系到企业特别是广大民营企业、中小企业的发展。因此，苏州市在开发"政策计算器"的过程中，以提升惠企政策的到达率、落地率作为目标，认真排查了影响惠企政策落实的原因。经排查，主要存在六个方面问题。

（一）惠企政策制定机关较多

一方面，惠企政策涉及的层级多。由于各地经济社会发展差异较大，遇到的实际问题也各不相同，上级机关制定的政策往往较为原则，有的还需要下级机关结合本地实际出台更具可操作性的实施细则。国家、省、市、县四级机关制定了大量惠企政策。另一方面，惠企政策涉及的部门多。主要为与经济发展联系密切、服务企业事项较多的部门，如发改、科技、工信、财政、人社、商务、文旅、知识产权、税务等部门。因此，各级、各部门制定的惠企政策数量庞大。如工信部联合中国政府网推出中小企业政策库，归集自2020年1月26日以来应对新冠肺炎疫情相关政策文件，截至2021年6月28日，已归集国家政策403份、地方政策1422份。截至2021年6月28日，苏州市"政策计算器"依托的数据库也归集了各级、各部门公开发布的惠企政策6900余份。

（二）惠企政策发布平台分散

与惠企政策制定机关较多、政策数量庞大相应的是，惠企政策发布平台分散，各级、各部门主要依托各自的政府网站、政务新媒体对外公开发布惠企政策。目前，在全国范围内尚无统一全面的惠企政策发布平台，企业查找惠企政策不够便捷。各级、各部门出台的惠企政策，对企业的具体扶持方式以及申报条件、申报材料、申报途径等要求均存在差异。不同层级发布的惠企政策，适用的地域范围不同，政策层级越低，政策适用的地域范围就越小、政策的地域性就越强。如某县制定的惠企政策，通常只适用于注册在该县的企业。国家层级的政策库在归集地方政策时，存在对省、市、县政策的归集能力逐级弱化的情况，如工信部联合中国政府网推出的中小企业政策库，归集的地方政策主要为省级政策，市级政策较少，县级政策更少。

（三）中小企业缺乏专业力量

对企业特别是中小企业来讲，惠企政策与其发展密切相关，是企业尤为关注的政府信息。出于人力资源成本等方面的考虑，企业往往缺乏专人搜集惠企政策，中小企业尤为突出。即便有的企业安排了专人关注惠企政策，受知识、经验、技术等条件的限制，在搜集政策信息的时候也犹如"大海捞针"，难以全面掌握惠企政策信息。加上惠企政策的类型多样、专业性强，给企业辨别、利用增加了难度。虽然各级、各部门出台了不少惠企政策，但由于缺乏权威、全面、便捷的惠企政策信息获取渠道，一些惠企政策的兑现率不高，与亟需政策支持的企业特别是中小企业、初创科技企业未能完成精准衔接。

（四）人工梳理政策效率不高

将企业情况与政策要求进行匹配，是一项技术活。企业即使获取了政策文件，有的时候也难以很好地理解和利用政策。面对海量的惠企政策信息，对什么条件的企业适合什么政策，如果只依靠人工进行逐条比对，别说企业员工，就是行政机关的工作人员也难以在短时间内完成。因此，借助大数据、云计算、人工智能等互联网新技术，对惠企政策进行归集、处理、比对，不仅工作效率更高，分析结果也更加精准，且惠企政策数据库和分析结果也更便于日常管理、随时调用。

(五) 惠企政策申报存在堵点

一方面，惠企政策申报的时效性较强。企业如果错过了申报期，将无法享受政策带来的红利。企业与惠企政策"擦肩而过"的原因主要有：面对海量的惠企政策，企业难以辨别哪些是"属于"自己的优惠政策；对政策的理解不够准确，认为够不着政策条件，即使申报也希望不大，因而放弃申报；不清楚企业的"短板"特别是有能力补齐的"短板"在哪里，未进行有针对性的整改、提升，导致申报成功率不高。另一方面，企业申报的便利度还有待加强。从媒体报道来看，企业反映的影响惠企政策申报的原因主要有：一些惠企政策的操作性不强，申报要求、申报程序等不够明确，也未提供咨询电话；一些行政机关缺乏主动服务意识，坐等企业上门争取扶持政策；一些在线服务平台宣传推广不够，后续运维没有跟上，导致平台的普及率、使用率不高；惠企承诺不履行、政策兑现不到位的现象仍然存在。

(六) 社会咨询服务良莠不齐

第三方服务机构受企业委托，代为争取扶持政策，在提高申报效率等方面发挥了积极作用。但一些第三方服务机构凭借和相关职能部门的特殊关系，向企业收取高额的服务费用，增加了企业负担。少数第三方服务机构与相关职能部门存在利益关联，通过违法违规的方式申报扶持政策，容易导致滥用职权、利益输送、骗取财政资金等问题。对于企业来说，不仅要支付费用，由于对政策不够了解，还容易上当受骗。对此，政府有必要回应企业的现实需求，采取有效措施，方便企业查找惠企政策信息，为企业免费提供惠企政策的咨询服务。只要政府信息公开到位，并为企业提供必要的指引，很多惠企政策完全可以由企业自行完成申报。

针对上述影响惠企政策落实的问题，苏州市充分发挥政府信息公开服务企业发展的积极作用，从加强政府信息资源管理和开发利用的角度，开发"政策计算器"，为破解企业反映较为强烈的惠企政策查找难、辨别难、兑现难等问题积极提出解决方案。

三 "政策计算器"实现"企业找政策"到"政策找企业"

2020年7月28日,苏州市正式上线"政策计算器",通过对惠企政策的创新管理和开发利用,变"企业找政策"为"政策找企业",大大降低了企业查找惠企政策的难度,并一秒就能得出智能匹配报告,为全市所有企业免费提供惠企政策咨询服务,从而推动惠企政策落地见效。

(一)全面归集惠企政策

惠企政策的归集范围,不限于苏州市出台的政策。各级、各部门出台的惠企政策,只要适用于苏州企业,均列入归集范围,力争将苏州企业可以享受的惠企政策"一网打尽"。目前,已初步建成政策齐全、检索便捷的惠企政策数据库,共归集国家、省、市、县四级发改、科技、工信、商务、金融等部门公开发布的惠企政策6900余份,实现了惠企政策"一网通查",为企业提供了权威的惠企政策查询平台。加强数据库的日常维护,每6小时更新归集最新出台的惠企政策,确保数据库中的惠企政策更新及时、覆盖全面。考虑到苏州作为对外开放大市,外资企业较多,国际经贸往来频繁,还专门归集了96份英文版的涉企政策。为方便企业用户一图读懂政策,开设"政策图解"栏目,归集相关惠企政策的政策图解产品。

(二)有效处理政策信息

对归集的惠企政策,先进行过滤、校验,剔除失效的政策信息。再按照产业类型、发文层级、发文部门、支持方向等多个维度,将归集的惠企政策进行分解、归类,对政策"干货"进行提炼,建立能与企业情况相匹配的申报条件数据库。结合苏州实际,将惠企政策分为大数据、区块链、医药、智能制造等28种产业类型,以及资助优惠、荣誉资质、产业扶持、人才激励、贷款保险、知识产权、综合规划、科技合作等8类支持方向。为方便企业精准查找惠企政策,设置了政策标题、政策级别、发文部门、申报日期、发布日期等多重检索选项。

（三）创新开展数据应用

根据惠企政策的申报条件，科学设置"企业简历"，供企业填报。通过收集公开的企业数据，结合企业自行提交的"企业简历"信息形成企业画像，并运用大数据算法和人工智能技术，将企业情况和海量的政策信息进行匹配计算，一秒就能得出智能匹配报告。报告内容包括企业符合申报条件的所有政策、预估可申报资金以及具体政策的匹配度、申报期限、申报途径、扶持方式等信息，简洁明了，助力企业精准申报政策。企业注册为用户后，即可免费享受上述政策咨询服务。此外，对于国家、省、市常见的企业申报项目，通过"申报导航"栏目归集了办事指南和申报入口。在网站首页醒目位置开设"今日申报"栏目，集中展示处于申报期内的惠企政策，提示企业注意申报截止日期、剩余申报期限，及时组织申报。

（四）精准推送政策信息

对于已经注册的企业，"政策计算器"里的政策除了企业可以"自己搜"，平台还可以"定向推"。平台推出惠企政策的订阅功能，只要选择好政策类型、政策关键字、行业类别等订阅需求，平台就会自动将相关惠企政策推送给企业。对于各级、各部门新出台的惠企政策，平台归集后也会即时将惠企政策、匹配结果推送给企业，变"企业找政策"为"政策找企业"，变企业找政府咨询为政府主动向企业提供政策咨询报告。通过惠企政策的精准推送，使企业第一时间获取惠企政策信息，提升了各级、各部门惠企政策的到达率，避免企业错过惠企政策的申报时间，有效打通了惠企政策落地的"最后一公里"。

（五）着力构建良好生态

在为企业做好惠企政策咨询服务的同时，创新提供更多周边服务，努力提升"政策计算器"的用户粘性。"政策计算器"依托的"苏州市企业服务总入口"网站，推出了办事汇、政策汇、诉求汇、服务汇、活动汇、工具汇等服务模块，助力企业线上"找政策、找服务、找活动"，线下

"享政策、享服务、享活动"。其中,办事汇归集市级在线服务平台24个,县级市、区级平台9个;诉求汇归集市级企业诉求反馈平台,支持诉求、咨询类服务的快速响应;服务汇归集市级企业服务专业机构和服务资源,包括服务超市、开放创新合作热力图、苏州市中介服务超市平台;活动汇归集市级各部门涉企免费公益活动;工具汇归集中小企业规模类型、高企、企业上云星级自测以及加计扣除计算、科技型中小企业测评等常用工具,并根据企业需求不断增加。通过打造上述服务模块,进一步优化企业服务,为惠企政策管理和开发利用构建良好生态。

截至2021年6月28日,"政策计算器"已注册企业近3.9万家,覆盖了软件和信息服务、研究和试验发展、专用设备制造业等多个行业,网站点击量超过63万次,匹配5.2万次,在服务企业方面取得了阶段性成效:一是降低企业申报成本。以往企业想获取政策支持,需要安排专人负责关注、搜集、分析惠企政策。如今通过"政策计算器"就可以完成这些工作,企业节约了人力成本、减少了工作量,对申报材料的准备也更有针对性,大大提高了申报效率。二是扩大政策惠及范围。"政策计算器"让更多的企业找到了"属于"自己的优惠政策,帮助更多的企业成功申报政策。经苏州市工业和信息化局抽样调查,通过"政策计算器"申报相关政策的企业,申报成功率达92%,其中57%的企业获得了10—50万元政府补助资金。三是引导企业重点攻关。对匹配度较高但未达到100%的惠企政策,企业能够从"政策计算器"生成的智能匹配报告中得到指引。如某企业想申报一个省级项目,但不知道是否可以申报,后来"政策计算器"出来之后,发现匹配度为80%,只有一两项条件不符合,企业据此增加了研发投入,把"短板"补上后成功享受到了政策。"政策计算器"有助于充分发挥政策的导向作用,引导企业主动转型升级、创新发展,最终实现政府和企业的双赢。

四 "政策计算器"对政府信息管理、服务企业发展的启示

苏州市推出"政策计算器",变"企业找政策"为"政策找企业",

在惠企政策管理和开发利用方面做了一些初步探索，取得较好成效，也为做好其他领域政府信息资源管理和开发利用提供了有益经验。对于今后如何进一步做好政府信息管理与政务公开、服务企业发展，苏州市"政策计算器"的探索实践主要提供了以下启示。

（一）始终坚持企业需求导向

推进政府信息公开工作，助力营商环境优化、服务企业发展，关键是要找准企业的"忧"和"急"在哪里，并站在企业的角度来想问题、办事情。具体到政府信息资源管理和开发利用，也要坚持企业需求导向。在政策落实的过程中，企业能够享受哪些优惠政策，是否符合申报条件，有哪些申报流程，需要提交哪些申报材料，这些都是企业最关心的问题。要畅通政企沟通渠道，建立政府信息公开平台使用效果的评价反馈机制，主动了解企业对政府信息的实际需求，努力解决企业获取政府信息、享受政策红利过程中的堵点、痛点，有针对性强化政府信息管理，促进惠企政策落地见效，让企业有更多获得感。

（二）积极运用互联网新技术

无论是"保有"还是"盘活"政府信息资源，都离不开大数据、云计算、人工智能等互联网新技术。在归集政府信息方面，要推进各级、各部门政府信息的整合共享，确保能够收集到海量的、相对准确的政府信息。在处理政府信息方面，对归集的政府信息利用互联网新技术进行分解、归类，统一政府信息资源的标准，提高政府信息资源的质量，便于行政机关、社会机构进一步开发利用。以往的政府信息资源管理，存在重管理、轻服务的问题，突出表现在针对政府信息资源的应用场景开发不足。因此，在利用政府信息方面，行政机关可以结合各自职责和企业需求，创新推出更多应用场景。

（三）助力提高政策文件质量

政策文件的质量，是对其进行管理和开发利用的基础条件。一些好政策难落实，往往是因为这些政策确实缺乏可操作性。从根本上说，这需要提升行政决策的质量，决策时应充分论证政策的必要性、可行性、科学性等内容，防止决策的随意性。从内容上看，政策的条款要具体明确、实实在在，尽量少一些空话套话，多一些实在干货，无需另行制定实施细则即可组织实施，也便于从技术上对政策内容进行管理、利用。政策不一定要追求"大而全"，只要能抓住问题的痛点，能实实在在解决问题，就是有效管用的政策。对企业的支持政策，要追求精准、简便、到位。对于在政府信息资源管理和开发利用过程中发现的政策文件存在的质量问题，可以通过适当方式反馈给政策制定部门，作为其今后提高决策科学性、提升政策文件质量的参考。

（四）创新提供政策咨询服务

全面归集政府信息资源，方便企业获取政策信息、理解信息内容，提高政府信息的到达率，是政府信息管理的初步目标。对政府信息资源进行挖掘、开发、利用，在服务企业发展中充分发挥政府信息资源的经济价值和社会效益，是政府信息资源管理的更高追求。要鼓励行政机关根据各自职能和企业需求，对特定领域的政府信息进行创新管理和开发利用，方便企业查找政府信息，为企业提供更优质的政策咨询服务。通过加强惠企政策的管理和开发利用，推动政府管理服务更加透明规范，对符合条件的企业一视同仁，督促政府切实履行惠企承诺，压缩权力寻租空间，不断提升惠企政策的到达率、落地率。

（五）选择重点领域先行先试

政府信息的形式并不限于政策文件，涉及的领域也很广泛。对政府信息资源的管理和开发利用，如果贪大求全、乱铺摊子，势必难以取得突破。政府信息管理，不能为了管理而管理，而是要更好地服务经济社会发展。因此，可以先从权威性、规范性、稳定性较强的政策文件以及企业需求最迫切的领域入手，等积累一定经验后，再逐步拓展政府信息资源管理的范围。需要注意的是，政府信息资源的管理和开发利用主体，并不限于政府信息公开主管部门或者大数据管理部门。实践中，政府信息资源的管理和开发利用主体呈现了多中心、去中心的趋势。一些行政机关结合部门职责、企业需求，加强政府信息管理，在服务企业发展中取得了良好成效。

宁波市江北区开展事业单位法人年度报告改革试点的探索与实践

浙江省宁波市江北区事业单位登记管理局[①]

摘 要： 事业单位法人年度报告是事业单位信息公示中最具覆盖性、时效性和权威性的制度安排。宁波市江北区通过对事业单位法人年度报告分类实施公益效能指标，探索事业单位法人年度报告改革试点。本文从开展试点的背景、公益效能指标体系构建、初步成果及问题、下步工作考虑、改革展望等五方面着手，对事业单位法人年度报告制度改革展开讨论研究，探索促进事业单位健康发展的路径。

关键词： 事业单位　法人年度报告　政务公开

一　开展试点工作的基本背景

（一）事业单位法人年度报告公示制度的主要安排

事业单位法人年度报告公示制度，是指事业单位法人根据《事业单位登记管理暂行条例》（以下简称《条例》）和《事业单位法人年度报告公示办法（试行）》的规定，每年度向登记管理机关报送上一年度执

[①] 执笔人：赵慧敏，中共浙江省宁波市江北区委组织部副部长（兼）、中共浙江省宁波市江北区委机构编制委员会办公室主任；金晶，中共浙江省宁波市江北区委机构编制委员会办公室副主任；胡雪梅，浙江省宁波市江北区事业单位登记管理局局长。特别感谢：浙江省宁波市事业单位登记管理局、宁波大学法学院公共管理系罗维教授、浙江万里学院文化与传播学院新闻系程艳林副教授为本文中涉及的调研所作出的共同努力。

行《条例》情况报告的一项法定制度,同时按照规定向社会公示,任何单位和个人均可查询,事业单位法人对年度报告的真实性负责。

事业单位法人年度报告的主要内容:(1)《事业单位法人证书》登载事项,包括名称、宗旨和业务范围、住所、法定代表人、开办资金、经费来源、举办单位等;(2)开展业务活动情况;(3)相关资质认可或执业许可证明文件及有效期;(4)资产损益情况;(5)对《条例》和实施细则有关变更登记规定的执行情况;(6)绩效和受奖惩情况;(7)涉及诉讼情况;(8)社会投诉情况;(9)接受捐赠资助及使用情况;(10)其他需要报告的情况。

事业单位法人年度报告公示制度有如下特点。一是制度施行法治化。年度报告公示遵循《事业单位登记管理暂行条例》《事业单位法人公示信息抽查办法(试行)》等法规和政策的规定。二是报告公示程序化。已形成了由事业单位法人提交年度报告、举办单位审查、登记管理机关指导监督并予以公示等流程。三是内容要素详尽化。事业单位使用国家财政补贴,理应向社会公开其运行管理情况,因此,年度报告的内容要素力求满足社会公众的知情需求。四是应用价值显性化。公示制度拓宽了事业单位的监督渠道,维护社会公众的知情权和监督权,促进事业单位的自我管理、提高公共服务的质量和效益,也为机构编制管理决策提供服务。

(二)开展试点工作的缘由

从上述年度报告公示制度的特点出发,年度报告的功能可以提炼为五个方面,即:依法公示功能、信用体系功能、社会效能功能、资源配置功能和社会监督功能。但从实际情况来看,目前年度报告仅仅起到程序性公示的作用,尚未真正实现其他制度预期功能。其主要存在如下问题。

1. 年度报告难以反映各类事业单位的履职情况

事业单位按照行业可以分为27个类别,如此庞杂的事业单位要用同一张年度报告书来反映其各方面情况,难以客观、真实、全面地反映其履职情况。

2. 年度报告质量难以控制

现行的年度报告内容设置笼统,缺乏具体的量化指标。特别是年度报告中非常重要的体现年度业绩情况的栏目——"开展业务活动情况",没有明确、具体的指标要求。一方面,导致事业单位对公示信息具有极大的自由裁量权，很大程度上取决于事业单位的自我偏好和意向取舍。另一方面，由于以文字叙述为主，监管部门很难掌握必要的精准信息，也无法对年度报告的准确度进行分析。

3. 年度报告所采集的信息难以发挥作用

年度报告的最终目的是应用，政府部门应用于公益目标监管，机构编制部门应用于机构编制资源配置，登记管理部门应用于法人管理，社会公众应用于权益监督。但目前在应用方面还存在两个问题：一是年度报告大多数内容是文字性描述，许多单位的年度报告简单地照搬工作总结，千篇一律、年复一年，基本没有应用价值。二是量化数据缺失或数据杂乱堆砌，有价值的信息难以获取，给年度报告深度挖掘、分析利用带来难度。

4. 年度报告难以引起社会公众的关注

由于年度报告公示的内容与社会公众的关注点存在不匹配或错位的问题，因此社会公众很难从中直观、有效地掌握相关信息。同时年报信息公示平台也没有成为事业单位可以有效展示形象的媒介。

5. 年度报告难以为机构编制部门有效配置资源提供依据

由于指标设定不够全面，对事业单位业务运营、财务管理以及产生的经济社会效益等没有具体指标项予以呈现，难以为科学分析提供足量数据。

（三）对事业单位年报制度改革的基本设想

事业单位法人年度报告改革试点是一项没有现成经验可以参照的工作，从全国各地的探索情况看，各有侧重点。江北区如何立足实际，必须坚持"高起点、高标准"。一方面把试点工作放在深化事业单位改革的大背景下，按中共中央，国务院印发的《关于深化事业单位改革试点工作的指导意见》中提出的"完善制度机制，强化公益属性，提高治理效能，促进新时代公益事业平衡、充分、高质量发展"的要求，把改革的起点放在强化事业单位公益属性上。通过分析事业单位的公益投入和公益产出情况，对事业单位提供的公益服务进行分析比对，探索建立事业单位公益服务清单制度，倒逼事业单位提高整体服务水平。另一方面将试点工作放在江北区全面推进基层政务公开标准化规范化工作的基础上，按照《江北区全面推进基层政务公开标准化规范化工作方案》，充分发挥我区"站在群众视角实施订制式政务公开"的成功经验，按照"应公开、尽公开"的标准,全面梳理公开事项,细化公开内容,规范公开流程,创新公开方式。对事业单位提供的公益服务,真正让服务对象看得到,听得懂,易获取,能监督。

从2018年起,江北区会同宁波市事业单位登记管理局开始探索事业单位年度报告指标分类工作,对教育、卫生、文化和社会福利四大类的事业单位分类制定指标,并且进行试点。同时还探索了"年报质量量化评价"工作,年报质量有明显的提升。这些工作为下一步探索年报制度改革奠定了良好的基础。2020年起,这项改革已列为浙江省委编办的试点,省事业单位登记管理局领导多次到江北区进行调研,听取试点工作情况汇报,并进行指导。

通过几年的探索,江北区认为通过对年度报告分类实施公益效能指标,是探索年度报告改革的必由之路。总体上可以分为五个方向:一是构建公益效能指标体系,以此作为基础;二是建立年度报告质量评价体系,以此作为保障;三是设计专业的基于公益效能指标的填报系统,以此作为提高质量的途径;四是加强信息公开的监督检查,以此作为手段;五是建立事业单位信用体系,以此作为目的。这五个方向必须相辅相成,缺一不可。

(四)从事业单位公益效能指标着手探索年报制度改革的主要考虑

1. 有利于全面准确了解事业单位运行情况

建立经常性年度报告的初衷,正是要通过年度报告来掌握事业单位职能发挥的真实情况,摸清底数,提升公共服务水平。只有构建起科学的公益效能指标体系,监管部门才能真正掌握事业单位的真实情况。

2. 有利于社会公众能够相对简易地获取事业单位运行信息

建立年度报告公益效能指标体系,公开的信息将更全面、更准确,不仅要晒事业单位的工作绩效,反映向社会提供公共服务的质量和水准,而且要晒事业单位的"负面清单"。从而构建起一种倒逼机制,迫使事业单位严格自律。

3. 有利于实现事业单位机构编制的科学管理

通过科学规范的年度报告制度,可以全面地了解事业单位的业务活动情况、生存状态和发展趋势,进一步实现对事业单位的动态管理,为合理配置和科学管理事业单位机构编制创造有利条件，同时也为调整公益服务均衡布局提供可能。

二 对事业单位公益效能指标体系构建的初步探索

（一）开展课题研究

2018年江北区与宁波市事业单位登记管理局组建了联合课题组，经过两年的思考和研究，2019年底完成了《事业单位法人年度报告公益效能指标体系研究》（以下简称《研究》）。《研究》认为对事业单位的公益效能进行评价，必须同时具备四个方面的要素：一是要确定影响事业单位发挥公益效能的主要因素有哪些；二是如何收集足够进行分析研判的信息；三是要确定分析的目标是什么；四是如何建立评价测度。其中核心是如何设置公益效能指标，对此提出的基本思路是：从普惠性、基础性、兜底性的视角评估事业单位的公益属性和职能，对各项关键指标进行精细化分析，按照最小颗粒度原则进行细化分类；同时从分析投入和产出两个方面来评估事业单位的履职效能。

（二）制定指标体系

江北区将年度报告指标分为共性指标体系（统一由32项指标组成）和公益效能指标体系两大部分。对其中的公益效能指标体系，完成了义务教育、学前教育、公立医院、基层社区卫生服务四类事业单位。以义务教育事业单位为例，将公益效能指标分为公益投入和公益产出两大部分，公益投入分为校舍条件、教学设施配备、人员配备、教师职称、经费收支、其他公益投入六个二级指标；公益产出分为学校管理、德育工作、教学工作、安全工作、绩效考核结果、其他公益产出六个二级指标。二级指标再细化为若干三级指标。公益效能指标中义务教育单位由76项指标组成，学前教育单位由60项指标组成，公立医院由85项指标组成，基层社区卫生单位由77项指标组成。每类单位需要报告的指标合计平均为106项。通过这些指标的设计，为准确掌握上述四类事业单位的运行情况提供基础信息,也为今后量化评估事业单位的公益性奠定基础。在指标设计中,参考了政府履行教育职责评价办法、义务教育优质均衡发展、办学品质提升考评方案、推进"健康浙江"行动、"健康宁波"考核指标,等等,使得指标有的放矢并且贴近实际需要。

表1 义务教育事业单位法人年度报告公益效能指标体系

类别	项目		指标属性	指标说明和填报要求
公益投入	校舍情况	校园占地面积	量化指标	必填;单位:平方米
		绿化用地面积	量化指标	必填;指学校占地面积中集中用于种植花草、树木以及天然林的土地面积,单位:平方米
		教室建筑面积	量化指标	必填;单位:平方米
		图书室建筑面积	量化指标	必填;单位:平方米
		实验室建筑面积	量化指标	必填;单位:平方米
		微机室建筑面积	量化指标	必填;指接入互联网或校园网,并可实现数字教育资源等多媒体教学内容向全体学生展示功能的教室,单位:平方米
		体育馆建筑面积	量化指标	必填;单位:平方米
		运动场地面积	量化指标	必填;指学校专门用于室外体育运动并有相应设施所占用的土地面积,单位:平方米
		宿舍建筑面积	量化指标	选填;单位:平方米
		生均建筑面积	量化指标	必填;学校总建筑面积/学生总数,单位:平方米
	教学设施设备	图书册数	量化指标	必填;指学校图书馆及资料室拥有的正式出版书籍,单位:册
		体育器材	综合指标	必填;指体育馆和运动场地主要体育设施设备和数量,单位:台(件)
		实验设备资产值	量化指标	必填;指学校固定资产中用于实验等仪器设备的资产值,单位:万元
		多媒体设备资产值	量化指标	必填;指学校固定资产中可实现数字教育资源等多媒体教学内容向学生展示功能的设备的资产值,单位:万元
		其他设备资产值	量化指标	选填;除上述设施设备以外的与教学有关的设施设备的资产值,单位:万元

续表

类别	项目		指标属性	指标说明和填报要求
公益投入	人员配备	专任教师数	量化指标	必填；指具有教师资格证、专门从事教学工作的人员数量，单位：名
		其中：体艺美音专任教师数	量化指标	必填；指从事体育、艺术、美术、音乐教学的教师数之和，单位：名
		本年度人均培训学时	量化指标	必填；本年度教师人均参加培训的时间，包含教师5年360学时培训等，单位：小时
		教师证持证上岗率	量化指标	必填；根据专任教师持有教师资格证情况填报，单位:%
		班师比	量化指标	必填；指班级总数与专任教师数量的比例，格式：1:X
		市级教学名师、骨干教师数	量化指标	必填；指市级及以上特级教师、名校长、名师骨干、学科带头人、教坛新秀数量，单位：名
		区级教学名师、骨干教师数	量化指标	必填；指区级及以上特级教师、名校长、名师骨干、学科带头人、教坛新秀数量，单位：名
		骨干教师比例	量化指标	必填；指区级及以上特级教师、名校长、名师骨干、学科带头人、教坛新秀与专任教师数量的比例，单位:%
	教师职称	未定级教师人数	量化指标	必填；指未评定任何级别职称的教师数量，单位：名
		初级职称人数	量化指标	必填；指评定为初级职称的教师数量，单位：名
		中级职称人数	量化指标	必填；指评定为中级职称的教师数量，单位：名
		高级职称人数	量化指标	必填；指评定为高级职称的教师数量，单位：名
		特级教师人数	量化指标	必填；指评定为特级教师荣誉的教师数量，单位：名

续表

类别	项目		指标属性	指标说明和填报要求
公益投入	经费收支	本年收入合计	量化指标	必填；按财务决算报表填报，单位：万元
		其中：财政拨款	量化指标	必填；指本级财政部门当年拨付的财政预算资金，包括一般公共预算财政拨款和政府性基金预算财政拨款，单位：万元
		其中：事业收入	量化指标	必填；指事业单位开展专业业务活动及辅助活动所取得的收入，单位：万元
		其中：经营收入	量化指标	选填；指事业单位在专业业务活动及辅助活动之外开展非独立核算经营活动取得的收入，单位：万元
		其中：上级补助收入	量化指标	必填；指上级部门按规定或因专项需要补助给本单位的款项，单位：万元
		其中：附属单位上缴收入	量化指标	选填；指事业单位附属独立核算单位按照有关规定上缴的收入，单位：万元
		其中：其他收入	量化指标	选填；指预算单位在"财政拨款""事业收入""经营收入""上级补助收入""附属单位上缴收入"等之外取得的各项收入，单位：万元
		财政性教育经费收入占单位总收入的比例	量化指标	必填；指财政性教育经费收入占总收入的比例，单位：%
		本年支出合计	量化指标	必填；按财务决算报表填报，单位：万元
		其中：本年项目支出	量化指标	必填；指事业单位为完成事业发展目标所发生的支出，单位：万元
		其中：本年基本支出	量化指标	必填；指事业单位为保障其正常运转，完成日常工作任务所发生的支出，包括人员支出和日常公用支出，单位：万元
		财政性教育经费投入年增长率	量化指标	必填；指财政性教育投入经费与上一年度相比的增长幅度，单位：%
		财政性教育经费支出占单位总支出的比例	量化指标	必填；指财政性教育经费支出占总支出的比例，单位：%
		一般公共预算教育支出增长率	量化指标	必填；指用于教育方面的全部开支与上一年度相比的增长幅度，单位：%
		生均教学仪器设备值	量化指标	必填；指学校固定资产中用于教学、实验等仪器设备的资产值除以学生总数得出平均数，单位：元

续表

类别	项目		指标属性	指标说明和填报要求
公益投入	经费收支	教师进修培训费用	量化指标	必填；本年度教师参加培训的总费用，包含教师 5 年 360 学时培训等，单位：万元
		员工教育培训经费占比	量化指标	必填；根据教师培训要求产生费用占单位总支出的占比，单位：%
		贫困生资助经费	量化指标	必填；根据教育主管部门口径填报，单位：元
		生均教育经费支出	量化指标	必填；指当年用于教育支出总和除以当年在校平均学生人数得出平均支出数，单位：元
		学杂费占教育经费总收入的比重	量化指标	必填；根据教育主管部门口径填报，单位：%
	其他公益投入		综合指标	选填
公益产出	学校管理	办学特色	描述指标	必填；指办学目标、教育教学方法、课程活动内容、师资建设、办学成果等特色
		招生管理	综合指标	必填；指招收适龄儿童入学情况等
		学籍管理	综合指标	必填；指办理学生入学注册，成绩考核，升留级、转学、休学、复学、退学，鉴定，考勤，奖励处分等
		在校学生管理	综合指标	必填；指学生数、年级数、班级数等
		年学生增长率	量化指标	必填；与上一学年相比学生的增长情况，单位：%
		毛入学率、巩固率	量化指标	必填；分别指在校人数/学龄人口数 * 100%、毕业人数/入学人数 * 100%
		家访活动	综合指标	必填；指学校开展教师家访活动的情况
		家长会、家长学校等活动	综合指标	必填；指学校开展家长会、家长学校等活动的情况

续表

类别	项目		指标属性	指标说明和填报要求
公益产出	德育工作	德育教学	描述指标	必填；指德育教学活动的形式、内容、特色及频次
		爱国主义主题教育活动	描述指标	必填；指主题教育活动的形式、内容及频次
		公益活动开展	综合指标	必填；指公益活动形式、内容及频次
		体育、艺术学科竞赛	综合指标	必填；指开展体育、艺术学科竞赛的情况
		体育文化、卫生健康宣传教育	综合指标	必填；指开展体育文化、卫生健康宣传教育活动的形式、内容及频次
		国家学生体质健康标准合格率	综合指标	必填；指开展体质健康培养的情况，包括体质健康合格率等指标
	教学工作	课程设计（建设）	描述指标	必填；有目的、有计划、有结构的课程计划（教学计划）、课程标准（教学大纲）以及教材等系统化活动，主要包括国家课程、校本课程、拓展课程三方面内容
		学科竞赛	综合指标	必填；指参加区级及以上学科竞赛的情况，如竞赛名称、获奖人次等内容
		劳动教育	描述指标	必填；自我服务劳动、手工劳动、生产劳动等活动开展情况
		课题研究	描述指标	必填；示范课、公开课开展情况，课题研究的开题、结题及获奖情况等
	安全工作	人防、物防、技防建设	描述指标	必填；校园安保人员配备、基本防卫器械配备、视频监控装置配备等
		消防安全建设	描述指标	必填；灭火器、消防栓、消防应急灯、烟雾报警器等设置情况
		校园周边交通安全建设	描述指标	必填；硬质防冲撞设施设置、安全警示标志标牌设置等
		安全教育及应急疏散演练	综合指标	必填；专题安全教育和安全技能培训、应急疏散演练等
		食品安全管理	描述指标	必填；食品贮存、餐具消毒保管、餐厨废弃物管理、食堂工作人员管理等
		安全隐患排查	描述指标	必填；安全隐患排查、整改情况
	绩效考核结果	各类考核情况	综合指标	必填；包括举办单位、上级部门组织的各类考核的主要情况
		办学满意度测评	综合指标	选填；问卷调查、第三方测评的主要情况
	其他公益产出		综合指标	选填；如支教等

（三）编撰指标说明和填报要求

为方便试点事业单位填报，也为了提高填报质量，对每个指标进行说明并明确填报要求。根据指标特性将公益效能指标分为量化指标、描述指标和综合指标三类。凡是能量化报告的，必须量化报告；不能量化报告的，要求事业单位将公益职能以清单化模式进行报告。上述四类单位公益效能指标中量化指标合计达到159项，平均每类单位40项，占全部指标的53.18%；描述指标合计只有46项，平均每类单位11.5项，占全部指标的15.38%。

（四）确定试点工作方案

公益效能指标建设是一项系统性工程，难以在短期内一步到位，必须循序渐进。江北区考虑首先在教育卫生领域试点，主要原因是相较于其他领域，教育卫生领域从体量上看是事业单位的主体，同时更是民生事业的聚焦领域，更具复杂性，也更有挑战性。若能够在这两个领域取得突破和进展，由难而易，今后扩展延伸至其他领域相对较易。为统一思想，明确试点工作的方向和方法步骤，制定了《宁波市江北区事业单位法人年度报告改革试点工作实施方案》，内容包括指导思想、基本原则、工作目标、任务、时间安排和要求等。参加第一阶段试点的单位有8家社区卫生服务中心、1家综合性医院、1家专科医院、32家学校、9家幼儿园。全区共计51家事业单位参加试点。在区教育局、区卫生健康局的大力支持下，顺利完成了第一阶段试点工作。

（五）开发填报系统

为保证试点填报质量，也为今后开发信息系统提供经验，江北区在原"宁波市事业单位登记管理系统"基础上开发了公益效能指标填报系统，新开发了教育、卫生4个公益效能模块。试点事业单位在系统中填写完整后可以自动生成规范的标准格式年度报告。

三 试点工作初步成果及问题

（一）为提高事业单位年度报告质量提供途径

年度报告质量问题一直是困扰登记管理机关的一个大问题。公益效能指标体系应用后，填报内容项目多、涉及广、涵盖全，能够比较完整地反映事业单位运行情况，为从源头上解决年度报告质量问题提供可能。

（二）为掌握事业单位运作情况提供信息来源

通过公益效能指标的应用，能够基本摸清事业单位家底，可以较为精准地掌握事业单位提供的公益服务情况，为实现动态管理和事中事后监管奠定基础。

（三）为提高事业单位公益服务主动性提供动力

向社会公示事业单位公益效能指标，是政府提高透明度和扩大公众知情权的大势所趋，能对事业单位形成倒逼机制，使之产生良性循环。

（四）为加强事业单位机构编制管理提供依据

公益效能指标的应用，可以比对同类事业单位的运作情况，厘清业务发展脉络，对分析机构编制配置效能、加强机构编制绩效评估提供依据。

在取得成果的同时，江北区也发现试点中暴露出的一些问题：如公益效能指标的设置还需优化。指标设置是否能够完整或比较完整地体现事业单位的公益属性，还需要从理论和实践两方面进一步进行检验。又如填报系统的功能还需完善，还缺少自动校验、核对等功能。另外数据的应用还需破题。公益效能指标除了向社会公示外，还有一个如何科学应用的问题。由于事业单位客观存在的履职差异，填报结果共性较少，目前还很难找到同类单位填报数据之间的逻辑关系和数理关系，数据的提取和应用方式还需进一步探索。

四 下步主要工作布署

（一）完善教育卫生单位公益效能指标体系

教育和卫生事业单位数量多，与社会民生的关系近，是事业单位法人年度报告改革试点的重中之重。要针对试点中暴露出的问题，逐个研究，进一步修改完善公益效能指标，为下一步扩大试点范围做好准备。

（二）梳理事业单位公益服务清单

在重新制定的事业单位"三定"基础上，梳理事业单位的公益服务清单，厘清公益服务事项，为下一步在所有事业单位制定公益产出指标奠定基础。目前这项工作已在江北区人力社保、医疗保障、城市管理系统所属的13家事业单位进行试点。如区人力社保局所属的就业管理中心梳理出公益服务事项达到33项，能够比较充分地反映该事业单位提供公益服务的情况。

（三）对填报系统进行评估和完善

年度报告公益效能指标的采集必须是既方便单位填报，又具有非常强的质量可控性，否则就没有生命力。江北区正在考虑待指标体系相对比较成熟后，要按照"整体智治"的理念，考虑设计专业填报系统。逐步增加系统功能，如对历年的报告数据进行分析比对，对不符合质量控制标准的不予通过，无法生成年度报告等。

（四）与社会信用建设衔接

探索将年报内容纳入社会信用公示平台，分步分批实施，扩大事业单位年度报告的社会影响面，倒逼事业单位提高年报质量，增强事业单位的责任意识、服务意识和诚信意识，促进其公益效能的发挥。

五 事业单位法人年度报告制度改革的展望

通过对事业单位法人年度报告分类实施公益效能指标,以此为突破口,来探索事业单位法人年度报告改革之路。立足年度报告制度的功能定位,并系统考虑改革的路径,对深化推进事业单位法人年度报告改革作以下设想:总体上可以分为五个方向:一是构建公益效能指标体系,以此作为基础;二是建立年度报告质量评价体系,以此作为手段;三是设计专业的基于公益效能指标的填报系统,以此作为途径;四是加强信息公开的监督检查,以此作为保障;五是建立事业单位信用体系,以此作为目的。这五个方向必须相辅相成,缺一不可。当务之急要着手研究的是以下方面工作:

(一)加强制度建设,打造年度报告信息公示制度体系

整体而言,事业单位信息公示工作还处于较低级的阶段,远远无法满足社会事业发展的需求。即使公示信息的指标进行了科学的标准化设置,但其品质依然难以保证。在条件成熟后,要制定专门的规范性文件,可以考虑以下几类:一是制定《事业单位公示信息管理办法》,从总体上对事业单位公示信息管理工作进行规范。二是制定《事业单位法人公示信息抽查实施办法》,规定抽查方式、内容、程序和责任追究等方面内容。三是制定《社会中介机构参与事业单位法人公示信息抽查管理办法》,目的是拓展监管渠道,明确社会中介机构参与事业单位法人公示信息抽查的具体内容,包括准入机制、方式方法、职责权益等。四是制定《事业单位法人公示信息联合监管办法》,目的是搭建事业单位法人公示信息监管平台,明确相关政府部门参与事业单位法人公示信息监管的职责。五是制定《事业单位法人公示信息抽查内容清单》和《事业单位法人公示信息被抽查单位需提供资料清单》,目的是提高抽查工作的可操作性和公正性。

（二）推进"组合拳"管理，提升年度报告信息公示质量体系

一是加强年报质量评价，打出日常"管理拳"。江北区已经探索实施的《年度报告质量评价标准》，对公示信息进行量化评分，倒逼事业单位提高责任意识，提升年报质量。二是强化随机抽查监管，推出"监督拳"。全面落实"双随机、一公开"监管，建立"一单、两库、一细则"，实行跨区域交叉抽查，进一步提高随机抽查的公正性。尤为重要的是，对抽查中发现的拖延报送、瞒报漏报、信息不实等行为除给予《实施细则》规定的行政处罚外，采用冻结、废止、异常名录等多种手段，增强对事业单位法人的约束力。三是推进"不见面服务"，亮出优质"服务拳"。通过线上线下等多维技术手段，优化咨询和报告质量的自检系统，提升工作效率和服务质量。

（三）拓宽公开渠道，健全年度报告信息公示应用体系

一是通过信息公示平台、二维码、政府信用平台等不同形式，加强对社会宣传，扩大受众面，提高年度报告知晓率，形成良好的社会监督氛围。二是推进信用体系建设，建立事业单位法人诚信制度。三是探索开展信用信息评估，建立完善"守信激励、失信惩罚"机制，真正实现政府、社会、市场对公益事业的多元治理。

河南省平顶山市卫东区政务公开精准服务民生需求的实践与探索

河南省平顶山市卫东区人民政府办公室[*]

摘　要：近年来，河南省平顶山市卫东区深入落实国家和省市关于基层政务公开标准化规范化建设的部署要求，重点围绕就业、教育、卫生、养老、社会保障、行政审批等民生领域，统筹推进信息公开、网民互动、云上办事，将政务公开工作与人民群众美好生活需要精准对接，全力解决人民群众最关心、最直接、最现实的民生问题。

关键词：政务公开　民生需要　精准对接

全面推进政务公开是满足人民群众日益增长美好生活需要的题中之意，也是打造法治政府、服务型政府，提升社会治理能力的必由之路。河南省平顶山市卫东区坚持政务公开工作民生取向，牢固树立"公开为民、公开便民、公开惠民"理念，推进决策、执行、管理、服务、结果公开（以下简称"五公开"）融入民生事业发展的各方面和全过程，全力打造公开透明的阳光政务、惠民政务。

一　主要做法和成效

（一）坚持公开为民"一以贯之"

卫东区把政务公开作为保障人民群众权益、增强政府现代治理能力

---

[*] 执笔人：赵兵兵，河南省平顶山市卫东区人民政府办公室党组成员、副主任；张朝升，河南省平顶山市卫东区人民政府办公室综合科科长；耿明远，河南省平顶山市卫东区人民政府办公室秘书科科长。

的重要载体，作为走好新时期党的群众路线的具体实践，全力以赴抓实抓细抓具体。

1. 注重高位推进

区委、区政府高度重视政务公开工作，主要领导同志多次在区委常委会议、区政府常务会议、区全面深化改革领导小组会议上听取政务公开工作汇报，研究部署政务公开工作。《卫东区人民政府工作规则》第六章就"推进政务公开"作了专章规定，明确将公开透明作为政府工作的基本原则。区政府工作报告每年都对政务公开工作进行专题部署，每年都制定政务公开工作要点。区政府成立了政务公开服务综合协调工作领导小组，明确由区政府常务副职具体分管，负责领导、协调、督导、推进全区政务公开工作。建立了政务公开联席会议制度，区政府办公室负责政务公开工作总协调，区直单位和各街道办事处参加，定期通报政务公开工作开展情况，研究解决工作中的重大问题，形成了上下联动、条块结合、分工协作、同频共振的政务公开工作格局。

2. 注重制度建设

高度重视民生领域政务公开工作制度建设，印发了《卫东区人民政府关于加强重点民生领域信息公开标准化规范化工作的通知》《卫东区人民政府关于扩大公众参与加强政民互动工作的实施方案》《卫东区人民政府重大行政决策公众参与制度》等一系列制度文件，对涉及民生事项的主动公开、依申请公开、网站信息公开、信息保密审查等全面规范并编制流程图，对公开内容、发布程序、审核把关、诉求受理、效果反馈等全过程进行细化具体化，保障了政务公开工作有规可依、有章可循。加强全面推进政务公开工作财政预算保障，每年的专项经费达到100万元。坚持把政务公开列入机关干部培训内容，每年都邀请专家领导进行授课，不断提升各单位政务公开意识和业务水平。

3. 注重工作考核

把政务公开工作列入"法治卫东"建设考核和区政府目标管理百分考核体系，制定了《卫东区人民政府政务公开工作年度考核细则》，通过单位自评、综合考核、抽查核验、结果审定等步骤，全面、客观、准确地反映和评价各单位政务公开工作成效，实行量化打分，定期通报，年底交总账，在全区营造政务公开工作创优争先、奖优罚劣的鲜明导向。坚持把人民群众满不满意作为考量政务公开工作成效的最高标准，既注重考核的"结果"，更注重公开为民惠民便民的"效果"，勇于把评判权交给群众，每年都在区政府网站上设置专栏，接受群众对政务公开工作的打分评判。建立政务公开监督员制度，开展群众监督"直通车"，实行政务公开日常评议和监督。根据群众对政务公开工作的打分结果汇总，总体满意度达到98%。

（二）重要民生信息"一体发布"

卫东区坚持把民生信息作为政务公开事项的重中之重，以政务公开高质量促进民生事业发展高质量。其主要做法如下。

1. 公开责任具体化

按照"谁主管谁公开、谁监管谁公开、谁审批谁公开"原则，实行区、街道、社区（村）"三级联动"，部门与属地"条块结合"，坚持公开常态化、不公开例外化，关系民生的重要行政事务24小时内上网公开，指向性较强的行政事务接受群众依申请公开，做到能公开、尽公开、快公开、精准公开，以公开便利群众生产生活。

2. 公开途径矩阵化

以区政府网站（网络版+手机版）为政务公开第一平台，推动区政府网站与一体化政务服务网的融合对接和资源共享，实现了台前资源一站提供、一页纵览，形成了公众获取信息便捷、上网办事实用的集散地。同时，以卫生健康、养老服务、社会保障、退役军人服务、平安建设等重点民生领域政务新媒体为补充，加快区级一体化政务服务平台向街道、村（社区）最末端延伸，借力市级政务发布平台"平顶山传媒APP"建立"卫东新闻"专栏，在区行政服务中心打造集信息公开、服务展示、自主办理、查阅获取为一体的政务公开体验区，逐步形成了网上网下一体、内宣外宣联动的民生信息发布矩阵体系。

3. 公开内容规范化

卫东区先行先试，立足区级职能权限，聚焦就业、社会救助、社会保险、涉农补贴、公共法律服务、公共文化服务等20多个重点领域，按照"应公开、尽公开"原则，以各个领域涉及的权责清单、公共服务事项清单为依据，以人民群众最关心、与人民群众最密切的事项为重点，组织区直单位和各街道办事处编制了政务公开事项标准目录和清单，共240类、1430个具体事项，按条目式逐项细化公开内容，包括事项名称、行为依据、内容要求、责任主体、公开事项、公开方式等。建立标准动态调整机制，在法律法规新立或修订、公开要素发生变化等情况下，对目录和清单进行调整完善。建立健全民生重要事项公开协调对外发布机制，严格遵循"五公开"标准要求，将重大政策文件、规划计划的制定作为决策公开的重点，将依据规划计划和相关政策文件而具体开展业务的过程作为执行公开的重点，将权力清单、责任清单、"双随机、一公开"事项清单的公开作为管理公开的重点，将政务服务事项清单、服务事项办理结果作为服务公开的重点，将具体工作事项落实情况等作为结果公开的重点，切实把"五公开"落实落细落具体。

4. 公开成效最大化

注重把政务公开与民生事业发展有机融合，涉及群众切身利益的社会事务公开贯穿于服务的全过程，突出"三个助力"，把政务公开办到人民群众心坎上、生产生活需要处。一是助力疫情防控。在疫情防控关键时期，先后推出《让党旗在战"疫"一线飘扬》《喊话父老乡亲莫慌，咱的市场吃喝都有！》等一批高质量信息1200余条，消除了居民群众的焦虑情绪，凝聚起抗疫必胜的强大精神力量。针对手机网络上出现的一则"平顶山市卫东区新增确诊病例流调信息公布"不实信息，经过有关部门调查核实后，第一时间发布了"关于卫东区新增确诊病例不实信息的声明"，跟进发布"关于宋某宇传播虚假疫情信息的警情通报"，起到"一锤定音"作用，避免了社会恐慌和负面舆论焦点形成，用及时、准确、权威的公开守住了"网上抗疫阵地"。二是助力民生改善。对环境保护、城市管理、食品药品等领域执法情况进行公开，接受群众监督，有力地促进了"双随机、一公开"监管取得实效。定期将城乡低保、临时救助、拆迁安置补偿、惠农资金、创业培训补贴等重点民生领域资金发放情况向全社会公开，真正让民生资金在阳光下运行。三是助力企业发展。建立了营商环境专栏，打造涉企政策"一站式"发布平台，在收集梳理汇总惠企政策的基础上，对接各部门、各领域政策信息系统，对接上级涉企扶持资金各类服务平台，确保惠企政策找得到、用得上。近三年来，通过涉企政策"一站式"发布平台，先后让

550多家企业享受到了应对疫情减免房租、纳税企业评星定级、科技奖补、政银企对接融资支持、投资项目代办服务、城市基础设施配套费缓缴等政策,资金额度达到30亿元,卫东区"只要企业决定干,剩下事情我们办"的营商做法得到省政府领导批示和肯定。

(三) 受理群众诉求"一网通办"

群众在哪里,民意就在哪里;民意上了网,政务公开也要跟进。卫东区在政务公开中注重与网民开展互动,坚持网上听民意、网下解民忧,以公开促进人民群众最关心、最直接、最现实利益问题的高效办理、高效落实,在公开中打造群众监督"直通车",走好网上群众路线。

1. 聚合反映渠道

在区政府官方网站上开设了"群众网上留言统一受理"版块,把人民网留言、市长热线、区政府领导信箱、网上信访、依申请公开、政协委员提案、人大代表建议、"民呼必应"等多个诉求反映渠道,分门别类整合到一起,方便群众根据实际需要进行选择,大大提高了问题反映的便捷性。

2. 规范办理流程

畅通群众诉求反映渠道是基础,扎扎实实解决问题是关键。卫东区制定了办理群众网上来信标准化工作流程,从受理、交办、督促、反馈、回复、评价等全流程、全环节,逐项明确责任单位、完成时限、工作要求,形成了"1→N→1"办理流程,即区政府办公室总牵头,区直各单位、各街道办事处落实办理责任,区委区政府督查局负责督促和回复,确保群众反映的问题事事有回音、件件有着落。

3. 确保办理成效

群众诉求办理得好与坏直接影响着政府的公信力、影响着人民群众的获得感。卫东区把群众诉求办理结果作为公开的重点事项,健全完善网民诉求办理成效反馈机制,把评判权交给群众,倒逼问题解决、作风改进。2020年全区累计办理人民网留言、领导信箱留言等网上留言355件,办理市长热线电话反映4052件,办理人大代表建议和政协委员提案102件,满意率均达到95%以上。对个别办理成效不明显、群众不买账的事项，要求责任单位进行"回炉""补课"，直到群众满意为止。

（四）助力行政审批"一次办妥"

卫东区坚持把全面、规范、精准、有效的公开作为深化"放管服"改革、推进"一次办妥"改革最鲜明的底色和最有力的保障。

1. 以政务公开促进线下审批"最多跑一次"

通过政府网站、政务新媒体、一体化行政服务网、办事大厅公示栏、服务窗口等平台，主动全面准确向全社会发布政务服务事项清单和办事指南，全力做到每一个审批服务事项要经过哪些办理程序一目了然、需要提交哪些材料清清楚楚、办结时限明确告知，方便办事人一次性准备齐全材料、办事窗口一次性接件受理。全区1241项政务服务事项除有特殊场地要求外，其余全部可在区政务服务大厅办理。大厅设置"统一受理"试点收件窗口，办事人在综合受理窗口即可完成所有事项和送达，实现了群众到区政务服务大厅"只进一扇门、一扇窗"。高度重视老年人"数字鸿沟"问题，对不会使用自助终端机的老年人，志愿者现场提供代办服务，让老年人更好共享信息化发展成果。2020年，区政务服务大厅受理办件84452件，办结率100%，实现零投诉。

2. 以政务公开推动线上办事"一次也不跑"

积极推进区级"互联网+政务服务"平台建设，"线上+线下"大力开展"豫事办"政务民生服务小程序宣传推广工作。硬件建设是基础，推广使用是关键，方便群众是目的。卫东区把"豫事办"下载入口、一体化政务服务平台跳转入口挂在区政府网站明显位置，对教育、医疗、住建、金融、社保、民政、税务等高频民生事项的办理程序详细予以解读，为民生事项"指尖办理"奠定了坚实基础。2020年，212个政务服务事项实现"指尖办理"。

3. 以政务公开确保群众办事"每一次都满意"

建立健全政务服务"好差评"制度，实行服务事项、服务渠道、评价对象的全覆盖，企业群众办完事后，在区政务服务大厅现场，或通过河南政务服务网、"豫事办"、自助终端、电话、短信等渠道，均可进行"好差评"评价。实行用户评价、政府处理结果的全公开，接受每一个好评，也不放过任何一个差评。对差评能当场解决的当场解决；不能当场解决的，在 1 个工作日内先行联系，并在 5 个工作日内完成整改反馈，较为复杂的在 15 个工作日内办结，以公开为"好差评"制度通上"高压电"。2020 年，在区政务服务大厅、政务服务网等"好差评"系统上共收到评价 3779 件，好评率 100%。

（五）公众参与决策"一站直达"

《重大行政决策程序暂行条例》将公众参与作为政府重大行政决策法定程序的重要一环，要求决策承办单位应当采取便于社会公众参与的方式充分听取意见。卫东区认真贯彻条例精神，在政务公开工作中将最有效的公开途径与政府不同类别的重大行政决策相匹配，确保群众知晓最大化、参与最方便。

1. "网对网"公开，让公众参与决策更有广度

对《政府工作报告》、"十四五"规划、乡村振兴全域规划、农村生活污水治理规划等事关发展大局的事项，对年度重要民生实事等关系群众切身利益的事项，决策前通过区政府网站、政务新媒体、平顶山日报等线上途径予以公开，面向全社会广泛征求意见建议，变"端菜"为"点菜"，切实找准民生热点、焦点、难点，提高群众对政府工作的认同感、认可度。近年来，加强背街小巷基础设施维修、改善社区庭院环境卫生、加快停车场建设破解"停车难"问题等一大批来自人民群众的"声音"，通过政务公开纳入了区政府决策、列入了区政府工作重点，得到了有效落实。

2. "面对面"公开，让公众参与决策更有深度

卫东区在推进重大民生工程过程中，坚持让政务公开工作"打头阵"，通过召开座谈会、张贴公告、调查问卷等形式，当面把重要信息、关键内容、核心要素全部向群众开诚布公，以公开的诚意争取群众的理解、支持和参与。近年来，卫东区实施城市开发改造、棚户区改造项目 60 多个，涉及辖区万余户群众的拆迁。为确保拆迁群众对安置房满意，提前把每个棚户区改造安置区项目的控制性详细规划定向对涉及拆迁的群众公开，详细解读容积率、绿化率、房屋面积等涉及群众切身利益的强制性技术指标，吸纳群众意见后再上报市规委会审批，从而打消了群众的顾虑，为推进拆迁工作创造了有利条件。实施老旧小区改造 61 个，

每个小区的改造规划都提前向小区居民群众公开并征求意见，对群众普遍反映的停车位少、绿化面积小、体育活动设施缺、违建乱建情况多、物业进驻难等问题，在规划和改造中全部予以回应，通过政务公开让老旧小区改造更加体现群众意愿。

3. "点对点"公开，让公众参与决策更有温度

对涉及特定群体利益的行政决策事项，把初步意向在一定范围内进行公开，并与群众代表进行沟通、对接、协商，在充分听取、采纳意见的基础上，制定了《卫东区农村宅基地和集体建设用地确权登记发证指导意见》等一批高质量的制度文件，有力地保障了群众合法权益。

二 当前面临的新形势

（一）政务公开如何在信息数据大爆发中更好发挥民生信息"聚合器"作用

伴随着互联网和自媒体的快速发展，各单位各领域诸多政务信息公众微信号等载体如雨后春笋般建立起来，政府信息公开渠道得到了广泛拓展，但同时信息公开碎片化的问题也日益凸显，不少重要民生信息分散在不同层级、不同部门、不同类型的各种平台上。同时，由于网上信息留存时间长、实际政策变化快、平台智能检索功能有限等因素，出现了越来越多过期失效的信息。在海量信息面前，往往要"货比三家"、多次跳转、反复比对，产生了检索、筛选、分析、对比等一系列相当强度的工作量，一定程度上出现了"选择困境"，增加了政务公开服务民生"最后一米"的路程。因此，将各部门、各条线手中的民生信息统一汇总、整合集聚，有效打通"信息孤岛"，简化网民获取信息的途径，实现公开全面性、系统性、便捷性的有机统一，已成为当务之急。

（二）政务公开如何在打造共建共治共享社会治理格局中更好发挥"连心桥"作用

在前期实践中，通过各种途径邀请公众参与的多，但是从对征集的意见梳理汇总，到部门的论证采纳，再到对采纳情况的反馈往往需要一

个过程，一定程度上制约了公众参与积极性的发挥。需要进一步健全完善公众参与的反馈回应约束性机制，对听取的公众意见采纳与否、不采纳的说明理由、如何说明理由、多长时间予以反馈信息等进行详细规定，让群众在参与政府决策管理中有更多获得感，真正发挥好政务公开在政民互动中的桥梁纽带作用。

（三）政务公开如何在引领社会民生舆情上更好发挥"轻骑兵"作用

当前自媒体快速兴起，手机拍照、微信传播、抖音发短视频几秒就能传输到网络上。而涉及民生的信息往往都比较敏感，尤其是一些负面事件消息，很容易被别有用心之人断章取义、片面解读，通过取悦大众心理、点燃公众焦虑情绪来吸引粉丝、赚取流量，从而导致舆论危机。从近些年的典型案例来看，往往是从有关部门展开调查到最终结果出炉的这段时间里，负面信息急速发酵，增加了处理突发事件的不确定因素。政务公开工作具有很强的权威性、全面性、规范性，但是也需要在前瞻性、灵活性、机动性上进行不断创新实践。因此，有必要在处置突发民生舆情中及时进行阶段性公开，为妥善处置舆情争取时间。

（四）政务公开如何在民生政策解读过程中更好发挥"风景线"作用

民生政策解读，看得到是前提，看得懂是关键，用得上是追求。卫东区在民生政策解读上采取了一系列创新措施。比如，卫东区司法局策划制作了《精明猴王不懂法依法依据受惩罚》等动漫宣传片，用群众看得懂且喜欢看的形式普及法律知识，趣味性十足，让群众看得赏心悦目。但是还有一些单位习惯用专业话语解读民生相关政策，形式单一，缺少生动有趣的生活语言，群众读起来不轻松，看下去意愿不强，公开和解读效果大打折扣。因此，在民生政策解读中要注重恰当使用网民喜闻乐见的"微语言"，以轻松活泼接地气的口吻和表达方式，图文并茂、化繁为简，变"枯燥"为"有趣"，让群众看了很舒心、听了很顺心、感到政府在用心。

三 政务公开精准对接民生需求的展望

紧贴群众需求，加快阳光政务建设，全力推进更加有获得感的政务公开，以公开促治理、重规范、优服务，让群众真切感受到政务公开的实惠。

（一）在制度安排上更加精准对接民生需求

坚持用制度安排把政务公开贯穿政务公开全过程，进一步完善政务公开平台建设、舆情回应、政策解读、数据开放等各项制度，确保政务公开与经济社会发展重点工作融合的过程既产生"物理合并"，更激发出"化学反应"。用足用好政务公开工作第三方评估、社会评议、监督检查等工作机制，进一步提高政务公开工作在区政府目标管理体系中的权重，以评促建、促管、促治，确保政务公开工作向标准化、规范化纵深推进。创新实施"政府开放日"、邀请公众代表出席政务公开宣传日活动等举措，让公众充分参与行政决策制定和公共管理服务流程，积极参与、监督、评议政务公开工作，持续增进对政府工作的认可。

（二）在公开质量上更加精准对接民生需求

积极探索利用大数据优化民生服务，充分了解公众在民生领域最迫切想知晓的信息，根据网民浏览习惯和访问需求动态调整优化网站设计版块，不断提高区政府网站的便利性、美观性。加快政务公开矩阵体系建设，把区政府网站打造成技术先进、功能完善、内涵丰富、服务便捷、体验良好的综合型信息公开平台，加强新媒体在政务公开中的应用，注重政府网站和"两微一端"的协同联动，进一步提升重点民生信息的传播速度及广度，让公众"一网打尽"想要获取的政府信息。探索建立已发布民生政策全寿命跟踪机制，定期清理已废止、不适用的存量信息，最大限度减少"公开"到"公众"的路程。加快推进政务公开标准化规范化，大力实施区图书馆、区文化馆、区行政服务大厅、街道、社区（村）等基层政府信息公开硬件设施建设，完善智能查询机、电子屏、公示栏等各类公开硬件，做好宣传、查询、咨询等各项服务工作，全力以公开高质量促进群众生活品质高质量。

（三）在政民互动上更加精准对接民生需求

以"民呼必应"接诉即办体系开通运营为契机，进一步整合资源、聚合端口、融合平台，研究探索公众参与的方式途径，努力把区政府网站打造成为集信息发布、政策解读、诉求受理、便民服务、舆论引导等多种功能为一体的集散地，不断健全完善发布、解读、回应、公众参与等"大公开"格局，把政务新媒体打造成感知群众安危冷暖的"神经末梢"。坚持把政策解读作为打通政策落地"最后一公里"的重要抓手，不断丰富政策解读形式，结合实际采用政策问答、图表图解、音频视频、在线访谈、动画动漫等多种方式，引导各单位"一把手"发挥第一解读人和责任人责任，加快构建引导预期、同步解读、跟踪评估的全链条政策解读工作机制，让解读内容群众听得懂、信得过、用得上、常点赞。对突发事件，不仅要第一时间发声，也要"小步紧跟"工作动态，及时通报最新进展，对公众质疑问题进行权威回应，有效引导民生舆论。

（四）在政务服务上更加精准对接民生需求

信息越公开，服务就越高效，要进一步加快"数字卫东"建设，实现政务公开与政务服务相互促进、共同提升。通过公开优化办事流程，从办成一件事需要公开什么的角度来谋划推进公开工作，着力在审批要件上做"除法"，在办事流程上做"减法"，在工作效率上做"加法"，在群众满意上做"乘法"。大力推广应用一体化政务服务平台、"豫事办"等，探索打造"卫您办"政务服务品牌，广泛推行告知承诺制，推动更多行政服务事项"一网通办""一证通办""掌上可办"。积极建设24小时全天候自助政务服务大厅，试点推出办理结果免费邮寄服务，不断提升线下各级政务服务中心的办事效率。加强政务公开与政务服务之间的良性互动、反馈对接，促进线下工作严格遵循线上公开流程环节办理，减少审批人员自由裁量权，努力让企业、群众办事更加方便快捷。

IV

政务公开评估报告

自由贸易试验区政务透明度指数报告（2020）
——以自贸区政府网站信息公开为视角

中国社会科学院法学研究所法治
指数创新工程项目组*

摘　要：2021年，中国社会科学院国家法治指数研究中心、法学研究所法治指数创新工程项目组从决策公开、管理公开、服务公开、执行公开、结果公开、平台建设、依申请公开等方面，对全国21家自由贸易试验区及各自贸区所涵盖的67家自由贸易试验区片区政府信息公开的情况进行了第三方评估。评估结果显示，自由贸易试验区的信息公开缺乏统一标准，各自贸区信息公开情况差距较大，地区差异明显，沿海地区自贸区整体上要好于内陆地区，南方地区自贸区整体上要好于北方地区，总体上各自贸区的信息公开情况仍有较大提升空间。为此，应进一步理顺自贸区管理体制，加大公开力度，明确公开内容和标准，加强公开平台建设。

关键词：自贸区　政府网站　政府信息公开　政务公开　透明度

---

* 项目组负责人：田禾，中国社会科学院国家法治指数研究中心主任，法学研究所研究员，中国社会科学院大学法学院特聘教授；吕艳滨，中国社会科学院法学研究所研究员、法治国情调研室主任，中国社会科学院大学法学院宪法与行政法教研室主任、教授。项目组成员：王小梅、王祎茗、王赫、车文博、牛婉云、冯迎迎、刘雁鹏、齐仪、米晓敏、余楚乔、张月、张睿君、胡昌明、胡景涛、洪梅、洪甜甜、栗燕杰、陶奋鹏、雷继华（按姓氏笔画排序）。中国社会科学院国家法治指数研究中心学术助理王赫、牛婉云、齐仪、余楚乔、张月、张睿君、胡景涛、洪甜甜、陶奋鹏、雷继华（按姓氏笔画排序）参与了写作。

为了推动自由贸易试验区政务公开，助力优化营商环境，2021年，中国社会科学院国家法治指数研究中心、法学研究所法治指数创新工程项目组（以下简称"项目组"）对全国各自由贸易试验区（以下简称"自贸区"）和各自由贸易试验区片区（以下简称"自贸区片区"）的政府信息公开情况进行了调研和评估。

一 评估背景

建设自由贸易试验区是全面扩大对外开放、全面深化改革、优化营商环境的重要举措，对全面深化改革和扩大对外开放具有重要意义。《商务部关于支持自由贸易试验区进一步创新发展的意见》提出要推动自贸试验区加强国际贸易投资合作，积极参与国际经贸合作，鼓励自贸试验区构建营商环境科学评价体系，进一步优化政府服务，营造法治化、国际化、便利化营商环境。2019年10月出台的《优化营商环境条例》提出要坚持市场化、法治化、国际化原则，持续深化简政放权、放管结合、优化服务改革，以公开为常态、不公开为例外，全面推进决策、执行、管理、服务、结果公开，提升营商环境法治化水平，促进外商投资。国务院办公厅2020年6月发布的《2020年政务公开工作要点》从"提高市场监管规则和标准公开质量、提高政务服务透明度便利度和提高经济政策发布解读针对性精准性"三方面提出要围绕优化营商环境加强政务公开。法治、稳定、规范是良好营商环境的题中之意，公平、透明则是优化营商环境的基础。因此，提高政府透明度对于加强自由贸易试验区建设至关重要。

二 评估概况

（一）评估对象

截至2021年1月，全国先后设立了21个自由贸易试验区，分别为：2013年9月设立的中国（上海）自由贸易试验区；2015年4月设立的中国（广东）自由贸易试验区、中国（天津）自由贸易试验区、中国（福建）自由贸易试验区；2017年3月设立的中国（四川）自由贸易试验区、中国（辽宁）自由贸易试验区、中国（浙江）自由贸易试验区、中国（河南）自由贸易试验区、中国（湖北）自由贸易试验区、中国（重庆）自由贸易试验区、中国（陕西）自由贸易试验区；2018年9月设立的中国（海南）自由贸易试验区（后建设为"海南自由贸易港"，以下称"海南自由贸易港"）；2019年8月设立的中国（山东）自由贸易试验区、中国（江苏）自由贸易试验区、中国（广西）自由贸易试验区、中国（河北）自由贸易试验区、中国（云南）自由贸易试验区、中国（黑龙江）自由贸易试验区；2020年8月设立的中国（北京）自由贸易试验区、中国（湖南）自由贸易试验区、中国（安徽）自由贸易试验区。

在数据采集期间内（2021年1月20日至2021年8月11日），中国（安徽）自由贸易试验区无门户网站，未参与评估。其余参与评估的自贸区共计20家。

除海南自由贸易港的实施范围为海南岛全岛，并无涵盖片区外，其余20个自贸区共涵盖67个自贸区片区。在数据采集期间，中国（浙江）自由贸易试验区离岛片区、北部片区、南部片区、宁波片区、杭州片区，中国（重庆）自由贸易试验区西永片区、果园港片区，中国（江苏）自由贸易试验区苏州片区、连云港片区，中国（黑龙江）自由贸易试验区哈尔滨片区，中国（北京）自由贸易试验区科技创新片区、国际商务服务片区、高端产业片区，中国（湖南）自由贸易试验区长沙片区、岳阳片区、郴州片区，中国（安徽）自由贸易试验区合肥片区、芜湖片区、蚌埠片区，因没有门户网站未参与评估。其余参与评估的自贸区片区共计48家。

（二）评估指标

因自贸区和自贸区片区的定位与职能不同，项目组依据《中华人民共和国政府信息公开条例》、中共中央办公厅和国务院办公厅印发的《关于全面推进政务公开工作的意见》、国务院办公厅《〈关于全面推进政务公开工作的意见〉实施细则》、《2020年政务公开工作要点》、《优化营商环境条例》等，设计了分别适用于自贸区和自贸区片区的两套评估指标体系。

1. 自贸区评估指标

自贸区评估指标涉及决策公开、管理公开、结果公开、平台建设、依申请公开5项一级指标,共涵盖18个二级指标(见表1)。决策公开包括规划计划公开、重大决策预公开、规范性文件公开、政策解读;管理公开包括自贸区介绍、机构信息、负面清单;结果公开包括信息公开年报、统计数据公开、建议提案办理结果公开、制度创新;平台建设包括网站建设、新媒体建设、互动平台建设;依申请公开包括渠道畅通性、回复及时性、答复形式规范、答复内容规范。

表1 2020年自贸区透明度指数评估指标体系

一级指标	二级指标
决策公开(40%)	规划计划公开(20%)
	重大决策预公开(25%)
	规范性文件公开(30%)
	政策解读(25%)
管理公开(25%)	自贸区介绍(10%)
	机构信息(40%)
	负面清单(50%)
结果公开(25%)	信息公开年报(20%)
	统计数据公开(60%)
	建议提案办理结果公开(20%)
	制度创新(0)
平台建设(10%)	网站建设(50%)
	新媒体建设(30%)
	互动平台建设(20%)
依申请公开(0)	渠道畅通性(0)
	回复及时性(0)
	答复形式规范(0)
	答复内容规范(0)

注:权重为"0"的表示本次仅做统计分析,不计入指数得分。

2. 自贸区片区指标

自贸区片区评估指标涉及决策公开、管理和服务公开、执行和结果公开、平台建设、依申请公开5项一级指标，共涵盖28个二级指标（见表2）。决策公开包括规划计划公开、重大决策预公开、规范性文件公开、政策解读；管理和服务公开包括机构信息、权责清单、负面清单、财政公开、中介服务事项清单、证明事项清单、行政事业性收费清单、告知承诺制事项目录、"证照分离"改革事项清单；执行和结果公开包括行政处罚公开、行政许可公开、"双随机、一公开"监管、重大项目公开、信息公开工作年报、统计数据公开、建议提案办理结果公开、试点成果；平台建设包括网站建设、新媒体建设、互动平台建设；依申请公开包括渠道畅通性、回复及时性、答复形式规范、答复内容规范。

表2　　　2020年自贸区片区透明度指数评估指标体系

一级指标	二级指标
决策公开（20%）	规划计划公开（20%）
	重大决策预公开（25%）
	规范性文件公开（30%）
	政策解读（25%）
管理和服务公开（35%）	机构信息（10%）
	权责清单（15%）
	负面清单（15%）
	财政公开（10%）
	中介服务事项清单（10%）
	证明事项清单（10%）
	行政事业性收费清单（10%）
	告知承诺制事项目录（10%）
	"证照分离"改革事项清单（10%）

续表

一级指标	二级指标
执行和结果公开（35%）	行政处罚公开（15%）
	行政许可公开（25%）
	"双随机、一公开"监管（15%）
	重大项目公开（15%）
	信息公开工作年报（10%）
	统计数据公开（15%）
	建议提案办理结果公开（15%）
	试点成果（0）
平台建设（10%）	网站建设（50%）
	新媒体建设（30%）
	互动平台建设（20%）
依申请公开（0）	渠道畅通性（0）
	回复及时性（0）
	答复形式规范（0）
	答复内容规范（0）

（三）评估方法

项目组以各自贸区和自贸区片区的网站平台、微信平台和微博平台为依据，采集评估指标体系中各项信息的公开情况。数据采集区间为2021年1月20日至2021年8月11日。其中网站平台为主要数据来源和评估依据，微信平台与微博平台仅作为平台建设情况版块的部分评估数据来源。

三 评估总体结果

（一）自贸区的评估结果

参与评估的20家自贸区的透明度指数排名居前列的为：中国（福建）自由贸易试验区、中国（广西）自由贸易试验区、中国（上海）

自由贸易试验区、中国（广东）自由贸易试验、中国（云南）自由贸易试验区、中国（天津）自由贸易试验区、海南自由贸易港、中国（湖南）自由贸易试验区、中国（河北）自由贸易试验区、中国（陕西）自由贸易试验区（见表3）。

表3　　　　　2020年自贸区政府透明度指数评估结果　　　　单位：分

排名	评估对象	决策公开（40%）	管理公开（25%）	结果公开（25%）	平台建设（10%）	总分（满分100分）
1	中国（福建）自由贸易试验区	84.38	91.50	57.00	92.00	80.08
2	中国（广西）自由贸易试验区	89.50	78.00	18.00	84.00	68.20
3	中国（上海）自由贸易试验区	79.63	76.40	27.50	96.00	67.43
4	中国（广东）自由贸易试验区	77.73	98.00	6.00	100.00	67.09
5	中国（云南）自由贸易试验区	76.63	90.40	15.60	92.00	66.35
6	中国（天津）自由贸易试验区	65.00	81.40	40.00	92.00	65.55
7	海南自由贸易港	91.25	38.40	20.40	96.00	60.80
8	中国（湖南）自由贸易试验区	62.49	93.5	9.60	72.00	57.97
9	中国（河北）自由贸易试验区	78.13	58.00	6.00	72.00	54.45
10	中国（陕西）自由贸易试验区	53.93	48.00	37.20	80.00	50.87
11	中国（浙江）自由贸易试验区	38.40	42.40	62.00	80.00	49.46
12	中国（江苏）自由贸易试验区	45.63	66.00	18.00	88.00	48.05

续表

排名	评估对象	决策公开（40%）	管理公开（25%）	结果公开（25%）	平台建设（10%）	总分（满分100分）
13	中国（黑龙江）自由贸易试验区	41.83	76.00	14.40	68.00	46.13
14	中国（辽宁）自由贸易试验区	41.50	72.00	15.60	62.00	44.70
15	中国（北京）自由贸易试验区	80.16	8.00	14.40	50.00	42.66
16	中国（四川）自由贸易试验区	20.10	86.80	21.60	72.00	42.34
17	中国（山东）自由贸易试验区	70.75	8.00	6.00	80.00	39.80
18	中国（河南）自由贸易试验区	33.65	18.80	6.00	92.00	28.86
19	中国（湖北）自由贸易试验区	42.00	4.00	6.00	84.00	27.70
20	中国（重庆）自由贸易试验区	42.00	4.00	14.40	30.00	24.40
—	中国（安徽）自由贸易试验区	—	—	—	—	—

（二）自贸区片区的评估结果

在此次评估中，自贸区片区透明度指数排名居前列的为：中国（湖北）自由贸易试验区武汉片区、中国（广东）自由贸易试验区深圳前海蛇口片区、中国（福建）自由贸易试验区平潭片区、中国（广东）自由贸易试验区珠海横琴新区片区、中国（福建）自由贸易试验区厦门片区、中国（江苏）自由贸易试验区南京片区、中国（上海）自由贸易试验区保税区片区、中国（上海）自由贸易试验区临港片区、中国（辽宁）自由贸易试验区大连片区、中国（辽宁）自由贸易试验区营口片区（见表4）。

表4　　　　2020年自贸区片区政府透明度指数评估结果　　　　单位：分

序号	评估对象	决策公开（20%）	管理和服务公开（35%）	执行和结果公开（35%）	平台建设（10%）	总分（满分100分）
1	中国（湖北）自由贸易试验区武汉片区	94.00	74.55	81.93	78.00	81.37
2	中国（广东）自由贸易试验区深圳前海蛇口片区	96.75	64.70	80.03	100.00	80.00
3	中国（福建）自由贸易试验区平潭片区	91.00	78.30	74.88	60.00	77.81
4	中国（广东）自由贸易试验区珠海横琴新区片区	92.50	45.05	84.43	88.00	72.62
5	中国（福建）自由贸易试验区厦门片区	88.25	84.55	41.60	100.00	71.80
6	中国（江苏）自由贸易试验区南京片区	88.83	76.90	51.90	76.00	70.44
7	中国（上海）自由贸易试验区保税区片区	46.50	74.75	69.58	100.00	69.81
8	中国（上海）自由贸易试验区临港片区	74.00	62.20	62.88	100.00	68.58
9	中国（辽宁）自由贸易试验区大连片区	78.25	56.50	68.48	78.00	67.19
10	中国（辽宁）自由贸易试验区营口片区	79.75	67.40	56.25	78.00	67.03
11	中国（天津）自由贸易试验区滨海新区中心商务片区	90.05	47.40	60.78	90.00	64.87

续表

序号	评估对象	决策公开（20%）	管理和服务公开（35%）	执行和结果公开（35%）	平台建设（10%）	总分（满分100分）
12	中国（天津）自由贸易试验区天津港片区	87.00	44.10	66.20	88.00	64.81
13	中国（广东）自由贸易试验区广州南沙新区片区	15.60	74.60	71.85	100.00	64.38
14	中国（陕西）自由贸易试验区西安国际港务区片区	69.75	57.40	76.13	36.00	64.28
15	中国（云南）自由贸易试验区昆明片区	81.00	50.90	55.88	78.00	61.37
16	中国（天津）自由贸易试验区天津机场片区	59.75	50.60	62.58	82.00	59.76
17	中国（广西）自由贸易试验区南宁片区	61.30	71.85	37.65	90.00	59.59
18	中国（上海）自由贸易试验区张江高科技片区	62.50	48.30	60.03	70.00	57.41
19	中国（河南）自由贸易试验区郑州片区	75.80	68.70	14.70	90.00	53.35
20	中国（河南）自由贸易试验区洛阳片区	79.25	46.80	37.95	60.00	51.51
21	中国（上海）自由贸易试验区陆家嘴金融片区	16.40	49.70	61.53	88.00	51.01
22	中国（上海）自由贸易试验区世博片区	22.40	46.20	58.43	60.00	47.10
23	中国（四川）自由贸易试验区成都天府新区片区	81.00	59.70	6.00	74.00	46.60

续表

序号	评估对象	决策公开（20%）	管理和服务公开（35%）	执行和结果公开（35%）	平台建设（10%）	总分（满分100分）
24	中国（上海）自由贸易试验区金桥开发片区	17.20	49.00	55.03	58.00	45.65
25	中国（福建）自由贸易试验区福州片区	67.75	33.70	42.30	50.00	45.15
26	中国（四川）自由贸易试验区川南临港片区	79.25	50.20	11.50	66.00	44.05
27	中国（辽宁）自由贸易试验区沈阳片区	51.50	59.00	16.35	72.00	43.87
28	中国（陕西）自由贸易试验区杨凌示范区片区	68.50	55.80	11.50	60.00	43.26
29	中国（河北）自由贸易试验区正定片区	50.85	51.30	22.00	66.00	42.43
30	中国（广西）自由贸易试验区钦州港片区	40.00	58.95	17.40	76.00	42.32
31	中国（陕西）自由贸易试验区中心片区	32.80	61.70	19.98	70.00	42.15
32	中国（广西）自由贸易试验区崇左片区	38.60	41.10	31.53	78.00	40.94
33	中国（河南）自由贸易试验区开封片区	75.75	42.40	9.90	66.00	40.06
34	中国（河北）自由贸易试验区大兴机场片区	69.00	53.50	0.00	66.00	39.13
35	中国（浙江）自由贸易试验区金义片区	54.02	52.90	9.83	61.00	38.86

续表

序号	评估对象	决策公开（20%）	管理和服务公开（35%）	执行和结果公开（35%）	平台建设（10%）	总分（满分100分）
36	中国（湖北）自由贸易试验区宜昌片区	20.10	73.20	6.00	61.00	37.84
36	中国（山东）自由贸易试验区青岛片区	83.00	37.50	0.90	78.00	37.84
38	中国（河北）自由贸易试验区曹妃甸片区	62.35	48.40	0.00	66.00	36.01
39	中国（黑龙江）自由贸易试验区黑河片区	61.15	45.20	3.00	60.00	35.10
40	中国（云南）自由贸易试验区红河片区	67.75	22.50	11.00	78.00	33.08
41	中国（重庆）自由贸易试验区两江片区	44.15	31.70	23.05	36.00	31.59
42	中国（湖北）自由贸易试验区襄阳片区	67.00	15.30	6.90	56.00	26.77
43	中国（山东）自由贸易试验区烟台片区	46.10	10.50	3.00	100.00	23.95
44	中国（云南）自由贸易试验区德宏片区	31.60	26.60	1.00	78.00	23.78
45	中国（山东）自由贸易试验区济南片区	57.30	19.80	3.30	36.00	23.15
46	中国（河北）自由贸易试验区雄安片区	36.38	30.85	0.00	36.00	21.67
47	中国（四川）自由贸易试验区成都青白江铁路港片区	42.30	2.00	0.00	60.00	15.16

续表

序号	评估对象	决策公开（20%）	管理和服务公开（35%）	执行和结果公开（35%）	平台建设（10%）	总分（满分100分）
48	中国（黑龙江）自由贸易试验区绥芬河片区	8.00	0.00	0.00	45.00	6.10
—	中国（浙江）自由贸易试验区离岛片区	—	—	—	—	—
—	中国（浙江）自由贸易试验区北部片区	—	—	—	—	—
—	中国（浙江）自由贸易试验区南部片区	—	—	—	—	—
—	中国（浙江）自由贸易试验区宁波片区	—	—	—	—	—
—	中国（浙江）自由贸易试验区杭州片区	—	—	—	—	—
—	中国（重庆）自由贸易试验区西永片区	—	—	—	—	—
—	中国（重庆）自由贸易试验区果园港片区	—	—	—	—	—
—	中国（江苏）自由贸易试验区苏州片区	—	—	—	—	—
—	中国（江苏）自由贸易试验区连云港片区	—	—	—	—	—
—	中国（黑龙江）自由贸易试验区哈尔滨片区	—	—	—	—	—
—	中国（北京）自由贸易试验区科技创新片区	—	—	—	—	—
—	中国（北京）自由贸易试验区国际商务服务片区	—	—	—	—	—

续表

序号	评估对象	决策公开（20%）	管理和服务公开（35%）	执行和结果公开（35%）	平台建设（10%）	总分（满分100分）
一	中国（北京）自由贸易试验区高端产业片区	—	—	—	—	—
一	中国（湖南）自由贸易试验区长沙片区	—	—	—	—	—
一	中国（湖南）自由贸易试验区岳阳片区	—	—	—	—	—
一	中国（湖南）自由贸易试验区郴州片区	—	—	—	—	—
一	中国（安徽）自由贸易试验区合肥片区	—	—	—	—	—
一	中国（安徽）自由贸易试验区芜湖片区	—	—	—	—	—
一	中国（安徽）自由贸易试验区蚌埠片区	—	—	—	—	—

（三）各自贸区评估的加权结果

基于对自贸区和自贸区片区的评估结果，项目组按照自贸区和自贸区片区各占50%的比例，以加权平均法核算了各自贸区的最终评估结果。其中因海南自由贸易港无下辖片区，故以自贸区评估成绩作为最终加权成绩。中国（湖南）自由贸易试验区和中国（北京）自由贸易试验区有下辖片区，但却无片区网站，故片区部分记零分。中国（安徽）自由贸易试验区均无网站，不作为评估对象。

综合得分排名靠前的自贸区为：中国（福建）自由贸易试验区、中国（广东）自由贸易试验区、中国（天津）自由贸易试验区、中国（上海）自由贸易试验区、海南自由贸易港、中国（广西）自由贸易试验区、中国（云南）自由贸易试验区、中国（辽宁）自由贸易试验区、中国（陕西）自由贸易试验区、中国（河北）自由贸易试验区（见表5）。

表5　　　2020年各自贸区政府透明度指数评估加权结果　　　单位：分

排名	评估对象	自贸区评估成绩①	所辖片区平均成绩②	加权成绩③
1	中国（福建）自由贸易试验区	80.08	64.92	72.50
2	中国（广东）自由贸易试验区	67.09	72.33	69.71
3	中国（天津）自由贸易试验区	65.55	63.15	64.35
4	中国（上海）自由贸易试验区	67.43	56.59	62.01
5	海南自由贸易港	60.80	—	60.80
6	中国（广西）自由贸易试验区	68.20	47.62	57.91
7	中国（云南）自由贸易试验区	66.35	39.41	52.88
8	中国（辽宁）自由贸易试验区	44.70	59.36	52.03
9	中国（陕西）自由贸易试验区	50.87	49.90	50.38
10	中国（河北）自由贸易试验区	54.45	34.81	41.92
11	中国（四川）自由贸易试验区	42.34	35.27	38.80
12	中国（河南）自由贸易试验区	28.86	48.31	38.58
13	中国（湖北）自由贸易试验区	27.70	48.66	38.18
14	中国（江苏）自由贸易试验区	48.05	23.48	35.77
15	中国（山东）自由贸易试验区	39.80	28.31	34.06
16	中国（黑龙江）自由贸易试验区	46.13	13.73	29.33

① 自贸区评估成绩，即为上述自贸区评估结果（见表3）。
② 所辖片区平均成绩，为各自贸区所辖全部片区的平均成绩。
③ 加权成绩，为自贸区评估成绩和所辖片区平均成绩的加权结果，权重各为50%。

续表

排名	评估对象	自贸区评估成绩	所辖片区平均成绩	加权成绩
17	中国（湖南）自由贸易试验区	57.97	0.00	28.99
18	中国（浙江）自由贸易试验区	49.46	6.48	27.97
19	中国（北京）自由贸易试验区	42.66	0.00	21.33
20	中国（重庆）自由贸易试验区	24.40	10.53	17.47
—	中国（安徽）自由贸易试验区	—	—	—

（四）自贸区政务公开总体情况

1. 各自贸区差距较大，分布不均匀

总体来看，各自贸区成绩差距较大，中国（福建）自由贸易试验区得分最高，为80.08分，第二名中国（广西）自由贸易试验区68.20分，两者差距11.88分。中国（重庆）自由贸易试验区得分最低，为24.40分，与最高分相差55.88分，相差悬殊。另外，在20家评估对象中，60分以上的仅有7家，80分以上的仅有1家。

片区之中，80分以上的有2家，分别为：中国（湖北）自由贸易试验区武汉片区、中国（广东）自由贸易试验区深圳前海蛇口片区。70—80分的有4家，分别为：中国（福建）自由贸易试验区平潭片区、中国（广东）自由贸易试验区珠海横琴新区片区、中国（福建）自由贸易试验区厦门片区、中国（江苏）自由贸易试验区南京片区。60—70分的有9家，分别为：中国（上海）自由贸易试验区保税区片区、中国（上海）自由贸易试验区临港片区、中国（辽宁）自由贸易试验区大连片区、中国（辽宁）自由贸易试验区营口片区、中国（天津）自由贸易试验区滨海新区中心商务片区、中国（天津）自由贸易试验区天津港片区、中国（广东）自由贸易试验区广州南沙新区片区、中国（陕西）自由贸易试验区西安国际港务区片区、中国（云南）自由贸易试验区昆明片区。最高分中国（湖北）自由贸易试验区武汉片区81.37分，最低分中国（黑龙江）自由贸易试验区绥芬河片区6.10分，相差 75.27 分，差距悬殊。

由此可见，各自贸区政府信息公开情况各不相同，尚未形成统一的自贸区政府信息公开标准，自贸区政府信息公开建设的差距较大。

2. 各自贸区评估结果地区差异明显

从各自贸区评估的加权结果来看，地区差异明显。评估结果显示，前五名的中国（福建）自由贸易试验区、中国（广东）自由贸易试验区、中国（天津）自由贸易试验区、中国（上海）自由贸易试验区、海南自由贸易港均为沿海地区自贸区，相较内陆地区自贸区透明度建设成绩较好。另外，从南北方来看，南方地区自贸区透明度建设较好。在评估结果的前五名中，南方地区的自贸区占据 4 家，即使是在前十名中，也占据有 6 家。

总体来看，自贸区透明度建设沿海地区和内陆地区差异明显，南北差异明显。沿海地区自贸区透明的建设整体上要好于内陆地区，南方地区自贸区透明的建设整体上要好于北方地区。

3. 自贸区政务公开平台建设仍显滞后

自 2013 年中国（上海）自由贸易试验区建立以来，全国陆续设立了 21 个自由贸易试验区，共涵盖 67 个自贸区片区。最晚的为 2020 年 9 月建立的中国（北京）自由贸易试验区、中国（湖南）自由贸易试验区、中国（安徽）自由贸易试验区 3 个自由贸易试验区。因为各自贸区建立时间的不同，各自贸区在信息公开水平层面也存在差异。

中国（安徽）自由贸易试验区由于设立较晚，尚未建立门户网站。在 67 家自贸区片区中，有 19 家自贸区片区未建立门户网站。部分设立较晚的自贸区以及自贸区片区网站建设相对薄弱。

四 各版块评估结果

（一）评估中发现的亮点

1. 决策公开

（1）规范性文件公开较好

规范性文件公开是自贸区网站的重要内容之一，是公众和企业了解自贸区政策的重要途径。评估显示，有 19 家自贸区门户网站设置了规范性文件专栏，占比 95.00%，且专栏大多位于网站明显位置，易于查找。专栏内各类文件类型丰富，包括跨境业务类政策、投资与招商类政策、产业促进类政策、区域创新类政策、人才引进类政策等。其中 15 家自贸区网站公开了上述所有类型文件，占比 75.00%，为公众和企业了解自贸区相关文件提供了便利途径。

而在自贸区片区网站中，有 45 家自贸区片区设置了规范性文件专栏以便公众浏览，占比 93.75%。其中部分自贸区片区网站将规范性文件专栏划分为国家政策法规栏和地方政策法规栏，如中国（河南）自由贸易试验区郑州片区。还有部分自贸区将规范性文件分门别类，划分出了综合类文件、贸易类文件、投资类文件等子专栏，如中国（云南）自由贸易试验区德宏片区。专栏内各类文件类型丰富，包括跨境业务类政策、投资与招商类政策、产业促进类政策、区域创新类政策、人才引进类政策等特色性政策文件，其中 22 家自贸区网站公开了上述所有类型文件，占比 45.83%。

（2）政策解读公开受到普遍重视，部分自贸区解读形式丰富

政策解读是公众理解政策内容的重要方式。评估显示，15 家自贸区门户网站设置了政策解读专栏，占比 75.00%，其位置大多与规范性文件专栏相邻，易于发现和查找。部分自贸区 2019 年和 2020 年政策解读数量十分可观，如中国（广东）自由贸易试验区 2019 年和 2020 年发布政策解读类文件数量分别为 22 篇、10 篇，中国（陕西）自由贸易试验区为 32 篇、14 篇，中国（广西）自由贸易试验区为 12 篇、20 篇。部分自贸区政策解读形式丰富，如中国（天津）自由贸易试验区、海南自由贸易港和中国（广西）自由贸易试验区，以文字表述、长图、问答、视频等多种形式向公众充分解读政策。

48 家自贸区片区中，有 29 家自贸区片区门户网站中设置了政策解读专栏，占比 60.42%。部分自贸区片区解读十分全面，数量多达几百条，如中国（河北）自由贸易试验区曹妃甸片区 2019 年和 2020 年发布政策解读类文件数量分别为 357 篇、325 篇。在政策解读的层次性方面，24 家自贸区片区既有上级文件解读也有本级文件解读，占比 50.00%，层次较为明确，易于分辨。在政策解读形式方面，有 24 家自贸区片区有两种及以上政策解读形式，如文字表述、长图、问答、视频

等形式，占比50.00%，有利于公众通过多样化形式充分理解把握。

（3）自贸区总体发展规划明确

总体发展规划与年度计划是一个地区未来发展的宏图，是合理统筹城市布局和城市建设项目的抓手，是城市建设管理运行的龙头，也是帮助公众了解自贸区发展前景和方向的有效途径，重视规划计划工作并向公众公开十分重要。评估结果显示，有16家自贸区门户网站公开了自贸区整体发展规划，占比80.00%。

在规划计划专栏设置方面，24家自贸区片区设置了相关专栏，使得规划计划便于查找，占比50.00%。28家自贸区片区公布了其整体规划，占比58.33%，其中部分以总体方案的形式公布于自贸区概况中。37家自贸区片区门户网站公开了自贸区片区的专项规划、区域规划、项目计划等相关政策，占比77.08%。

（4）自贸区片区重大决策预公开相对较好

《关于全面推进政务公开工作的意见》中指出，实行重大决策预公开制度，涉及群众切身利益、需要社会广泛知晓的重要改革方案、重大政策措施、重点工程项目，除依法应当保密的外，在决策确定前应向社会公布决策草案、决策依据，通过听证座谈、调查研究、咨询协商、媒体沟通等方式广泛听取公众意见，以适当方式公布意见收集和采纳情况。

评估发现，各地区重大决策预公开工作有较大改进空间。9家自贸区公开了过往决策草案。其中，海南自由贸易港还曾公开过草案解读。在意见征集公开中，10家自贸区有明确的意见征集渠道，占50.00%。

而在自贸区片区当中，有28家自贸区片区网站公开了过往相关决策草案/征求意见稿，占比58.33%。在这28家中有5家公布了草案解读。在明确意见征集渠道方面，28家自贸区片区注明了意见征集渠道，占比58.33%，其中有3家公布了意见汇总和采纳情况，占总比的6.25%。相较各自贸区重大决策预公开来说，各自贸区片区表现较好。

2. 管理和服务公开

（1）自贸区简介信息公开得相对较好

自贸区简介的主要作用是帮助公众了解自贸区，亦是投资者了解自贸区的主要渠道之一。针对自贸区的简介信息进行评估后发现，有17

家自贸区对本区总体情况做了介绍、16家自贸区对本区下辖的片区情况做了介绍，占比分别约为85.00%、80.00%。其中，中国（福建）自由贸易区、中国（广西）自由贸易区对总区情况、片区情况和本区特色项目均进行了介绍，公开信息较为全面且完整。

（2）领导信息公开情况较为完善

公开自贸区管理层领导信息是公众对自贸区工作进行监督的前提。评估显示，大部分自贸区公开了领导信息。在评估的自贸区中，有11家自贸区在其网站上公开其主管领导的主要信息，领导信息公开相对完整。其中，中国（广东）自由贸易区、中国（湖南）自由贸易区和中国（陕西）自由贸易区能够完整公布自贸区领导的全部信息，包括领导姓名、领导职务、领导经历、分管事项等。

在评估的自贸区片区中有35家对领导信息进行了公开，占比为72.92%，其中有18家自贸区片区在其门户网站完整全面地公开了其全部主管领导的所有信息，包括领导姓名、领导职务、领导经历、分管事项等，占比为37.50%。从公开项上看，领导信息中的领导姓名、领导职务、领导经历信息公开得较为完善，有35家自贸区片区公开了领导姓名和职务信息，有24家自贸区片区公开了领导经历相关信息，31家自贸区片区公开了领导分管事项信息，占比分别约为72.92%、50.00%和64.58%。

（3）机构设置方面信息公开总体较好

机构设置相关信息的公开有助于方便人民群众和企业主体根据自身实际所需向政府机构咨询信息、选择对应的机构和负责人进行办理业务等，有利于实现"政府信息多跑路，人民群众少跑腿"。评估显示，大部分自贸区公开了机构设置信息，有14家自贸区对机构设置信息进行了说明，占比70.00%。

自贸区片区方面，有39家自贸区片区对机构设置进行了说明，36家自贸区片区对机构职能进行了说明，占比分别约为81.25%和75.00%。其中，有7家自贸区片区公开机构负责人姓名，17家自贸区片区公开机构联系方式，13家自贸区片区说明各机构办公时间和地址信息。有3家自贸区片区在其门户网站完整全面地公开其机关的机构设置基本信息，包括机关职能、联系方式、办公地址时间、机构负责人信息等。

（4）财政信息公开相对较好

财政公开是政府主动接受社会监督的重要内容。从评估的结果来看，财政信息公开水平相对较好。28家自贸区片区设置了财政预决算公开专栏，占比58.33%。有29家自贸区片区公开了2020年度财政预算报告，28家自贸区片区公开了2019年度财政决算报告，28家自贸区片区公开了"三公"经费情况，占比分别为60.42%、58.33%和58.33%，财政预决算、"三公"经费信息公开水平相对较好。

（5）中介服务事项清单公开情况较为理想

公开中介服务事项清单有利于办事流程的优化。评估显示，在48个自贸区片区网站中，有40个片区公开了中介服务事项清单，占83.33%。中国（辽宁）自由贸易试验区大连片区网站中介服务事项清单的专栏对不同事项进行了分类。内容方面，有14个片区公开了中介服务事项清单的全部信息，包括项目名称、设定依据、中介服务时限和收费标准。其中，40个片区均公开了中介服务事项的项目名称与设定依据，有15个片区公开了中介服务时限，有18个片区公开了收费标准。

（6）告知承诺制事项公开情况相对较好

评估显示，48个自贸区片区中有23个片区公开了告知承诺制事项目录，有27个片区公开了告知承诺制办事指南，占比56.25%。其中，在中国（河南）自由贸易试验区开封片区网站上可通过"证照分离系统"专栏查询告知承诺制事项目录及办事指南。另外，中国（上海）自由贸易试验区保税区片区、中国（福建）自由贸易试验区平潭片区、中国（河南）自由贸易试验区洛阳片区、中国（江苏）自由贸易试验区南京片区和中国（云南）自由贸易试验区昆明片区在各自的自贸区网站上公布了告知承诺结果的全部信息，包括告知承诺决定和告知承诺书。中国（陕西）自由贸易试验区西安国际港务区片区和中国（湖北）自由贸易试验区宜昌片区虽然没有公布全部信息，但是也可在其网站上分别查询到告知承诺决定和告知承诺书。

（7）"证照分离"改革事项清单公开相对全面

评估显示，在所测评的48个自贸区片区中有28个片区公开了与自贸区相关的地方"证照分离"改革事项清单，占58.33%。在公开了"证照分离"改革事项清单的28个片区中，有18个片区较为完整地公开了地方"证照分离"改革事项清单的各项内容，包括事项名称、设定依据、审批层次和部门、改革方式等具体改革措施、加强事中事后监管措施。其中，中国（福建）自由贸易试验区厦门片区、中国（辽宁）自由贸易试验区大连片区、中国（辽宁）自由贸易试验区营口片区和中国（云南）自由贸易试验区德宏片区公开的地方"证照分离"改革事项清单，不仅内容要素全面，而且结合片区实际情况，地方特色突出。

3. 执行和结果公开

（1）行政许可信息公开总体情况较好

行政许可是国家对社会经济、政治、文化活动进行规制和调控的有力手段，评估显示，有11家自贸区片区的网站设有行政许可公开的专栏。有22家自贸区片区发布了行政许可文件。在准予行政许可决定公示方面，有20家自贸区片区公开行政许可决定书及其文号，15家自贸区片区网站公开准予许可依据。其中，有13家公示的行政许可决定文书要素齐全，包括决定文书号和许可依据，内容较完整。而在不予行政许可决定公示方面，有2家自贸区主动公示了不予许可的决定内容，分别为中国（辽宁）自由贸易试验区营口片区和中国（福建）自由贸易试验区福州片区。

（2）自贸区片区政府信息公开工作年报总体发布情况较好

公开政府信息公开年度报告是为了向社会展示自贸区全年信息公开的工作情况，也是《中华人民共和国政府信息公开条例》所规定的。在评估的48家自贸区片区中，有31家自贸区片区开设年报专栏，占比64.58%。有26家自贸区片区公开了年报，占比54.17%。而自贸区中，仅有中国（天津）自由贸易试验区公开了2020年度的信息公开年报，自贸区片区信息公开工作年报总体发布情况相对较好。

4. 平台建设

（1）网站建设总体较好

网站建设既是自贸区向社会展示的主要平台，也是自贸区信息集约化公开的主要渠道，方便公众获取信息、办理各项事务，因此网站建设是自贸区信息公开和提供服务的重要一环。评估显示，除中国（安徽）自由贸易试验区外，其余各自贸区均有独立的门户网站建设，网站建设情况良好。同时除海南自由贸易港无片区设置，其余有15家自贸区均在其网站中设置有辖区各自贸区片区的直达链接，占比75.00%。另外，因网站信息繁多，除中国（四川）自由贸易试验区的检索功能在数据收集时存在问题不能使用外，其余19家自贸区网站均设置有信息检索功能且功能正常，方便信息查找。

在48家自贸区片区中，有30家自贸区片区建设有独立的自贸区片区网站，另有16家自贸区片区与相关经济区、保税区等开发区的网站合并作为信息公开平台。另外，中国（广东）自由贸易试验区南沙新区片区网站和南沙区人民政府网站一体；中国（陕西）自由贸易试验区中心片区则是在西安市商务局网站下设置一项"自贸动态"专栏作为自贸区信息公开渠道，并无独立网站。同时，有网站的48家自贸区片区中，46家网站均设置有检索功能，但其中有2家网站的检索功能在数据收集时存在问题无法使用，分别为中国（福建）自由贸易试验区福州片区和中国（四川）自由贸易试验区成都天府新区片区。

（2）新媒体建设情况较好

新媒体在信息公开方面有着便捷、快速、容易获取等多方面优势，根据评估结果，各自贸区新媒体建设方面的总体情况较好。20家自贸区中，有17家能够在网站首页显示其新媒体平台的链接或二维码。48家自贸区片区，有32家自贸区片区能够在网站首页显示其新媒体平台的链接或二维码，并且这些自贸区的新媒体平台所发布的信息均能及时更新。

（3）政民沟通平台建设情况较好

政民沟通平台的建设是政府和企业、公众相联系的重要桥梁，也是政府决策反馈的重要渠道。同时，投诉平台的建立有利于问题的快速解决，更好地建设服务型政府。在20家自贸区中，有18家网站建设有政民沟通渠道或建言献策平台，占比90.00%，其中有17家公开了服务热线电话，占比85.00%。48家自贸区片区中，有44家建设有交流沟通渠道或建言献策平台，占比91.67%。

(二）评估中发现的不足

1. 决策公开

（1）自贸区短期计划公开有待提高

就自贸区规划计划专栏和年度计划公开而言，多数自贸区重视程度不足。在规划计划专栏一项中，仅中国（福建）自由贸易试验区1家在其网站首页展示了"方案与规划"一栏，但其内容为国务院发布的各自贸区的规划文件。在年度计划中，只有中国（福建）自由贸易试验区、中国（湖南）自由贸易试验区和海南自由贸易港三个自贸试验区公开了2021年度发展计划，中国（陕西）自由贸易试验区和海南自由贸易港两个自贸区公开了2020年度发展计划。

同样，仅4家自贸区片区网站公布了2021年度发展计划，占比8.33%；9家自贸区片区公布了2020年发展计划，占比18.75%，其中一些自贸区的年度计划为三年计划或五年计划。因此，部分自贸区应当改进其短期计划、年度规划、近期发展目标的公开情况。各自贸区对于发展规划计划信息的公开相对滞后，所有自贸区对规划计划的重视程度都有待提高。

（2）文件上网及时性有待提高

官方网站上的信息公开是公众获得权威信息的重要来源。部分评估对象公开流于形式，存在专栏内信息更新不及时的情况。如中国（上海）自由贸易试验区陆家嘴金融片区的政策法规类公开专栏，2020年仅公开1条通知，其他信息的公开时间为2011年和2008年。

项目组通过随机抽查3个规范性文件上网情况，发现有6家自贸区网站的抽查样本均能在文件成文后20个工作日内及时上网，占比30.00%；有9家自贸区网站在3个抽查样本中有1个文件上传不及时，占比45.00%；2家自贸区抽查的文件上传都不及时，占比10.00%。在随机抽查的三个政策解读文件上网情况中，只有4家自贸区抽查的政策解读全部在文件公开后的3个工作日内上网，占比20.00%。

各自贸区片区情况类似，在抽查的3个规范性文件的上网情况中，17家自贸区片区全部在文件成文后20个工作日内及时上网，占比35.42%；5家自贸区片区公开都不及时，占10.42%；还有3家自贸区片区未公开规范性文件，占比6.25%。在抽查的三个政策解读材料中，仅9家自贸区片区于文件公开后3个工作日内将解读上传至网站，占比18.75%。

2. 管理和服务公开

（1）自贸区人事变更信息公开不理想

政府人事变更信息反映自贸区工作动态。20家自贸区中，仅有4家自贸区公开了政府人事变更信息，占比20.00%。且公开质量不高，如中国（陕西）自由贸易试验区，仅公开了录用公务员的信息，并未公布其他人事变更的通知信息。48家自贸区片区中，仅25家自贸区片区公开了政府人事变更信息，政府人事变更信息公开水平还需进一步提高。

（2）负面清单发布不到位

负面清单是优化营商环境的重要因素，也是投资者最为关心的问题之一，负面清单直接为投资者的投资方向划定了界限。从评估结果来看，自贸试验区负面清单公开水平相对较好，但仍存在需要改善的地方。例如，有12家自贸区公开了《外商投资准入特别管理措施（负面清单）（2020年版）》，占比约为60.00%，公开水平仍需进一步提升。同时，中国（上海）自由贸易试验区和中国（江苏）自由贸易试验区官方网站上发布时间晚于清单出台后20个工作日，没能及时在网站上发布清单内容。

在评估的48家自贸区片区中，仅7家自贸区片区在其门户网站发布了2020年版市场准入负面清单，占比14.58%，其中有一家未能在文件公开后20个工作日内发布。有24家自贸区片区在其门户网站发布了2020年版外商投资负面清单，占比50.00%，其中5家自贸区片区未能在文件公开后20个工作日内发布。

（3）权责清单公开不到位，公开内容不完整

权责清则任务明，任务明则制度行。推行地方各级政府工作部门权责清单制度，是党中央、国务院部署的重要改革任务，是国家治理体系和治理能力现代化建设的重要举措，对于深化行政体制改革，优化营商环境，建设法治政府、创新政府、廉洁政府具有重要意义。评估显示，有23家自贸区片区公开了权责清单，占比47.92%。公开权责清单的

23家自贸区片区中，对权责清单中的权力名称、行使主体内容公开较好，分别有23家和22家；但是其他内容的公开程度相对较差，如仅有18家自贸区片区公开了权责清单的设定依据。另一方面，权责清单存在公开内容不完整的现象，公开权责清单的自贸区片区中仅有6家自贸区片区公开了责任事项，2家公开了责任形式，分别占比12.5%和4.17%，权责清单内容公开的完整度较低。

（4）政府采购相关信息公开程度待提升

自贸区政府采购方面相关信息公开水平仍是短板，特别是政府采购合同方面公开水平相对较差。评估显示，有21家自贸区片区公开了2020年度政府采购项目信息、招标信息，占比为43.75%。在采购合同公示方面，仅有3家公开了政府采购相关信息，占比为6.25%，公开水平亟待提升。

（5）证明事项清单公开未达到要求

公开证明事项清单是优化营商环境的应有之义。评估显示，48个自贸区片区中有26个片区公开了证明事项清单，占54.17%。其中，中国（广东）自由贸易试验区南沙新区片区、中国（河南）自由贸易试验区洛阳片区、中国（湖北）自由贸易试验区武汉片区、中国（湖北）自由贸易试验区宜昌片区和中国（河北）自由贸易试验区曹妃甸片区能够在其网站上公开证明事项清单，其他片区均需要跳转到政务服务网站进行查询。在26个已公开证明事项清单的片区中，仅有中国（广东）自由贸易试验区南沙新区片区、中国（辽宁）自由贸易试验区沈阳片区和中国（河北）自由贸易试验区曹妃甸片区公开了证明事项清单的全部信息，包括设定依据、开具单位、索要单位和办理指南。

（6）行政事业性收费公开尚不全面

公开行政事业性收费目录清单可以进一步明确收费标准，有助于打造阳光政务。评估显示，48个自贸区片区中有29个片区公开了行政事业性收费目录清单，占60.42%。公开清单的29个片区中，在清单内容方面，仅有16个片区公开了行政事业性收费目录清单的全部信息，包括收费项目、收费依据和收费标准。在公开清单内容方面，29个片区均公开了行政事业性收费目录清单的收费项目和收费依据；有16个片区公开了收费标准。

3. 执行和结果公开

（1）行政处罚公开程度有待提高

自贸区片区行政执法公示专栏设置不理想。首先，在评估的48家自贸区片区中，设置行政处罚专栏的有13家，占比27.08%。其次，行政处罚的公示文件信息不全面。公开行政处罚决定文件的有21家自贸区片区，占比43.75%。其中，评估对象没有设置行政处罚专栏，但能够跳转其他网站查询，例如，中国（上海）自由贸易试验区陆家嘴片区的行政处罚公开信息跳转至信用中国（上海）网站，在该网站上输入文书号可查询行政处罚和行政许可文书，内容要素齐全。

除9家评估对象公开行政处罚决定文书内容要素较为完整外，其余评估对象的行政处罚内容要素完整性则有待提高。在公开行政处罚决定的自贸区片区中，21家公开了行政处罚决定文书号、执法依据、案件名称，有8家未公开行政相对人统一社会信用代码。同时，行政处罚申诉、救济渠道公开不到位，仅有9个自贸区片区网站公开了行政复议、行政诉讼渠道，有12家未公开行政复议、行政诉讼渠道。

（2）双随机信息公开情况有待加强

"双随机、一公开"监管作为一种全新的监管手段，是政府行政监管理念和监管方式的重大改革创新。双随机、一公开使监管更加规范，执法责任可追溯，是法定公开内容之一，对优化营商环境有重要意义。评估显示，部分评估对象设置有专栏集中公开"双随机"相关信息。如中国（辽宁）自由贸易试验区大连片区、中国（辽宁）自由贸易试验区营口片区设置了"监管清单"栏目，并在栏目中公布了工作部门随机抽查事项清单，清单按执法主体进行分类，具备抽查依据、抽查内容、执法主体等要素，且清单更新及时，分类清晰，易于查阅。

总体来说，随机抽查事项清单公开程度较低。在48家自贸区片区中，只有18家公开了随机抽查事项清单，占比37.50%。在公示随机抽查事项清单的片区网站中，随机抽查事项清单要素完整的仅有4家，分别是：中国（广东）自由贸易试验区广州南沙新区片区、中国（天津）自由贸易试验区天津港片区、中国（辽宁）自由贸易试验区营口片区、中国（河北）自由贸易试验区正定片区。其余片区则存在双随机信息公开内容不全面等问题。

对于"双随机"监管的抽查结果，仅有15家自贸区片区公开了抽查结果，占比为31.25%，公开水平仍有待提高。

（3）自贸区的政府信息公开年报公开情况较差

评估显示，各自贸区对于编制发布政府信息公开工作年度报告的工作并不重视。在20家自贸区中，仅有3家设置了年报信息专栏，占比15.00%，分别是中国（上海）自由贸易试验区、中国（天津）自由贸易试验区、中国（浙江）自由贸易试验区，仅有中国（天津）自由贸易试验区公开了2020年度的政府信息公开工作年报。

另外在中国（浙江）自由贸易试验区的政府信息公开工作年报专栏中所公布的并不是信息公开年报的相关文件，而是《中国（浙江）自由贸易试验区综合协调局2019年部门预算》。可见政府信息公开工作年报的编制工作仍亟需加强。

（4）统计数据公开有待提高

统计数据是展示自贸区全年经济运行情况最直观的数据，也是市场主体了解自贸区市场情况的重要依据。评估显示，在20家自贸区中，仅有5家在网站中设置了统计数据专栏，占比25.00%，分别是中国（上海）自由贸易试验区、中国（福建）自由贸易试验区、中国（四川）自由贸易试验区、中国（浙江）自由贸易试验区、中国（陕西）自由贸易试验区。其中仅2家在专栏中公开了2019年和2020年及近期的经济运行情况数据。另外，有部分自贸区仅在新闻稿件中提及经济运行情况。

在48家自贸区片区中，仅有16家设置了统计数据的专栏，占比33.33%。从公开经济运行的情况来看，只有5家自贸区片区完整公布了2019年度和2020年度的经济运行数据，分别是中国（广东）自由贸易试验区广州南沙新区片区、中国（广东）自由贸易试验区深圳前海蛇口片区、中国（广东）自由贸易试验区珠海横琴新区片区、中国（天津）自由贸易试验区滨海新区中心商务片区、中国（福建）自由贸易试验区平潭片区。另外，有部分自贸区仅在新闻稿件中提及经济运行情况等相关数据，并不属于相关部门公布的官方数据。新增市场主体数量、对外贸易情况、外资使用情况的数据公开方面，仅有2家自贸区片区通过专栏公开了2019年及2020年的新增企业的数据情况。总体而言各自贸区片区关于经济运行情况数据的公布工作尚有提高空间。

（5）建议提案办理结果公开仍有提升空间

根据《国务院办公厅关于做好全国人大代表建议和全国政协委员提案办理结果公开工作的通知》规定，对于经审查可以公开的建议和提案办理复文，应采用主动公开的方式予以公开，尤其要发挥政府网站信息公开平台的重要作用，集中展示公开的建议和提案办理结果信息，方便公众查阅。但评估结果显示，21家自贸区中，尚没有一家公开建议提案办理复文摘要信息、建议提案办理复文信息、建议提案办理结果的情况。

在48家自贸区片区中，仅有2家自贸区片区公开了2020年度人大代表建议和政协提案办理总体情况。而在2020年人大代表建议、政协委员提案办理结果复文公开情况方面，有13家自贸区片区公开了人大代表建议办理复文全文，有15家自贸区片区公开了政协委员提案办理复文全文。

4. 平台建设

（1）栏目信息发布条理性有待提高

对应该公开的各类信息划分专门栏目，有助于公众快速查找所需信息。部分评估对象网站存在信息分类不明，导致栏目中信息混杂的现象。例如在通知公告中，混杂有规划计划类文件、规范性文件和政策解读文件。另外，部分评估对象的搜索栏无法检索有效信息，比如中国（福建）自由贸易试验区福州片区、中国（河南）自由贸易试验区开封片区。从便于公众简易检索角度出发，栏目信息发布条理有序尤为重要。

（2）投诉渠道建设不到位

在沟通渠道方面，总体建设情况较好，但专门投诉举报渠道建设情况则较差。20家自贸区中，仅有4家设立了明确的投诉举报渠道，分别为中国（上海）自由贸易试验区、中国（广东）自由贸易试验区、中国（广西）自由贸易试验区和中国（湖南）自由贸易试验区。在48家自贸区片区中，也只有16家设立了明确的投诉举报渠道，占比33.33%。

5. 依申请公开

（1）自贸区依申请公开渠道不够畅通

在20家自贸区中，仅有2家有在线申请渠道，分别为中国（天津）

自由贸易试验区、中国（福建）自由贸易试验区。在48家自贸区片区中，也仅有25家提供有在线申请渠道。

另外，中国（上海）自由贸易试验区网站所公布的《中国（上海）自由贸易试验区管理委员会信息公开指南》提供了三种申请信息公开的方法：①通过"中国（上海）自由贸易试验区"门户网站政府信息公开专栏在网上直接提出申请。②通过信函、电报、传真申请。③当面申请。但是项目组成员根据其提供的网址，在受理主体列表中却并未找到"中国（上海）自由贸易试验区管理委员会"这个受理主体。中国（上海）自由贸易试验区张江高科技片区存在和上海自贸区相同的问题，即《上海市张江高科技园区管理委员会政府信息公开指南》中所提供的在线申请链接中，并没有"张江高科技园区管理委员会"这个受理主体。

（2）依申请公开回复率不高，回复不规范仍较多

项目组分别于2021年2月18日向中国（天津）自由贸易试验区、2021年3月2日向中国（福建）自由贸易试验区提交了信息公开申请，但截至2021年4月5日（分别经过了30、23个工作日），尚未收到回复。

项目组对21家提供了"依申请公开"链接的自贸区片区进行了信息公开申请验证，截至2021年4月5日，仅收到11份正式回复、3份电话告知的非正式回复。其中1份回复中缺少申请人复议和诉讼权利的告知，3份缺少文号和申请人复议和诉讼权利的告知。

五　评估结果分析

（一）公开意识仍待提升

打造透明政府是优化营商环境的重要措施与保障。《优化营商环境条例》要求，各级人民政府及其部门应当坚持政务公开透明，以公开为常态、不公开为例外，全面推进决策、执行、管理、服务、结果公开。自贸区作为对外开放的重要窗口，承担着探索经验、提高创新、转变政府职能的重要任务，因此推动政务公开对自贸区来说尤为重要。

而从评估结果来看，部分自贸区的政务公开水平仍然较差，公开意

识有待提升,对大量公众和企业关注的信息并未进行主动公开。部分自贸区网站建设较为简陋,仅有一些基本的自贸区相关新闻,缺乏实质有效的信息。

(二) 主管机关法律地位不明确

各自贸区的组织架构由各省、直辖市制定,各自贸区的组织架构设置各不相同,因此导致自贸区主管机关的法律地位不明确,组织权限不够清晰。

根据《中国(上海)自由贸易试验区管理办法》第四条,本市成立中国(上海)自由贸易试验区管理委员会。管委会为市政府派出机构,具体落实自贸试验区改革任务,统筹管理和协调自贸试验区有关行政事务。按照此条规定,上海自贸区管委会的性质为上海市政府的派出机构。而在中国(上海)自由贸易试验区网站所公布的组织架构图中则显示,上海自贸区管委会与浦东新区人民政府为合署关系。

另一种组织架构方式,则是由省委、省政府建立自由贸易试验区工作领导小组或自由贸易试验区推进工作领导小组,在省商务厅或商务委员会设置领导小组办公室。如中国(福建)自由贸易试验区、中国(广东)自由贸易试验区、中国(天津)自由贸易试验区等。根据《中国(福建)自由贸易试验区管理办法》,设立中国(福建)自由贸易试验区工作领导小组,负责统筹协调自贸试验区建设发展工作,领导小组办公室设在省商务厅,由省商务厅承担领导小组办公室的日常工作。

根据《中国(浙江)自由贸易试验区条例》,省人民政府建立自贸试验区议事协调机构;自贸试验区议事协调机构的办事机构设在省商务主管部门;中国(浙江)自由贸易试验区管理委员会作为省人民政府的派出机构,负责自贸试验区建设、管理等工作。此种组织架构结合了上述两种组织方式,一方面在省政府设立协调机构,在省商务部门设立办事机构;另一方面又设立管委会作为省人民政府的派出机构。同时,根据中国(浙江)自由贸易试验区网站显示,中国(浙江)自由贸易试验区管理委员会与舟山市人民政府、舟山群岛新区管委会合署,实行"三块牌子一套班子"。

各自贸区主管机关法律定位的不明确和组织架构的不同导致了信息

公开的混乱。机关组织权限不清晰，信息公开责任不明确，便会影响信息公开效果。

（三）多开发区合署，公开信息混杂难以区分

评估发现，各自贸区片区的管理方式，多存在不同行政管理区域合署的情形。以中国（天津）自由贸易试验区为例，根据《中国（天津）自由贸易试验区管理办法》第八条：管委会设立三个派出机构，在天津东疆保税港区管理委员会（天津东疆港区管理委员会）加挂自贸试验区天津港片区办事处牌子，在天津港保税区管理委员会（天津空港经济区管理委员会）加挂自贸试验区天津机场片区办事处牌子，在天津市滨海新区中心商务区管理委员会加挂自贸试验区滨海新区中心商务片区办事处牌子。由此，开发区政务信息和自贸区政务信息混在一起无法区分，如在《天津港保税区管委会 2020 年度政府信息公开工作报告》中，便无法区分出专属于自贸试验区天津机场片区办事处的信息。

再如中国（广东）自由贸易试验区广州南沙新区片区、广州南沙经济技术开发区、广州南沙保税港区与区政府合署，广东自贸区所显示的南沙片区的链接便直接跳转到南沙人民政府网，网站所公开的信息公开难以区分属于自贸区南沙片区、开发区还是区政府。

（四）多部门权力交叉，缺乏统一规定

自贸区在运行过程中，必然涉及多个部门的职权交叉，这又造成了信息统筹公开的困难。不同的信息由不同部门掌握，不能及时反馈和公示在统一的自贸区门户网站，于是便导致了信息公开的分散，甚至信息公开的空白。如《中国（四川）自由贸易试验区管理办法》中规定，自贸试验区各片区实行相对集中行政许可权制度，依法统一行使相关行政许可权。自贸试验区各片区实行相对集中行政处罚权制度，依法统一行使相关行政处罚权。但是在中国（四川）自由贸易试验区成都天府新区片区、成都青白江铁路港片区、川南临港片区的网站上，却并没有任何相关行政许可、行政处罚文件的公示。

经过长时间的构建，全国政府信息公开系统已经基本建立，政府信息公开相对完善。而对于自贸区的信息公开工作，在国家层面缺乏统一的专门性文件规定，各自贸区的组织架构设置也各不相同、法律地位不够明确，对自贸区的信息公开工作只能凭借各自贸区主管机关的主动与自觉。由此，全国各自贸区信息公开水平的参差不齐进一步加剧。

六 展望

建设自由贸易试验区对于探索中国对外开放的新路径和新模式，推动加快转变政府职能和行政体制改革，促进转变经济增长方式和优化经济结构都具有重要的意义，有利于培育中国面向全球的竞争新优势，构建与各国合作发展的新平台，拓展经济增长的新空间。《优化营商环境条例》要求全面推进决策、执行、管理、服务、结果公开，提升营商环境法治化水平，促进外商投资，提升政府管理规范化程度和企业经营的可预期性。2020年受新冠肺炎疫情影响，各国经济都受到不同程度的损失，在党中央的领导下，中国率先在全国范围内有效控制疫情蔓延并实现了经济的正增长，这使得世界其他国家对中国市场的信心得到了极大的提高，而自由贸易试验区作为吸引外资、促进对外贸易的重要窗口，其网站建设和各类信息公开都应该进一步加强和提高，营造稳定、公平、透明的营商环境。为推动自贸区信息公开，建议做好以下几方面工作。

首先，制定和完善密切自贸区信息公开的专门制度文件。可以参照政府信息公开的相关国务院规定，对自贸区信息公开制定统一标准，全国各地自贸区则可以有明确依据规范其信息公开，这对于提高自贸区透明度和开放度都会有很大的帮助。

其次，明确自贸区主管机关法律地位。多个行政管理区域的合署与主管机关法律权限不清晰具有内在关联，这种混杂的管理方式反映在自贸区门户网站上就导致了信息查找不明，网页跳转混乱，难以分辨自贸区与其他机关信息，也导致了责任不明确引起的信息空白。对于多个行政管理区域的合署的情况，应该明确不同区划和层级的信息公开，避免信息混杂现象。

再次，探索按照跨部门业务协同趋势改革政务公开机制。适应自贸区建设以及政务服务改革方向，打破传统的以部门为单位的公开工作机制，建立适应新时期跨部门管理服务所需的公开机制，实现以事项为纽带而不是以部门为纽带的新时期公开机制。

最后，提升信息公开智能化水平，加快自贸区平台建设。依托互联网，运用新科技，实现自贸区信息同步生成、自动归集、定向智能推送，提高信息公开的针对性和到达率，减少信息更新不及时的情况。同时，网站页面的清晰化和专栏条理化更有利于被公开信息的展示，便于公众浏览搜索。

V

政务公开调研报告

论具有一定社会影响的行政处罚决定的公开

王 杰 张 力[*]

摘 要：作为信息规制工具的行政处罚决定公开，是推动国家治理现代化转型的有效手段之一，知情权保障与多元共治格局共同证成了行政处罚决定公开的正当性。公开行政处罚决定需要特别关照相对人的权益，只有具备较多违法行为人、较大秩序破坏力、较强公众关联度的行政处罚决定才能进入公开范围。作为一种特殊的政府信息，行政处罚决定公开既需要遵循《政府信息公开条例》的一般要求，也需要参酌其他法律规范的独特规定。

关键词：行政处罚决定 信息公开 国家治理转型

引 言

行政处罚决定能否面向不特定社会大众公开？这向来是一个颇具争议的法学话题。从规范层面来看，无论是1996年的《行政处罚法》，还是2007年的《政府信息公开条例》，都没有为行政处罚决定公开提供直接的法律依据。但在行政执法实践中，公告违法行为、公布违法事实、披露负面信息等部分具有处罚决定公开效果的行政执法手段却早已

---

[*] 王杰，中国政法大学法学院宪法学与行政法学专业博士研究生；张力，中国政法大学法学院副院长、副教授。

付诸实践，且有不断发展壮大之势。不同于实务界对于行政处罚决定公开的普遍乐观情绪，理论界人士纷纷表达了自己的顾虑与担忧。例如，任何行政处罚决定的公开都可能增加被处罚人的声誉不利，从而有违"过罚相当"原则。① 同时，不特定的受众群体与信息扩散的连锁反应，有可能使不当公示的处罚信息产生负面不利效果，进而影响行政执法工作的开展以及当事人的其他合法权益。② 尽管存在着理论与实务的观点对立，但各方还是能够就行政处罚决定公开具有的基本价值达成一致，即公开一方面有利于推进严格规范公正文明执法，提高行政管理透明度和政府公信力，另一方面也有利于保障不特定社会公众的知情参与表达监督权，增强行政执法活动的民主性与正当性。因而，2019年修订的《政府信息公开条例》首次以行政法规的形式将"行政机关认为具有一定社会影响的行政处罚决定"纳入政府信息的主动公开范围，而2021年1月22日修订通过的《行政处罚法》则在此基础上继续提升行政处罚决定公开的规范层级，使其具有了公开的直接法律依据。但是，如何理解与适用这一规定，还需进一步的规范研习。

一 公开行政处罚决定的宪法基础与规制逻辑

其实，早在新《行政处罚法》规定"具有一定社会影响的行政处罚决定应当依法公开"之前，公开就已经成为旧《行政处罚法》与旧《政府信息公开条例》的一项共通立法原则。那么，两法为什么要确立公开原则？而本该被两法公开原则所涵摄的行政处罚决定，又为何迟至今日才获得公开的直接法律依据？

（一）知情权保障：政府信息公开的宪法基础

根据中国《宪法》第二条，国家的一切权力属于人民。也就是说，

---

① 沈岿：《关于〈行政处罚法（修订草案）〉的若干意见》，访问地址：https://mp.weixin.qq.com/s/KlN8md8EvWhHDPQ055BqTg，最后访问日期：2021年2月5日。
② 参见马迅《行政处罚决定公示：挑战与回应》，载《江淮论坛》2017年第5期。

人民才是国家立法、执法与司法权力的实际拥有者，而政府只是承接行政执法权力委托的受托者。作为委托者的人民自然可以通过各种渠道和途径参与政府的行政执法行为，而参与的前提就是必须让公众对于行政执法过程中产生的立案、调查与决定等政府信息拥有充分的了解。以至于有学者说，信息就是进入民主政治大门的钥匙，而信息公开则是人民民主的应有之义。① 只有公众对于政府信息的知情权得到了充分保障，主权在民的立宪观念才算是得到了真正践行。同时，在当代这样一个风险社会之中，个人获得包括政府信息在内的足够信息，以对自身所处的环境安全作出判断与选择，也是增长知识、形成和发展人格的必然要求。②

可以说，正是公民的知情权保障，构成了信息公开的内在正当性，且这种正当性不受任何外部特定目的之影响，具有根本性、稳定性与恒久性的特质。③ 相较而言，规范行政执法行为、提高执法效率与质量、监督和控制行政权力、防止政府的异化与腐败、提高政府的透明度、促进学术研究发展等功能价值，顶多算作是信息公开的外部必要性，这是一种基于特定时期之特定目的而产生的外部功利性目标，不具有稳定性的特征。因此，1996年制定的《行政处罚法》将公开作为一大基本原则，规定作为行政处罚的依据必须事先予以公布。而随着"政务公开"理念的提出，政府上网工程的推进，以及《政府信息公开条例》的制定与修改，中国的政府信息公开工作正在知情权保障的宪法基础指引下，有序、稳步、高效地向前发展。

（二）作为特殊政府信息的行政处罚决定

根据《政府信息公开条例》第二条，政府信息是指行政机关在履行行政管理职能过程中制作或者获取的，以一定形式记录与保存的信息。而行政处罚决定，作为行政执法机关整个执法过程与结果信息的最终载体，显然满足政府信息的概念构成要件，需要接受《政府信息公开条例》的调整，共同践行知情权保障的宪法基础。但旧《政府信息公开

---

① 谭宗泽、杨解君：《政府信息公开的理论基础——多学科视角的探讨》，载《江海学刊》2010年第4期。
② 戚红梅：《我国政府信息公开立法目的之探讨》，载《河北法学》2013年第5期。
③ 参见李友根《裁判文书公开与当事人隐私权保护》，载《法学》2010年第5期。

条例》并没有将行政处罚决定纳入自身的规制范围，主要还是因为行政处罚决定公开具有自身独特的法律关系结构以及需要特殊关照的个体法律权利。不同于普通政府信息公开中"政府信息公开机关与政府信息公开受众"之间的双边行政法律关系结构（参见图1）。在行政处罚决定公开中，存在着"处罚决定公开机关、处罚决定公开受众与处罚决定相对人"之间的三边行政法律关系结构（参见图2）。而在这种三边行政法律关系结构中，行政处罚相对人往往成为需要特别关照的权利主体，这就决定了行政处罚决定的公开注定要与普通的政府信息公开在知情权保障的宪法起点分手作别。

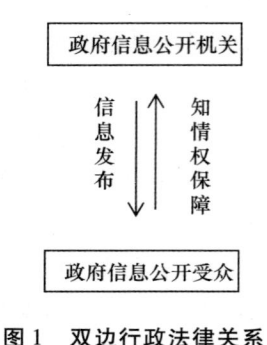

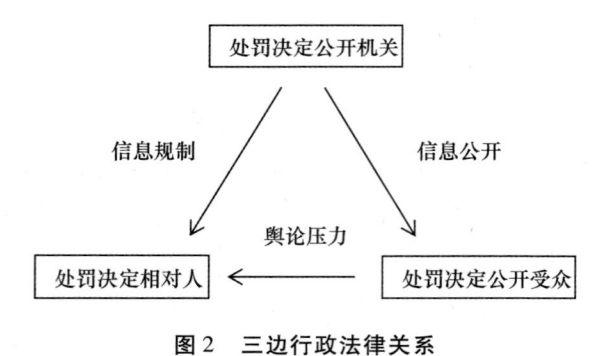

图1　双边行政法律关系

图2　三边行政法律关系

之所以需要在行政处罚决定公开中特别关照相对人的权利，主要是考虑到行政处罚是对相对人权益的减损或者义务的增加，对于行政处罚相对人来说，处罚信息是一种具有消极色彩、于己不利的信息，这与具备中性色彩的一般政府信息存在较大差异。如果仅仅是为了公众知情权保障的需要，就贸然公开行政处罚决定，完全有可能侵犯行政处罚相对人的隐私权与名誉权，产生标签效应，① 进而形成降低社会评价、贬损个人声誉的"二次伤害"效果。如何定性行政处罚决定公开行为的法律性质暂且不论，但无论是作为一种声誉罚或者行政强制执行手段，还是作为一种公共警告或者行政事实行为，行政处罚决定公开之于相对人而言，都是一种不利益的负担，因而需要对其进行特别关照，慎重抉择此类政府信息的公开事宜。② 这也就解释了为何行政处罚决定公开迟迟没有直接法律依据的原因。

（三）信息规制：行政处罚决定公开的逻辑归宿

在此前提下，新《行政处罚法》为什么又要规定公开具有一定社会影响的行政处罚决定呢？这个问题的解答，需要我们深入该条规定的立法背景中去寻找答案。如前所述，即使是在没有直接法律依据的情况下，行政处罚决定公开其实也早已出现在了各类政策文件与执法实践之中，只是更多被称作公示违法行为或者公布违法事实。虽然有违法行为或者违法事实不代表着就一定会有行政处罚决定，但二者之间存在着一种集合包容关系，公示违法行为或者公布违法事实往往包容了公开行政处罚决定，因而可暂不对这几组概念进行精细区分。根据学者的考据，我国在规范性文件中对公示违法行为进行规定，可以追溯到1999年的《价格违法行为行政处罚规定》第十八条，其规定对于情节严重且拒不改正的价格违法行为，价格主管部门可以在行政处罚之外，另行在其营业场地公告此价格违法行为，直至改正。③ 至于公示违法行为的行政执法案例更是不甚枚举，典型如"南京曝光醉酒驾车案""农夫山泉砒霜案""知名演员嫖娼案"，等等。

党的十八届三中、四中全会以来，在简政放权、放管结合、优化

---

① 戴超、余凌云：《论作为声誉罚的公布违法事实行为》，载《浙江警察学院学报》2020年第1期。
② 参见章志远、鲍燕娇《公布违法事实的法律属性分析》，载《山东警察学院学报》2011年第6期。
③ 参见章志远《作为行政强制执行手段的违法事实公布》，载《法学家》2012年第1期。

服务等政策理念指引下，政府监管重心出现挪移，一批崭新的监管手段不断涌现，行政处罚信息公开制度也有了进一步的发展（参见表1）。2015年，国务院第95次常务会议第一次提出要"推进市场主体信息公示，依法及时上网公开行政许可、处罚等信息"。同年6月出台的《国务院办公厅关于运用大数据加强对市场主体服务和监管的若干意见》（国办发〔2015〕51号）则再次明确"除法律法规另有规定外，应将行政许可、行政处罚等信息自作出行政决定之日起7个工作日内上网公开"。此后，在国家发展和改革委员会的强力助推下，行政许可和行政处罚信息"双公示"工作逐渐在全国各地铺展开来。在"双公示"工作之外，为了创新市场监管理念，减轻企业负担，优化营商环境，《国务院办公厅关于推广随机抽查规范事中事后监管的通知》（国办发〔2015〕58号）提出要建立随机抽取检查对象、随机选派执法检查人员、及时公开查处结果的"双随机、一公开"制度，除特殊重点领域外，原则上所有行政检查都应当通过"双随机、一公开"的方式进行，一个全面覆盖、规范透明的常态化监管工作机制正在形成。同时，为了规范执法方式，提高执法效能，保障和监督行政机关有效履行职责，维护人民群众合法权益，国务院在2017年推出了行政执法公示制度、执法全过程记录制度、重大执法决定法制审核制度试点工作方案，要求各地方和各部门根据实际情况，在行政处罚等六类行政执法行为中开展试点。

表1　　行政处罚决定公开在各类全新监管手段中的体现

双公示制度	双随机、一公开制度	行政执法三项制度
除法律法规另有规定外，应将行政处罚信息自作出行政决定之日起7个工作日内上网公开	除法律法规明确规定外，抽查结果要及时、准确、规范向社会公开	探索行政执法决定公开的范围、内容、方式、时限和程序，完善公开信息的审核、纠错和监督机制，及时向社会公布抽查情况与查处结果，推动事后公开

可以说，正是这近20年的违法行为公示实践，助推了"具有一定社会影响的行政处罚决定应当依法公开"规定的出台。但这也只是某种

形式上的诱因，社会结构变迁导致的国家治理现代化需求才是规范新生背后的实质操盘手。随着行政任务的繁杂以及执法资源的紧张，传统的"命令—控制"型治理模式逐渐式微，基于市场化与社会化的规制型治理模式则日益勃兴，高权行政走向了合作行政，更多社会主体开始进入国家治理中心，一种多元共治的现代治理体系与格局正在形成。而在这种多元共治网络中，面对行政相对人的违法行为与事实，行政机关不再仅仅采取传统的处罚与强制手段，而是同时面向社会公众发布行政相对人的违法信息以及处罚结果，借助社会公众形成的舆论压力，达到间接规制行政相对人的最佳效果。此时，公开行政处罚决定等行为，实际上成为现代多元治理格局中的一种信息规制工具，[①] 只是这种信息规制工具需要处理好行政机关信息发布、社会公众知情权保障以及行政处罚相对人权益保护之间的利益衡平关系。

二 何为具有一定社会影响的行政处罚决定？

知情权保障与多元共治格局共同证成了行政处罚决定公开的正当性，但有正当性并不代表所有的行政处罚决定都适宜公开，避免对于相对人的二次伤害始终是行政处罚决定公开范围大小的控制阀。从《行政处罚法》（修订案）一、二审稿的"行政处罚决定"到通过稿的"具有一定社会影响的行政处罚决定"，修法者的立场变迁告诉我们，如何理解"具有一定社会影响"才是修法后妥当落实行政处罚决定公开制度的关键。

（一）"具有一定社会影响"的规范理解现状

既然行政处罚决定公开已经成为了一种覆盖全领域与多层级的信息规制工具（参见表2与表3），[②] 那么在解读"具有一定社会影响"这

[①] 参见应飞虎、涂永前《公共规制中的信息工具》，载《中国社会科学》2010年第4期。

[②] 表2与表3的统计方法：以北大法宝为检索平台，以法律法规数据库为检索范围，以"行政处罚"为标题关键词进行首次检索，再以"公开 or 公示 or 公布"为标题关键词在结果中进行二次检索，截止到2021年2月15日，共得到现行有效的中央与地方法规334篇，经过人工阅读筛选后得出表显内容。

一不确定法律概念之前，我们不妨先对现有制度设计者之于这一问题的理解情况进行一番梳理，以把握现状、发现问题、展望未来。

表2　　　　　　　　　各领域行政处罚决定公开办法

领域	规范性文件
知产	《关于依法公开制售假冒伪劣商品和侵犯知识产权行政处罚案件信息的意见（试行）》（国发〔2014〕6号）等
工商	《工商行政管理行政处罚信息公示暂行规定》（国家工商行政管理总局令第71号）等
统计	《国家统计局行政处罚信息公示办法（试行）》（国统字〔2019〕9号）等
食药	《食品药品行政处罚案件信息公开实施细则》（食药监稽〔2017〕121号）等
农业	《农业行政处罚案件信息公开办法》（农政发〔2014〕6号）等
卫健	《湖北省卫生计生行政处罚信息公开管理办法（试行）》（鄂卫生计生规〔2017〕2号）等
价格	《北京市发展和改革委员会价格行政处罚决定书公示办法》（京发改规〔2017〕1号）等
国税	《合肥市国家税务局关于推行行政处罚决定书公开工作的通知》（合国税发〔2016〕18号）等
地税	《上海市地方税务局行政处罚案件信息主动公开办法》（沪地税发〔2015〕10号）等
财政	《北京市财政行政处罚行为分类及公示期限目录》（京财法〔2020〕2401号）等
民防	《上海市民防办行政许可和行政处罚等信用信息公示工作方案》（沪民防〔2016〕46号）等
安监	《广东省安全生产监督管理局安全生产行政处罚信息公开制度》（粤安监办〔2015〕24号）等
保监	《关于加强行政许可和行政处罚等信用信息公示工作的实施方案》（保监厅发〔2016〕47号）等
住建	《吉林省住房城乡建设厅行政许可和行政处罚信息公示工作实施方案》（吉建办〔2016〕41号）等
民政	《内蒙古自治区民政厅行政许可和行政处罚等信用信息公示工作实施方案》（内民政发〔2016〕54号）等
体育	《东莞市体育局关于行政许可和行政处罚等信用信息公示工作实施方案的通知》（东莞市体育局2016年2月26日）等
质监	《自治区质量技术监督局行政许可和行政处罚信息公示方案》（宁夏回族自治区质监局办公室2016年2月1日）等
人社	《海口市人力资源和社会保障局关于做好行政许可和行政处罚等信用信息公示工作的通知》（海口市人力资源和社会保障局2016年1月25日）等

续表

领域	规范性文件
司法行政	《武汉市律师行业行政处罚信息公示办法》（武汉市司法局2020年12月15日）等
铁路建设	《铁路建设工程监管行政处罚信息公开办法》（国铁工程监〔2017〕18号）等
交通运输	《行政许可和行政处罚等信用信息公示实施方案》（冀交政法〔2015〕627号）等
城管执法	《东莞市城市综合管理局失信行为行政处罚信息公示规范》（东综管〔2018〕107号）等
生态环境	《四川省生态环境行政处罚信息公开办法（试行）》（川环办发〔2020〕26号）等
市场监管	《天津市市场监管系统行政处罚信息公示实施细则（修订）》（津市场监管规〔2020〕11号）等
公共资源	《合肥市公管局关于规范公共资源交易领域行政处罚信息公示工作的通知》（合公督〔2019〕18号）等
海洋渔业	《辽宁省海洋与渔业厅行政许可和行政处罚信用信息公示工作实施方案》（辽海渔法字〔2016〕23号）等
应急管理	《黑龙江省应急办关于进一步做好行政许可和行政处罚等信用信息公示工作的通知》（黑应急办发〔2018〕8号）等

表3　　　　　　　　　**各省行政处罚决定公开办法**

省份	规范性文件
上海	《上海市行政处罚案件信息主动公开办法》（2015年11月16日上海市人民政府令第36号）
浙江	《浙江省行政处罚结果信息网上公开暂行办法》（2015年1月15日浙江省政府令第332号）
四川	《四川省行政许可和行政处罚等信用信息公示工作实施方案》（川办函〔2016〕81号）
海南	《海南省推进行政许可和行政处罚等信用信息公示工作实施方案》（琼府办〔2016〕2号）
河南	《河南省行政许可和行政处罚等信用信息公示工作实施方案》（豫政办〔2015〕164号）
青海	《关于开展行政许可和行政处罚等信用信息公示工作的实施方案》（青政办〔2015〕230号）

续表

省份	规范性文件
宁夏	《全区行政许可和行政处罚等信用信息公示工作实施方案》（宁政办明电发〔2015〕99号）
湖南	《湖南省行政许可和行政处罚等信用信息公示工作实施方案》（湘政办发〔2015〕105号）
江苏	《江苏省政府办公厅关于进一步规范我省行政许可和行政处罚等信用信息公示工作的通知》（苏政办发〔2016〕84号）
山东	《山东省人民政府办公厅关于做好行政许可和行政处罚等信用信息公示工作的实施意见》（鲁政办字〔2016〕4号）
河北	《河北省人民政府办公厅关于认真做好行政许可和行政处罚等信用信息公示工作的通知》（冀政办字〔2015〕159号）
福建	《福建省发展和改革委员会关于认真做好行政许可和行政处罚等信用信息公示工作的通知》（闽发改办〔2015〕725号）
广东	《广东省发展改革委关于贯彻落实行政许可和行政处罚等信用信息公示工作指导意见的通知》（粤发改信用函〔2018〕4541号）

通过检视各地以及各领域的行政处罚决定公开的制度文件可以发现，现有制度设计者基本能够认识到行政处罚决定公开具有知情权保障与促进治理模式转型的积极功用，甚至有部分制度设计者还能认识到行政处罚决定公开范围的大小，事关相对人其他合法权益的保护，应当慎重把握的事实。例如，《浙江省环境保护行政处罚结果信息网上公开暂行规定》（浙环发〔2014〕61号）第6条第1款就规定"各级环保部门可以在各自职责范围内，结合本单位实际、按照依法依规、突出重点、必要可行的原则，确定行政处罚结果信息网上公开的具体范围"。《合肥市国家税务局关于推行行政处罚决定书公开工作的通知》（合国税发〔2016〕18号）也在工作要求部分规定"各单位要明确公开目的和目标，正确处理被处罚人信息处分权和公众知情权之间的关系，把握公开尺度，严格区分公开和不公开的范围界限，既充分保障个体化权利，又有效维护公共利益需要"。

但是，绝大部分制度设计者关于行政处罚决定公开范围的理解都存在着泛化的风险，这与新《行政处罚法》"具有一定社会影响"的范围限定大异其趣。公开范围泛化的具体表现为：只要行政处罚决定不属于不应当公开的政府信息，就应当全部上网公开。例如，根据《食品药品行政处罚案件信息公开实施细则》（食药监稽〔2017〕121号）第9条和第11条的规定，只要是食品药品监督管理部门适用一般程序的行政处罚决定都应当向社会主动公开行政处罚决定书，除非该行政处罚案件信息（一）涉及国家秘密、商业秘密；（二）公开后可能危及国家安全、公共安全、经济安全和社会稳定；（三）属于法律、法规规定的其他不予公开的信息。同时，《国家发改委办公厅关于进一步完善行政许可和行政处罚等信用信息公示工作的指导意见》（发改办财金〔2018〕424号）提出"应归尽归、应示尽示"要求，以及"双公示"长效评估和考核机制，都成为了各地与各领域制度设计者头顶的达摩克利斯之剑，以至于出现了竞相公开、公开百分百的行政处罚决定公开大跃进现象。

如此泛化理解行政处罚决定的公开范围，实际上是没能正确认识到行政处罚决定公开之于普通政府信息公开的特殊性，这既造成了处罚决定公开的信息冗余与成本增加，也不利于充分保障行政处罚相对人的其他合法权益。因此，各地及各领域行政处罚决定公开的制度设计者必须在新《行政处罚法》生效施行后，主动调适自身对于处罚决定公开范围的过泛理解，回归"具有一定社会影响的行政处罚决定应当依法公开"的立法原点。

（二）"具有一定社会影响"的法释义学解读

现有制度设计者关于行政处罚决定公开范围泛化理解的现实告诉我们，必须对"具有一定社会影响"这一不确定法律概念进行具体化解读，否则执法实践可能严重背离行政处罚决定公开制度的设计初衷。已有的学术研究多将具有一定社会影响的行政处罚决定理解为与公共安全相关、能够增进公共利益的行政行为。[①] 但无论是公共安全，还是公共利益，也都是有待个案具体化的不确定法律概念。这种以不确定法律概

[①] 参见杨寅《行政处罚类政府信息公开中的法律问题》，载《法学评论》2010年第2期；徐信贵、康勇《行政处罚中政府信息公开义务与限制》，载《重庆邮电大学学报》（社会科学版）2015年第4期。

念定义不确定法律概念的方式并不可取,最后只会陷入循环定义的泥潭。因而,有必要从"具有一定社会影响"这一不确定法律概念本身出发,重新寻找适宜的解读路径。

"社会影响"一词本是社会学与传播学领域的常用分析概念。根据毕博·拉坦纳的社会影响理论(social impact theory),社会影响的大小主要取决于三个因素:影响者的数量、影响者的实力、影响者与被影响者的接近性。① 在行政处罚案件中,判断一个行政处罚决定能够产生多大的社会影响,同样可以适用社会影响理论的分析框架。此时,行政处罚决定成为了影响者,不特定社会公众成为了被影响者。但是,作出一个什么样的行政处罚决定往往取决于发生了一个什么样的违法行为,因而违法行为应当替代行政处罚决定,成为分析框架中的影响者。当然,这里的违法行为应作广义理解,既包括字面意义的违法行为,也包括扩张意义的违法行为者。于是,判断一个行政处罚决定的社会影响大小,就可以着重关注违法行为的数量、违法行为的实力以及违法行为与不特定社会公众的接近性这样三个不同维度的评价因素。三者之间不是非此即彼的替代关系,而是相互补充的嵌套关系,在判断某个行政处罚决定的社会影响大小时,应该综合运用三个维度的评价因素进行充分考量,切忌倚重或者偏废某端。

首先,可以通过观察某个违法行为的实施者人数判断行政处罚决定的社会影响,共同违法行为的社会影响往往大于个人违法行为的社会影响。因此,针对集体上访人的行政处罚决定有必要公开,而针对个人误闯红灯的行政处罚决定则没有必要公开。其次,可以通过观察违法行为人的年龄、身份、违法程度、悔改表现,违法行为引发的社会关注、违法行为造成的危害持续时间、违法行为影响的受众范围等介质判断行政处罚决定的社会影响。例如,三鹿集团作为国内奶制品行业的头部企业,在奶粉中加入化工原料三聚氰胺,该事件经媒体报道后迅速引爆社会舆论,几乎摧毁了国产奶制品的行业秩序,这就决定了后续行政处罚决定的必然公开。最后,还可以通过观察违法行为与不特定社会公众之

---

① 参见[美]斯蒂芬·弗兰佐《社会心理学》,葛鉴桥等译,上海人民出版社2010年版,第289—291页。

间的时空关联程度判断行政处罚决定的社会影响。如果违法行为主要发生在环境保护、公共卫生、安全生产、食品药品、产品质量等事关社会公众人身财产安全且需要其普遍知悉的领域，其造成的社会影响势必是巨大的，那么相应的行政处罚决定也必然需要公开。

因此，"具有一定社会影响的行政处罚决定"可以进一步解读为"具有较多违法行为人、具有较大社会秩序破坏力、具有较强社会公众关联度的行政处罚决定"。只有通过社会影响评价三要素检验的行政处罚决定，才能够被纳入公开范围之列，以最大限度地保证处理好行政机关信息发布、社会公众知情权保障以及行政处罚相对人权益保护之间的利益衡平关系。

三 依法公开：行政处罚决定公开的制度选择

行政处罚决定应当公开，"具有一定社会影响"也为其划定了公开范围，最后还需要处理的就是如何公开的制度建构问题。二审稿提出"按照政府信息公开的有关规定予以公开"，但最终通过的新《行政处罚法》还是采用了"依法公开"的规范叙事方式。二者有何异同？"依法公开"又该如何理解？

（一）依法公开还是依条例公开？

行政处罚决定属于政府信息的概念范畴，其适用《政府信息公开条例》的正当性毋庸置疑，但它是一种需要特别关照行政处罚相对人权益的政府信息，因而又不能完全按照普通政府信息公开的有关规定予以公开，依法公开的叙事方式扩展了依条例公开的规范内涵，因而成为最佳的立法制度选择。所依之法，既包括政府信息公开领域的"基本法"——《政府信息公开条例》，也包括各式各样专门处理行政处罚决定公开问题的规范性文件，识别并把握好其中的共同点与差异性，才是行政处罚决定公开制度行稳致远的首要前提。

就共同点而言，行政处罚决定公开与普通政府信息公开一样，均需要遵循《政府信息公开条例》的基本制度原则、信息筛选机制、公开平台建设与考核评议监督等内容。首先，积极推进行政处罚决定公开工作，逐步放宽"具有一定社会影响"解释空间，适时增加行政处罚决定公开内容；遵循公正、公平、合法、便民、及时、准确的公开原则，当无法判断处罚决定是否应该公开时，坚持"以公开为常态、不公开为例外"；编制、公布并及时更新行政处罚决定目录，建立行政处罚决定公开协调机制，保证公开信息的准确一致。其次，建立健全行政处罚决定敏感信息筛选机制，正确区隔可以公开与不能公开的信息内容；凡是依法确定为国家秘密的、法律与行政法规禁止公开的、公开后可能危及国家安全、公共安全、经济安全和社会稳定的，都属于绝对不能公开的信息，如果行政处罚决定涉及其一，都应该进行脱敏处理与部分公开；如果行政处罚决定涉及商业秘密与个人隐私，则遵循相对公开原则，即原则上不得公开，除非征得第三方同意或者不公开会对公共利益造成重大影响；而行政处罚决定形成过程中的内部事务信息与过程性信息，则属于可以不予公开的裁量范畴。再次，加强处罚决定信息资源的规范化、标准化、信息化管理，探索采用大数据、移动互联等信息化手段，加快推进行政处罚决定公开网站及平台建设，确保行政处罚决定信息数据安全、准确、高效、便捷地实现交换共享与公开公示。最后，建立健全行政处罚决定公开工作考核制度、社会评议制度和责任追究制度，将公开信息的及时性、全面性和准确性列为重要考核指标和考评依据，定期对行政处罚决定公开工作进行考核与评议，对未按照要求开展行政处罚决定公开工作的行政机关予以督促整改与通报批评。

就差异性而言，行政处罚决定作为一种特殊的政府信息，又需要匹配区别于普通政府信息公开的制度机制。以公开方式为例，《政府信息公开条例》规定了主动公开与依申请公开两种方式，各地的行政处罚决定公开办法也在主动公开之外附加了依申请公开的转致条款，[①] 但新《行政处罚法》"应当依法公开"的规范表达，可能无法为依申请公开保留制度空间。一方面，应当依法公开的对象是"具有一定社会影响的

[①] 如《天津市市场监管系统行政处罚信息公示实施细则（修订）》（津市场监管规［2020］11号）第15条："公民、法人或者其他组织申请公开行政处罚相关信息的，依照《中华人民共和国政府信息公开条例》等有关规定办理。"

行政处罚决定",而在 2019 年修订的《政府信息公开条例》中,"具有一定社会影响的行政处罚决定"属于行政机关主动公开的政府信息范围。从"行政处罚决定"到"具有一定社会影响的行政处罚决定"的规范叙事变迁可以看出,修法者有意在制度初创时期参酌前法,限缩行政处罚决定的公开方式,主动公开就成为了唯一制度选择。另一方面,"具有一定社会影响的行政处罚决定"主要是指"具有较多违法行为人、具有较大社会秩序破坏力、具有较强社会公众关联度的行政处罚决定",这些行政处罚决定要么涉及公共利益,要么需要社会公众普遍知悉,而个体公民并没有权利代表或者处分这种公共利益,自然也就无法获得申请公开行政处罚决定的主观公权利。毕竟相对人其他合法权益的保护,始终是行政处罚决定公开制度运行中必须慎重加以考虑的因素。

(二) 依法公开的具体制度建构

显然,依法公开与依条例公开的规范叙事方式存在着共性与差异,求同存异也就成为了行政处罚决定公开具体制度建构的不二选择。既要提升政府透明度,又要保障公众知情权,还要守护个体其他合法权益,依法公开行政处罚决定需要程序与实体维度的共同努力。

一方面,公开行政处罚决定之前,应当在程序上赋予相对人陈述申辩的机会以及提出预防性保护请求的权利。首先,根据英国法上的自然正义原则,任何不利决定作出之前,都必须为当事人提供一个陈述申辩的机会,否则这个决定就是无效的。[①] 既然公开行政处罚决定有可能给相对人带来"二次伤害"的不利益负担,那么就应该在公开之前告知相对人拟公开的内容、可能带来的后果以及公开的理由依据,并赋予相对人陈述申辩的机会。如此一来,相对人既表达了自己的意见、完成了程序参与,也可帮助行政机关重新审视自身公开理由的充分性。《工商行政管理行政处罚信息公示暂行规定》(国家工商行政管理总局令第 71 号) 第 8 条就规定,工商行政管理部门在送达行政处罚决定书时,应当书面告知当事人行政处罚信息将向社会进行公示。但这也仅仅只是履行了形式上的告知义务,并不符合正当程序的实质要求,有待后续进一步

---

① 参见何海波《英国行政法上的听证》,载《中国法学》2006 年第 4 期。

修订与补正。其次，鉴于行政处罚决定公开存在造成难以弥补损害的可能性，因此有必要借鉴德国行政诉讼法上的停止作为之诉，针对未来即将出现的一个"有威胁的"行政处罚决定公开行为，构建一个预防性法律保护机制。①当然，这种保护机制的启动，必须满足原告适格、损害重大以及事后救济不可期待的适法条件，不可任意适用。

另一方面，公开行政处罚决定之时，应当在实体上区隔个人核心声誉内容、建立公开时效分级制度。虽然行政处罚决定的发布可能与相对人的隐私权以及商业秘密保护产生冲突，但这种冲突并非不可调和。②根据《政府信息公开条例》第三十七条的规定，拟公开的政府信息中含有不应当公开的内容，但是能够作区分处理的，行政机关就应当提供可以公开的政府信息内容。因此，只要行政处罚决定中涉及相对人核心声誉以及商业秘密保护的内容能够得到合理区隔，公开行政处罚决定就能在保障行政机关信息发布与社会公众知情权的前提下，对行政处罚相对人的其他合法权益进行适当保护。同时，为了最大限度地遵循"过罚相当"原则，应当针对不同程度的违法行为，设置梯次化的行政处罚决定公开期限，并赋予当事人不利信息被遗忘权。例如，《北京市生态环境行政处罚行为分类及公示期限管理相关规定（2020年修订版）》就在综合考虑法定依据、违法情形、性质情节、危害程度、处罚幅度等因素的基础上，采取"定档+分阶"的方式，对生态环境行政处罚行为进行分类，明确行政处罚信息的不同公示期限。

结　语

作为信息规制工具存在的行政处罚决定公开，是打造透明政府和公信政府的重要举措，也是切实转变政府职能的有效手段。做好行政处罚决定公开工作，有利于加强信息资源整合、建设社会信用体系、规范市

---

① 参见［德］弗里德赫尔穆·胡芬《行政诉讼法》，莫光华译，法律出版社2003年版，第302—303页。

② 参见王留一《论行政执法决定公开：功能、问题与对策》，载《学术论坛》2019年第4期。

场主体行为、形成多元共治格局。但可能存在的侵害相对人其他合法权益的负面效应，提醒我们必须正确认识这一新修制度的功能定位，合理把握处罚决定的公开范围，认真贯彻依法公开的制度选择，处理好行政机关信息发布、社会公众知情权保障以及行政处罚相对人权益保护之间的利益衡平关系。

政府新闻发布的现状与展望

中国社会科学院法学研究所法治
指数创新工程项目组[*]

摘　要：近年来，我国政府信息公开的现代化程度不断提高，作为其重要组成部分，兼具发布权威信息、回应社会关切、引导舆论等多项重要功能的新闻发布会制度建设也取得了显著成效。政府新闻发布更加规范，渠道愈加丰富，形式更为多样，与人民群众之间的沟通越发便捷。但同时，我国政府新闻发布也存在着包括信息上网不及时、不完全，发布内容庞杂等问题。今后，应当注意对专业人员的培养，建立起一套行之有效的上网发布机制，并就发布内容进行浓缩精练，着力推动政府新闻发布制度化、常态化、专业化。

关键词：新闻发布　政府信息公开　政务公开

一　新闻发布在政府信息公开工作中的作用

新闻发布是政府信息公开的重要途径，自我国逐步建立和完善新闻

---

[*] 项目组负责人：田禾，中国社会科学院国家法治指数研究中心主任，法学研究所研究员、中国社会科学院大学法学院特聘教授；吕艳滨，中国社会科学院法学研究所研究员、法治国情调研室主任，中国社会科学院大学法学院宪法与行政法教研室主任、教授。项目组成员：王小梅、王祎茗、王雅凤、车文博、冯迎迎、刘雁鹏、刘智群、齐仪、米晓敏、陆麒元、胡昌明、洪梅、栗燕杰、顾晨瀚（按姓氏笔画排序）。执笔人：王雅凤、刘智群、齐仪、陆麒元、顾晨瀚（按姓氏笔画排序），中国社会科学院国家法治指数研究中心学术助理。

发布制度以来,新闻发布工作已经成为国家治理的常态工作和自觉行为。作为我国推进民主政治进程的重要举措、提升政府透明度的重要途径、党和政府的新闻舆论工作的重要组成部分,新闻发布工作从特殊方面践行"推进国家治理体系和治理能力现代化"这一全面深化改革的总目标,在政府信息公开工作中发挥着至关重要的作用。

(一)发布权威信息

政府通过召开新闻发布会发布权威信息,可以最大程度准确传达信息、解读政策,让人民群众能充分了解政府的方针政策、工作动向。

当前,我国各级政府系统化、专业化的新闻发布制度已经形成,从中央到地方,分工明确、多层次的新闻发布会可以满足群众对政府权威信息的需求;在制度化、常态化的新闻发布制度下,发布会的召开保持在一定频率,信息发布维持在高密度状态,可以满足群众对信息获取的需求;另外,新闻发布会的时长较为灵活,容纳信息量较大,能够全方位、多领域发布权威信息,有利于政府各方面的决策、决定,准确、迅速地传达到全国人民,有助于动员一切可动员的力量,推进政府的政策落实,提高政府信息公开水平,进一步实现政府行政能力和治理水平现代化。

(二)回应社会关切

通过建立新闻发布机制,有助于及时回应群众关切,搭建政府和群众沟通的桥梁。新闻发布制度是一个面对面交流的平台,新闻发言人与记者可以有效互动,充分沟通。部分信息公开之后,群众对其的理解可能会出现偏差,这时就亟需加强信息、政策的解读,加强政民互动。在发布会上记者可以就政府公开信息中有歧义的部分提出疑问,发言人可以就该问题有针对性地回应,回应问题的同步性和高效性也是新闻发布制度所特有的。尤其是在发生突发事件的关键时刻,信息瞬间汇聚,群众关注度极高,政府新闻发布召开主体的权威性使得新闻发布内容具有较强的权威性,政府机关能通过新闻发布会的方式及时回应人民群众的关切,表明政府的态度,这将起到凝心聚力的作用,并有助于政府公信力的提升。

（三）引导社会舆论

由于新闻发布主体、内容的权威性，群众对政府新闻发布的信任度是其他新闻媒体所不能比拟的，这使得在加强主流媒体对社会舆论的引导作用方面，政府新闻发布制度功不可没。而且，出现在新闻发布上的政府信息往往涉及内容重大、关注度普遍较高的议题，每一场发布会都被赋予了明确的价值导向。另外，新闻发布的受众极广，尤其在网络时代，通过网络直播的方式各类平台同步直播，新闻发布的舆论影响进一步扩大。

二 中国新闻发布制度的简要回顾

当前社交媒体全方位崛起，全民既是信息的接收者亦可以是信息的发布者和传播者，社会公众舆论的形成时间极大地缩短，政府新闻发布制度面临着考验。如何确保政府新闻发布的权威性和准确性，如何在信息爆炸的大背景下，创新并完善新闻发布机制、拓展发布渠道、丰富发布内容、提高政府新闻发布的传播力、影响力和公信力，这都是时代对新闻发布制度提出的考题，也是全面深化政务公开的关键点之一。

新中国成立后至改革开放初期，我国很少通过新闻发布会的形式发布信息，主要依赖报纸、广播等传统媒体，新闻发布制度并未形成。1980年，我国政府举行了一场重要的新闻发布会——向国内外发布关于"渤海二号"石油钻井船翻沉事故的调查处理结果，这是中国政府首次对突发事件进行新闻发布。[①] 随后，我国开始逐步探索设立新闻发言人制度，1983年2月中共中央宣传部、中央对外宣传领导小组联合下发了《关于实施〈设立新闻发言人制度〉和加强对外国记者工作的意见》，1983年4月中国记者协会首次向中外记者介绍国务院各国务院部门和人民团体的新闻发言人，正式宣布我国建立新闻发言

---

① 程曼丽：《与改革开放同行的中国新闻发布制度建设》，《公共外交季刊》2020年第2期。

人制度。① 1991 年，国务院新闻办公室成立，成为政府新闻发布的管理机构。

重大突发事件无疑是政府新闻发布工作的重要助推器。2003 年是我国新闻发布制度建设的一个重要节点。为了做好"非典"疫情信息公开，国务院新闻办公室加大了新闻发布会召开力度。到抗击"非典"疫情后期，国新办共举办了 8 场新闻发布会，新闻发布和信息公开的重要性第一次广泛而深刻地被社会各界所认知，也由此开启了我国新闻发言人制度化建设的征程。

回顾我国近年发布的政务信息公开相关文件，不难发现，积极回应社会关切和重大舆情、加强与媒体互通互联、有效利用各类媒体传播作用是始终强调的部分。

国务院办公厅 2013 年印发的《关于进一步加强政府信息公开回应社会关切提升政府公信力的意见》提出要进一步加强新闻发言人制度建设、加强政府网站建设和管理、着力建设基于新媒体的政务信息发布和与公众互动交流渠道，通过网上发布消息、组织专家解读、召开新闻发布会、接受媒体专访等形式及时予以回应社会舆情。

国务院办公厅 2014 年印发的《关于 2014 年政府信息公开工作要点的通知》提出了更高的要求：及早发现、研判需要回应的相关舆情和热点问题，及时发布权威信息，消除不实传言，正面引导舆论；再次强调了要加强新闻发言人制度和政府网站、政务微博微信等信息公开平台建设。

国务院办公厅 2015 年印发的《2015 年政府信息公开工作要点》中提出要全面加强主动公开工作，包括更好地运用新技术、新手段，注重用户体验和信息需求，同时要加强不同平台和渠道发布信息的衔接协调，确保公开内容准确、一致。

中共中央办公厅、国务院办公厅于 2016 年 2 月印发了《关于全面推进政务公开工作的意见》；国务院办公厅于 2016 年 8 月印发了《关于在政务公开工作中进一步做好政务舆情回应的通知》，2016 年 11 月印发了《〈关于全面推进政务公开工作的意见〉实施细则》，都对积极回

---

① 党委新闻发言人制度建设，中华人民共和国国务院新闻办公室。

应社会关切作出了专门规定。其中包括明确政务舆情回应责任，突出舆情收集重点，做好研判处置、区别不同情况、进行分类处理，并通过发布权威信息、召开新闻发布会或吹风会、接受媒体采访等方式进行回应以达到提升回应效果的目的。

国务院办公厅《2016年政务公开工作要点》提出，遇有重大突发事件时，负责处置的地方和部门是信息发布的第一责任人，主要负责人要当好"第一新闻发言人"，快速反应、及时发声，及时回应公众关切，特别重大、重大突发事件发生后，应在24小时内举行新闻发布会；对重大决策部署统筹安排媒体发布，主动向媒体提供素材，召开通气会，做好发布解读工作等以充分发挥媒体作用。

国务院办公厅2017年印发的《2017年政务公开工作要点》提出要进一步健全解读回应机制，严格执行特别重大、重大突发事件最迟5小时内发布权威信息、24小时内举行新闻发布会的时限要求，落实通报批评和约谈制度，确保回应不超时、内容不敷衍。

国务院办公厅印发的《2018年政务公开工作要点》《2019年政务公开工作要点》也都提出要积极回应社会重大关切，加强与新闻媒体的沟通联系，提高政务舆情回应的主动性、针对性、有效性。

针对新冠肺炎疫情，国务院办公厅印发的《2020年政务公开工作要点》提出了围绕突发事件应对加强公共卫生信息公开的要求，包括有效利用各类新闻媒体，及时准确发布疫情信息，密切关注涉及疫情的舆情动态，针对相关舆情热点问题，快速反应、正面回应。

国务院办公厅印发的《2021年政务公开工作要点》中提出要做好常态化疫情防控信息公开工作，提高新冠肺炎疫情防控信息发布规范化水平，发布社会关注的重大政策、内容敏感的重要信息前，加强统筹协调，在实事求是的前提下，强化政府系统内部信息整合，统一步调对外发声。

总之，经过多年推进，中国的新闻发布制度逐步规范，制度建设逐步完善，其在政务公开和政府管理中的作用日益凸显。

三　中国政府新闻发布的成效

政府新闻发布政府信息公开和政府宣传工作的重要方式，也是政府与人民群众的一种对话和交流，通过这种对话和交流有利于提升政府透明度，保障人民群众的知情权和监督权。近年来，我国的政府新闻发布渠道逐渐丰富，形式日益多样，并且逐步实现制度化、常态化、专业化。政府新闻发布给人民群众提供了权威的信息，满足了人民群众的信息需求，日益成为政府和人民群众之间沟通的桥梁，更好地汇聚民心。

（一）渠道逐渐丰富

近年来政府新闻发布的渠道逐渐丰富。首先，政府新闻线上可以通过"两微一端"等新媒体，线下可以通过纸媒、广播、电视等传统媒体进行发布。早在2014年中共中央办公厅、国务院办公厅就印发了《关于推动传统媒体和新兴媒体融合发展的指导意见》。2020年9月中共中央办公厅、国务院办公厅又印发了《关于加快推进媒体深度融合发展的意见》。由此传统媒体与新兴媒体融合的步伐逐渐加快，并且已经上升为国家战略。正是因为国家对传统媒体与新兴媒体融合的重视，政府新闻发布的渠道才能逐渐地丰富。同时5G、大数据、人工智能等信息技术的应用，一方面丰富了政府新闻发布的渠道，另一方面也形成了集约高效的传播链条。如今许多政府新闻发布通过电视、网站、微信、微博、抖音等渠道发布、传播，既方便群众接受信息，又提高政府新闻对公众的覆盖率。如，在新冠肺炎疫情期间许多地方政府会利用各种新媒体平台进行网络直播，还有的利用5G网络召开政府新闻发布会，在此次新型冠状病毒疫情期间国务院新闻办公室就曾利用5G技术召开远程视频发布会。又如，各地方政府在官方网站建设政府新闻发布的专栏，进行政府新闻发布会预告，发布会结束后将录播或者文字实录放到该专栏，方便公众获得官方的第一手权威信息。

（二）形式日益多样

近年来政府新闻发布的形式逐渐多样化实践中，政府新闻发布除召开新闻发布会外，还会有记者吹风会、通气会、见面会、记者沙龙、媒体集体采访、专访、电话问答、新闻通报、声明、通稿等形式。这些新颖的新闻发布形式，各具特点。政府新闻发布会、吹风会、通气会等新闻发布方式要求较高，形式较为隆重，程序相对复杂，发布的内容权威性强，也因此受关注度高，传播面广。媒体的集体采访、专访、座谈等方式，互动性强，气氛也会比较轻松，记者有机会多次提问。新闻通报、声明、通稿是根据具体的情形、媒体的需求以及官方可提供的材料所发布的，因此具有较强的权威性和针对性。

从中央到地方各级政府都会灵活采用不同形式的新闻发布，在新冠肺炎疫情期间，各级政府多样化的新闻发布更是发挥了巨大的作用。政府根据发布的主题和内容选择不同形式进行发布，一方面高效地满足了公众的信息需求，另一方面也增强政府新闻发布的科学性、专业性。此外，在新冠肺炎疫情期间部分政府还对一些新闻发布的形式进行创新。例如，新闻发布会召开地点多样，让新闻发布活动走出新闻发布厅，根据发布会的主题灵活地确定发布会召开地点。新冠肺炎疫情期间，外交部曾利用微信群召开了外交部有史以来首次网络例行记者会；广州市政府曾在医院、公园、学校等地点进行过新闻发布活动。

（三）强化制度建设

时至今日，我国的政府新闻发布已经逐步实现制度化，并且形成了成熟的工作机制，不少国务院部门和地方政府已经制定了政府新闻发布相关规定。如，国家文物局在2017年就曾制定《国家文物局新闻管理办法》；吉林省2018年省委办公厅、省政府办公厅曾发布《关于进一步加强全省政务公开新闻发布工作的通知》；江苏省常州市2019年建立了新闻发布日制度，将每周三确定为市政新闻发布日；浙江省温州市2020年启动例行新闻发布工作机制，要求每月至少召开一场例行新闻发布会。除此之外，一些地方政府部门甚至乡镇政府也已经确立了政府新闻发布制度和工作机制。如，江西省住建厅2017年制定了《江西省住房和城乡建设厅新闻发布管理办法（试行）》；贵阳市民政局 2018 年制定了《贵阳市民政局新闻发布制度》；安徽省铜陵市 2020 年制定了《市住建局新闻发布管理制度及工作机制》；安徽省天长市永丰镇 2020 年制定了《永丰镇 2020 年新闻发布制度》。这些制度往往规定了政府新闻发布内容、形式、流程以及新闻采集工作机制等，通过制度化的新闻发布，让政府新闻发布更加及时、权威、规范。

（四）实践日趋常态化

近年来，我国的政府新闻发布广覆盖、多层次，日趋常态化，政府新闻发布已经成为信息公开的一个重要窗口。根据国务院发布的《〈国家人权行动计划（2012—2015 年）〉实施评估报告》，2012—2015 年，国务院新闻办围绕党和国家重要会议、重大决策和重点工作，组织新闻发布会 322 场；党中央、国务院以及地方党委、政府共组织新闻发布会、吹风会 9300 余场。另外，根据国务院新闻办公室门户网站公开的新闻发布进行统计，2016 年国务院新闻办公室召开新闻发布会 90 场，召开国务院政策例行吹风会 31 场，国务院部门新闻活动 843 场，省级政府新闻活动 987 场；2017 年国务院新闻办公室召开新闻发布会 88 场，召开国务院政策例行吹风会 22 场，国务院部门新闻活动 1204 场，省级政府新闻活动 1469 场；2018 年国务院新闻办公室召开新闻发布会 109 场，召开国务院政策例行吹风会 48 场，国务院部门新闻活动 1049 场，省级政府新闻活动 848 场；2019 年国务院新闻办公室召开新闻发布会 166 场，召开国务院政策例行吹风会 74 场，国务院部门新闻活动 972 场，省级政府新闻活动 732 场；2020 年国务院新闻办公室召开新闻发布会 170 场，召开国务院政策例行吹风会 51 场，国务院部门新闻活动 1126 场，省级政府新闻活动 2862 场（见图 1）。

以广州市和北京市为例，广州市 2020 年召开新闻发布会 241 场，平均每月逾 20 场；北京市政府 2020 年召开新闻发布会 223 场，平均每月近 19 场。以上数据可以看出新闻发布已经成为政府信息公开的常用方法之一，常态化的新闻发布极大地提升了政府信息公开能力。除了高频率、常态化的政府新闻发布，安徽省芜湖市等地方政府还在年初拟定本级政府该年度的政府新闻发布会计划安排，并定期组织检查各单位的政府信息公开新闻发布工作情况。

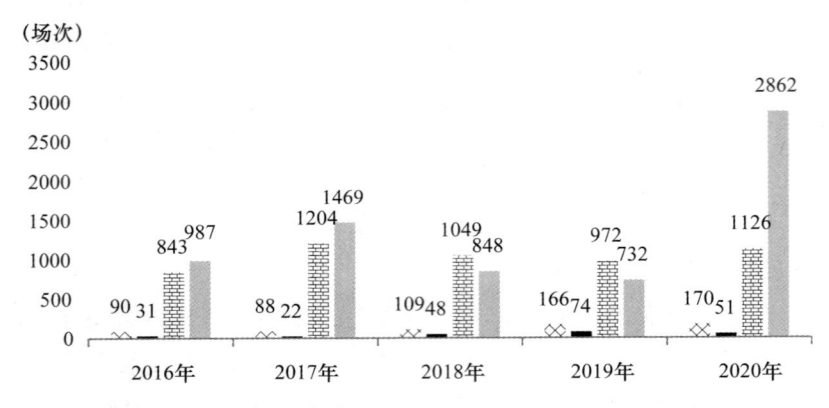

(场次)

年份	国新办新闻发布会	国新办政策吹风会	国务院部门新闻活动	省级政府新闻活动
2016年	90	31	843	987
2017年	88	22	1204	1469
2018年	109	48	1049	848
2019年	166	74	972	732
2020年	170	51	1126	2862

图1 2016—2020年政府新闻发布数据

(五) 时效性不断强化

新闻发布讲究时效性，政府更是需要主动、及时发布新闻和重大事项的信息，回应社会的关切，解答公众疑惑。毫无疑问及时发布已经是政府新闻发布的必要原则之一。为此中央及地方政府均出台制度文件，来保障政府新闻发布的及时性。如，《国务院办公厅关于在政务公开工作中进一步做好政务舆情回应的通知》中要求对涉及特别重大、重大突发事件的政务舆情，要快速反应、及时发声，最迟应在24小时内举行新闻发布会；《贵州省人民政府新闻发布工作办法》规定：特别重大和重大自然灾害、事故灾难、公共卫生事件的首次信息发布，发布时间不得超过事件发生后3小时，因信息报送迟缓等原因，造成事件发生后3小时内不能进行发布的，须在接报后1小时内发布；《海南省商务厅新闻及重大事项发布工作制度》规定：重要政策法规发布及解读，应当在制度出台后5个工作日内，社会热点信息，根据舆情及媒体采访诉求在3日内发布，重大政务舆情、重大突发事件24小时内举行新闻发布会；《贵州省农业委员会新闻发布工作制度》规定：常规政务信息应在5个工作日内组织发布，对重特大突发农业事件的首次信息发布，发布时间不得超过事件发生后3小时，因信息报送迟缓等原因，造成事件发生后

3小时内不能进行发布的，须在接报后1小时内，特别重大和重大突发事件发生后，应在24小时内举行新闻发布会；《镇江市人民政府关于进一步加强和改进政府新闻发布工作的实施意见》规定：公告（公报）发布时间为形成之日起5个工作日内，较大和一般突发事件发生后，在3小时内发布首次信息，5小时内发布权威信息，24小时内举行新闻发布会；《北海市人民政府例行新闻发布制度》规定：对涉及特别重大、重大突发事件的政务舆情，要快速反应、及时发声，最迟应在24小时内举行新闻发布会，对其他政务舆情应在48小时内予以回应。

政府新闻及时发布不仅需要纸面上的规定，更需要在实践中落实。实践中，我国许多的地方政府新闻发布还是十分及时的，尤其是一些突发事件以及公众关切的公共事件发生后，政府可以在第一时间发声，及时回应，引导舆情，疏解社会公众的情绪，牢牢掌握话语权，防止谣言滋生。如，2021年1月10日14时，山东省栖霞市五彩龙金矿发生爆炸事故；1月11日20时5分，栖霞市应急管理局接到报告；1月12日11时30分，现场救援指挥部举行新闻发布会；1月12日19时召开第二场新闻发布会。又如，2019年3月21日14时48分左右，江苏省盐城市天嘉宜化工有限公司发生爆炸事故，3月22日上午9时，现场指挥部召开了首次新闻发布会。同时新冠肺炎疫情暴发以来，各地政府定期发布疫情信息已成常态，并且对于公众关注的疫情信息和病例，会及时通过新闻发布进行信息公开。

（六）专业化显著提升

专业化的政府新闻发布一方面能够传播事实真相，阐释官方的立场，另一方面可以做好价值传导，让正能量不断汇聚。同时，面对突发事件，专业化的政府新闻发布还可以回应社会关切、安定人心，进一步减少谣言传播空间。政府新闻发布的专业化程度越来越高，在专业化的政府新闻发布场景中，必不可少的便是政府新闻发言人。根据国务院新闻办公室公开的中央国家机关和地方2021年新闻发言人名录可知，中共中央有关部门新闻发言人共28人，最高人民法院和最高人民检察院新闻发言人各1人，国务院各有关部门新闻发言人123人，各省、自治区、直辖市、新疆生产建设兵团党委新闻发言人49

人，各省、自治区、直辖市人民政府和新疆生产建设兵团新闻发言人52人。这些新闻发言人是各单位专职的新闻发言人，一般兼任分管新闻工作的领导。例如，外交部、国防部等国务院部门的新闻发言人均是新闻司（局）长，并且因其专业能力过硬，金句频出，还一度成为新媒体短视频"网红"。

在新冠肺炎疫情期间，中央和地方专业化的政府新闻发布取得了极好的效果，为疫情防控做出了巨大贡献。如，许多地方政府会以新冠肺炎疫情防控为发布会主题，新闻发言人或邀请嘉宾可以条理清晰地介绍当地病例情况，疫情防控措施，医疗救治情况、复产复工等情况，每场发布会后，能邀请记者进行提问，回应社会关切。又如，北京市在新冠疫情期间召开的新闻发布会有同步的手语翻译，这一细节不仅仅体现了新闻发布的专业性，更使得新闻发布温暖了人心。再如，在新冠肺炎疫情期间许多政府新闻发布会邀请医疗卫生专家、智库学者、企业代表、社区志愿者、警察、医护人员、快递小哥等各行各业的工作者共同参与，并且在政府新闻发布会结束以后，让记者对其进行采访或者专访，从多元的视角对新冠肺炎疫情进行解读，通过不同的信息来源了解疫情中人民群众真实的生活。

四　中国新闻发布存在的问题

尽管我国现阶段新闻发布会运行情况越来越规范高效，但仍然存在着一些可以改进的地方。

（一）发布会的网络公开问题

1. 上网公开不及时

调研显示，除个别情况外，北京市、上海市与深圳市基本能够做到在举办发布会的当天将发布会的内容信息上传到政府门户网站上，但是广州市却很少能够保证发布会信息当天上网，基本上都在发布会召开的数天后才上传。如其2020年1月28日举办的第1场疫情发布会直到2月5日才上传，2020年2月7日举办的第2场疫情发布会直到2月9日才上传。即使是到近期，广州市发布会仍然还存在隔天上网的现象，如2021年2月26日举办的"老城市新活力"广州之夜新闻发布会的上网时间为2月27日，比发布会实际召开的日期要迟了一天。

除了上网时间有所延迟以外，部分地方在其网站上显示的发布会上网日期也存在错误。如北京市在2020年3月3日、4月10日、4月21日、11月17日举行的发布会，其网页上注明的上网时间却分别是3月2日、4月9日、4月20日与11月16日，上网日期比发布会的举办日期还要早一天。

另一方面，部分地方还存在将发布会分批上传或者集中多场发布会一次性上传的现象。如：北京市2020年11月14日上传了当天发布会的视频，而发布会上发言人发言的详细内容直到次日才上网。同时，广州市存在着将多场发布会集中一次上传到网站上的现象，如：仅在2020年6月15日，广州市一次性上传了第115到120场共计6场疫情新闻发布会。

2. 上网公开不完全

就新闻发布会而言，召开时提供现场直播，召开后全部上网已经是一条不言而喻的准则，但调研发现，几乎所有调研对象都存在已经召开的发布会未上网的情况。根据国务院新闻办公室发布的统计数据显示，截止到2020年12月31日，北京市共召开了197场疫情相关的新闻发布会，上海市共召开了89场，广州市共召开了241场。但调研显示，2020年全年北京市在政府网站上公开了192场疫情发布会，上海市公开了83场，广州市公开了138场，三地召开的发布会均未实现全部上网。就广州市而言，其上网的发布会存在明显的断层，如缺失了第120场至第151场的新闻发布会，通过搜索也未能找到上述缺失的发布会，可见这部分发布会并未被上传到网站上。

此外，调研发现，深圳市政府网站上的新闻发布会专栏内的两个子栏目"新闻发布稿"栏目与"往期回顾"栏目中各自显示的深圳市在2020年举办的新闻发布会的数量并不相同。"新闻发布稿"栏目中统计的发布会数量要明显多于"往期回顾"栏目中的数量，前者显示2020年深圳市共举行了50场发布会，但是后者仅有48场，两者之间相差的2场，分别为2020年8月21日举办的深圳市政府新闻办新闻发布会

（前海合作区成立 10 周年专场），与 8 月 28 日举办的深圳市政府新闻办新闻发布会（疫情防控专场）。

再者，作为发布会的一部分，记者提问与发言人发言有着同等的重要性。记者提问有着反馈舆情的独特作用，提问的内容可以被看作近期群众关心问题的一个缩影。如果政府发布会与媒体记者沟通衔接恰当，则可以通过发布会上的记者提问环节回应公众关切，进一步解读发布的信息，在一定程度上预防发布不清导致的舆情发酵。但是北京市政府网站上公开的新闻发布会的文字版本很少有涉及记者提问，仅列出了不到 5 场新闻发布会答记者问部分的文字版本。无独有偶，上海市政府网站上也将新闻发布会的发言人发言与记者提问分别放在两个页面中进行公开。

3. 网络发布平台建设不完善

虽然我国新闻发布会在向包括政务服务平台手机客户端与微博等新型的微平台转型的过程中取得了不俗的成绩，新闻发布会的对外发布平台日益健全。但调研发现，不少政府机关在发布平台建设上仍然存在诸多值得优化的细节问题。

在信息阅读的便捷程度上，与其他调研对象将一场疫情发布会整合到一个页面进行发布的做法不同，北京市先将整场发布会的视频录像作为一个网页发布，再将各个发言人的发言内容整理成单独的网页进行发布。如：北京市 2020 年 5 月 5 日召开的新闻发布会共邀请了 4 名发言人，政府网站上使用了 1 个视频网页和 4 个发言人各自发言内容的网页共 5 个网页来公开此次发布会的信息。此种公开方式导致北京市发布会专栏的内容极其庞杂，其召开的 221 场新冠肺炎疫情发布会就使用了近 700 个页面，给公众阅读以及搜寻特定日期的发布会带来了不必要的麻烦。值得注意的是，北京市除新冠肺炎疫情以外的发布会都与其他城市类似，将所有信息整合到一个网页发布，但新冠肺炎疫情发布会却采取了上述截然不同的分开发布的模式。

调研还发现，除北京市以外，其他绝大部分调研对象都未提供发布会的视频回放，仅仅公开了发布会的文字实录版。尽管北京市除新冠肺炎疫情以外与政务相关的发布会一直都有提供发布会的文字实录，但新冠肺炎疫情发布会直到 2020 年 4 月 28 日才开始有了文字部分，公众只能通过观看视频回放来获取之前的94场新冠肺炎疫情发布会的信息。

同时，部分调研对象公开在网站上的发布会存在着排序、放置和链接错误。如北京市在2020年9月2日和9月19日的新闻发布会之间，穿插放置了2个4月的发布会。同样，广州市在第80场和第82场发布会之间，穿插放置了第94、93和92场发布会。深圳市的"新闻发布稿"栏目中却加入了两场与自己并无联系的广东省的和深圳市南山区的发布会。此外，广州市新闻发布会专栏内的第121场和第129场新冠肺炎疫情发布会，链接却分别导向"首届直播节6月6日全城开播"与"广州市积极谋划成立转贷服务中心、建立风险补偿机制"，链接出现错误。

（二）发布内容存在的问题

1. 涵盖要素十分庞杂

受限于时长，新闻发布会在内容上应当做到尽量精简，仅在发布会上通报最为重要的信息。将所有的信息都放入发布会容易导致发布会上的信息过于庞杂，受众难以从中把握到重点信息。因此，发布会应当力图向内容精简化发展，抛弃与发布会主题联系不大，重要程度不强的信息，便于受众提取把握重点。

调研显示，部分政府机关将一些并不十分重要的信息放到新闻发布会中来通报。例如北京市在2021年1月7日的新冠肺炎疫情新闻发布会中，邀请了北京市气象局副局长来介绍近期天气实况及未来天气趋势，而其通报的天气内容与新冠肺炎疫情并无很紧密的联系。2021年1月2日召开的发布会介绍了北京理工大学的防疫措施，虽然与新冠肺炎疫情相关，但其重要程度并不值得放在发布会中专门向广大群众公开。同样，广州市也多次将与新冠肺炎疫情联系不大的信息加入到发布会中，甚至整场发布会的主题都与新冠肺炎疫情没有多少联系。如广州市于2020年5月9日召开的第一百零四场疫情发布会，主题却是纪念广州大剧院开放十周年，整场发布会与新冠肺炎疫情没有丝毫关联。再比如广州市于2020年5月28日举办的第114场疫情发布会主题是"凤凰花开迎两会"，讲述广州市的特产凤凰花，与新冠肺炎疫情的大背景相差甚远。

2. 部分叙述略显空泛

调研显示，不少政府机关发布会仍存在着官话套话过多，措辞过于呆板的问题，执着于大而广的叙事，主要于从宏观的角度来解读政策与叙述防疫措施，较少使用具体的例子来侧面论述，致使新闻发布会愈发形成一套固定的说辞，受众通过发布会去了解政府所采取的具体措施变得更加困难。

例如就2020年春季学校复学这一主题，各地政府都召开了发布会向公众公布开学安排、开学前的准备措施与开学后的常态化疫情防控机制。其中，广州市总体较好。广州市在发布会中会注意减少使用过于书面化的表述，更倾向于用通俗语言和具体事例来表达。在广州市2020年4月23日举办的新闻发布会中，广州市领导从四个方面介绍了广州为复学采取的各项防控措施，并对每项措施进行深入的解释或是举例说明，如通过列举其口罩每日的生产数量，来说明学校防疫物资供应能够得到充足的保障。

相较于广州市，北京市、上海市、深圳市的个别发布会在叙述上则更显空泛。如在北京4月12日召开的发布会中，仅就宏观上开学所涉及的制度安排进行了公布，并未说明任何实际举措，也未有具体的事例。深圳市在其2020年4月22日召开的发布会中简要介绍了其为开学所采取的一系列防控措施，但仍未举出实际的事例。在上海市2020年4月24日召开的新闻发布会中，相关部门仅仅只在记者问答环节回答了有关开学的事项，发言人并未在新闻发布会中主动介绍相关情况。再者，上海市教委负责人在答记者问中只是简要地复述了一遍上海市教育系统新冠肺炎疫情防控工作领导小组制定的《开学工作指南》相关规定，并未提及任何规定以外的具体防疫措施。

与政府下发的公文不同，政府新闻发布会的主要受众是社会公众，其所需要的不是重复公文的表达，而是具体的行动和鲜活的事例，在新闻发布会中宣读公文体的发言稿定会影响其发布效果。注意在新闻发布会中使用通俗语言和具体事例，才能够切实拉近政府与公众之间的距离，让公众能够听懂发布会。

五 中国新闻发布制度的发展与展望

我国政府新闻发布制度运行中存在的问题归根结底在于对其重要性的认识不足、新闻发布的规范标准不明、各级政府新闻发布专业性有待提升。因此，未来应从提升认识、提升专业化水平、明确公开标准、提升发布质量角度推动新闻发布制度更加健全完善。

（一）提高思想意识，培训专业人员

应通过宣讲、培训等方式，进一步提升各级政府机关及各级各类工作人员对新闻发布制度重要性的认识。同时，应加强对新闻发言人、政务公开工作人员、其他岗位工作人员的针对性培训，使其熟悉政务公开、新闻宣传等的理念、知识、技巧。

（二）建立上网机制，明确落实标准

网络已经成为当今时代政务公开的重要传播渠道，即便是新闻发布这样的公开方式也必然无法完全脱离网络，只有依靠网络才能确保新闻发布的内容能够得到最高效、最大范围的传播。因此，应当在门户网站、自媒体上开辟专门的新闻发布栏目，集中、及时、全面地公开新闻发布的有关内容，提升新闻发布的公开效果。

（三）精简发布内容，提高信息质量

新闻发布与一般性的政府信息公开工作有所不同，不但要注重信息发布的权威性、准确性，更要注重公开的灵活性、受众的易接受性。因此，应当进一步提升新闻发布内容的针对性、通俗性，通过新闻发布拉近与受众之间的关系，提升发布内容的受认可度。

复工复产信息公开的现状与展望

中国社会科学院法学研究所法治
指数创新工程项目组*

摘　要： 在新冠肺炎疫情逐渐缓解、疫情防控趋于常态化的过程中，全国开始有序推进企业复工复产。企业复工复产的信息公开是政府信息公开的重要组成部分，是加快复工复产进程的重要推手。中国社会科学院法学研究所法治指数创新工程项目组通过对各省（自治区、直辖市）公开复工复产信息情况的调研，总结了复工复产信息公开的成效。在信息发布、政策解读、回应企业关切等方面，复工复产信息公开体现了政务公开工作的有效性，发挥了政务公开在疫情防控阶段的实质性作用。未来，政府还应进一步加强政府网站的建设，建设多渠道的信息公开平台，加强整体公开意识，提高政务公开水平。

关键词： 复工复产　惠企政策　政府信息公开　政务公开

2020年初，新冠肺炎疫情的来袭让我国大部分企业的生产运营秩序受到了严重影响。随着国内疫情的缓解，修复受创的实体经济成为了各行业工作的重心，国家也从2020年2月初开始精准、稳妥地推进企

---

* 项目组负责人：田禾，中国社会科学院国家法治指数研究中心主任，法学研究所研究员，中国社会科学院大学法学院特聘教授；吕艳滨，中国社会科学院法学研究所研究员、法治国情调研室主任，中国社会科学院大学法学院宪法与行政法教研室主任、教授。项目组成员：王小梅、王祎茗、车文博、冯迎迎、刘雁鹏、米晓敏、张蕾、陆麒元、胡昌明、洪梅、栗燕杰、候素枝、郭楚滢（按姓氏笔画排序）。执笔人：张蕾、陆麒元、候素枝、郭楚滢（按姓氏笔画排序），中国社会科学院国家法治指数研究中心学术助理。

业复工复产，推动社会生活早日回到正轨。

2020年12月16日，"复工复产"入选国家语言资源监测与研究中心发布的"2020年度中国媒体十大新词语"。复工复产，是指因特殊原因、特殊时期、非常时期而使全部或大部分企事业单位不能进行生产和经营活动、停工停产后，在国家和地方政府统一指导下，企业逐步恢复生产经营活动的相关事项及系列问题。

2020年2月3日，中共中央政治局常务委员会召开会议听取疫情防控工作情况的汇报，会议提出"要在做好防控工作的前提下，全力支持和组织推动各类生产企业复工复产"。2020年3月4日，中央强调"根据疫情分区分级推进复工复产"。2020年4月8日，中央首次提出"全面推进复工复产"。

如何科学有序推进复工复产，不仅对各级政府的社会治理能力是一项考验，也对政务公开提出了更高的要求。复工复产信息公开是特殊时期的政务公开活动，其公开效果如何也可以从多个维度反应政务公开的实际情况。为此，中国社会科学院法学研究所法治指数创新工程项目组（以下简称"项目组"）对各省（自治区、直辖市）公开复工复产信息的情况进行了调研评估。

一 复工复产信息公开的必要性

（一）复工复产信息公开是政府信息公开的重要组成部分

政府信息公开是公民、法人和其他组织依法获取政府信息、参与公共决策的主要途径，关系到社会公众的切身利益。《中华人民共和国政府信息公开条例》明确了"以公开为常态，不公开为例外"的原则，主动公开政府信息、努力提高政府工作透明度成为政府信息公开工作的新常态。

新冠肺炎疫情给公众生命安全利益和经济财产利益造成了重创。复工复产是继疫情防控取得成效之后的恢复举措，与疫情防控同等重要，是回归正常生产生活的重要着力点。复工复产信息涉及公众利益调整，属于突发公共事件应对的范畴，应让公众广泛知晓。因此，复工复产信息应是政府需要主动公开的信息。

（二）做好公开是贯彻复工复产政策的基本前提

为了推进企业复工复产，政府出台了金融支持、防疫培训和税收优惠等一系列惠企政策。2020年3月4日，国务院办公厅印发《关于进一步精简审批优化服务精准稳妥推进企业复工复产的通知》，强调深化"放管服"改革，精简审批、在线服务，精准稳妥推进企业复工复产。文件要求，提高复工复产服务便利度，简化复工复产审批和条件，优化复工复产办理流程；大力推行政务服务网上办，加快实现复工复产等重点事项线上办理，依托线上平台促进惠企政策落地，围绕复工复产需求抓紧推动政务数据共享；完善复工复产企业服务机制，提升企业投资生产经营事项审批效率，为推进全产业链协同复工复产提供服务保障，建立健全企业复工复产诉求响应机制。《关于进一步精简审批优化服务精准稳妥推进企业复工复产的通知》为复工复产信息公开指明了方向。

政策引导对疫情防控工作和企业复工复产至关重要。政府为了推进企业复工复产，出台了一系列惠企政策，加大对企业的人力、物质、财力、技术、信息、知识资源的支持力度，帮助企业渡过难关。推进政务信息公开助力企业复工复产，对于各项政策的贯彻落实具有重要意义。

二 复工复产信息公开的成效

（一）专栏分列清晰，信息发布高效

"如何让公众更为便捷地知晓与自己切身相关的政府信息"是考量政务公开成效的重要方面。以疫情防控期间的复工复产政策为例，为了有效应对疫情，帮助中小微企业深入推进复工复产，大部分地区在政府门户网站设立了企业复工复产专栏。其中，河北省、吉林省、北京市、广东省等地还设置了"中小微企业应对疫情专栏"，汇总有助于中小微企业在疫情防控期间正常运营发展的信息。专栏的开设通过主题分类的方式呈现，方便外界高效直观地锁定想要关注的信息，信息的整合也让政务工作的开展更具条理性。

在疫情来袭的特殊时期做好信息公开工作反映了政府的应急管理能力与水平，公开哪些信息如何公开能够有助于各地在有效防控疫情的同时尽快恢复生产秩序，值得思考研究。一些地区在复工复产信息的公开方面卓有成效，形成了颇具特色的信息发布模式。以上海市为例，政府门户网站设置的"上海市全力支持服务企业平稳健康发展"栏目独立于疫情防控专栏，分布在"政务公开"的"回应关切"版块。上海市将关于企业应对疫情的政府文件集中在"市政府文件"版块，并按照部门和市区进行政策分类，同时也设置了政策解读的版块，便于企业经营者检索需要的政策措施，有序开展复工复产。北京市在政府门户网站首页设置了"支持中小微企业应对疫情影响保持平稳发展"的专栏和"复工复产惠企政策兑现"的专栏，专栏设置在网站的中心位置，清晰直观。"支持中小微企业应对疫情影响保持平稳发展"专栏中的"最新消息"分栏第一时间发布自疫情发生以来与企业相关的消息；"服务"分栏汇总了涉及企业正常运营的各项服务栏目，主要包括"惠企政策兑现""复工复产服务专栏""小微企业金融服务""小微企业服务专栏""12345企业服务热线"等内容，方便企业经营者检索相关信息；"配套政策及措施"分栏汇总了北京市及各区政府在疫情防控期间面向企业发布的各项政策，涉及租金减免、稳岗就业、资金支持、减免税费等内容，切实帮助企业经营者有序推进复工复产；"热点问答"分栏汇集了中小微企业在疫情期间可能遇到的热点问题，并集中进行了答复，为各行各业恢复生产秩序答疑解惑；"新闻发布会视频"分栏汇集了自疫情发生以来北京市政府召开的与企业应对疫情相关的新闻发布会，可以点击收看相应的发布会视频，浏览文字实录，清楚地了解到政府的应对措施。北京市的"复工复产惠企政策兑现"专栏是一个政策检索平台，包含"惠企导航"和"惠企事项"两部分。"惠企导航"中设置了服务类型、企业规模、行业领域、主责部门四个检索选项，企业可以根据需要进行相应的勾选，从而检索到相应的惠企措施；"惠企事项"则集中汇集了政府面向企业发布的政策措施。

部分地区设置了专门的"稳岗援企"平台，集中发布面向企业劳动者出台的优惠政策。例如，北京市设置了"稳岗就业"的版块，其中可以查找到疫情发生以来各政府部门或各市区发布的就业政策。吉林省在政府门户网站的抗击疫情专栏设置了"小微企业和个体工商户服务"专栏，其中分为"政策"和"办事服务"两个部分。"政策"汇集了疫情发生以来关于企业应对疫情的政策措施，可以按照部门、地区或事项分类进行检索，涉及的事项包括复工复产、稳企稳岗、金融财税、缓交社保、租金减免、水电气优惠政策等，版面陈列条理清晰，方便企业经营者查找相应的政策。"办事服务"栏目内分设了"开办企业E窗通""不见面办税""民营经济（双创）综合服务""中小企业公共服务"四个板块，用户可以点击相应版块办理相关业务，减少疫情防控期间的近距离接触，助力企业复工复产。

各地政府全力支持企业抗击疫情，在面向企业的专栏及时发布消息，帮助中小微企业全面了解政府出台的政策措施，有序开展复工复产，统筹推进疫情防控和经济社会发展，发挥了政务公开在疫情防控阶段的实质性作用。

（二）政策汇总全面，解读详实丰富

疫情的来袭影响了经济发展的节奏，在疫情防控常态化的时局下，中小微企业的正常运转需要政府政策支持，把中央及地方政府具有针对性的措施及时向社会传达，是政府工作在疫情防控阶段的当务之急。

调研显示，各省级政府门户网站均设置了面向中小微企业的政策专栏，及时发布相关政策文件及复工复产的防控指南，并在微博、微信公众号等官方平台同步更新，指导企事业单位做好员工健康监测及风险排查工作，落实单位的防控职责，方便负责人第一时间了解最新动向，及时调整复工举措。

北京市、吉林省、浙江省、山东省专门对政策文件进行了多维度的分类，便于大众更为便捷地检索需要的信息。其中，北京市将政策文件细化为服务类型、企业规模、行业领域、主责部门四个检索类别，划分细致清晰；上海市也对各市区的政策进行了分类整理，方便查找。

在疫情防控的特殊时期，精准理解政府具有针对性的政策文件从而采取行动对企业来说尤为重要，这就需要各地政府做好政策的解读工作并进行相应的信息公开。大部分地区将企业应对疫情的相关文件进行了政策解读，便于中小微企业了解相应政策，助力生产运营工作迈向正轨。

　　北京市每项文件都在网页边栏设置了该举措的"相关解读"和"相关政策"链接，所有相关的内容在同一页面尽收眼底，方便网页浏览者对措施有一个全面的了解，同时也省去了浏览者的检索时间，直观高效。其政策解读的内容涉及该措施出台的背景、政策的梳理以及具体的操作流程介绍。北京市将政府制定政策系出于何种考虑的细节向大众公开的做法可以帮助公众了解政府举措的目的，减少政策实施的阻力。北京市复工复产的政策由相关的政府部门负责解读，比如由北京市人力资源和社会保障局对《关于进一步做好失业保险稳岗返还工作有关问题的通知》进行解读，由北京市财政局对《关于强化疫情防控重点保障企业资金支持的紧急通知》进行解读；北京日报、新华社等阅读量较大的权威媒体也会详细解读文件，加强政策举措的普及力度。在此基础上，北京市政府灵活运用多元的媒介平台宣传措施及其解读内容，比如其官方微信公众号"北京发布"会第一时间发布有关信息，打通各个渠道推广政府举措，加大宣传力度，确保中小微企业打破信息局限的屏障，因势利导，切实开展复工复产。

　　上海市也在"政策解读"专栏汇总了政府措施的解读文件，其中的"沪企业复工复产复市指南"自疫情发生以来已经更新了六版，深入指导在沪企业应对疫情的具体措施。

　　可见，政务公开工作的落实不光要将政策信息向社会传达到位，还要确保大众对于政策的准确理解，才能真正促使政府措施为目标受众所知所用，实现文件信息的价值，切实发挥政务公开环节在疫情防控阶段的关键作用。

（三）披露最新动态，提升政务质量

　　复工复产的新闻报道可以实时跟进相关政策的实时动态，有助于社会各界了解地方复工复产政策的推行进度，对内及时发现政策实施过程中出现的问题，对外便于大众监督复工复产政策的实施。自疫情发生以来，政府通过门户网站、微博、微信公众号等新闻媒介将复工复产政策实施的情况对外界第一时间公开，切实关注政策推行的有效性，提升政务工作开展的透明度，便于社会各界了解当地当地经济秩序恢复的最新

动态，通过社会各界的监督激励促进政务服务质量的提升。

调研发现，北京市在复工复产动态的跟进报道方面较为突出，对其他地区具有很好的示范作用。北京市在"中小微企业应对疫情"专栏的开篇位置开设了"最新信息"版块，汇总了疫情发生以来北京市各区企事业单位复工复产的最新动态，实时跟踪各企业对于政府措施的实施情况，并向社会大众阶段性汇报政府财税、人力资源等一系列政策的实施成效。另外，北京市还专门在"中小微企业应对疫情"专栏设置了"新闻发布会"栏目，收录了北京市政府召开的与企业应对疫情相关的新闻发布会，社会各界可以随时收看发布会视频，浏览相应的文字实录，了解政府的应对措施以及复工复产的最新动态，方便外界直观了解当地企业应对疫情的进展情况。宣传报道政府工作的实时进展是政务公开不可忽视的一个部分，对外便于社会各界了解政务工作的进度，对内能够形成有效的反向监督机制，激励政府工作实现质的飞跃。

（四）回应企业关切，调整政策方向

政务公开不能一味单向信息输出，更应该广泛听取群众关于政策的声音并作出回应，信息互动可以大幅提升政策的执行效率，激励政府出台更为务实的政策措施。疫情防控期间，出台有针对性的复工复产举措并高效推行需要第一时间了解中小微企业的燃眉之急，切实回应其关切。

青海省在回应社会关切方面的做法值得肯定。其复工复产服务网独立于政府门户网站，"企业和群众诉求及办理情况"版块位于网站的开篇中心位置，可以在该版块提交企业关于复工复产的诉求并附上联系方式，方便查询诉求答复情况。该版块实时显示诉求答复的进度，"已经办结"的分项中汇集了政府对于提交诉求企业的答复内容，为各企业推进复工复产所借鉴。黑龙江省和北京市也设立了企业复工复产情况调查通道、建议汇总栏目以及热点问题统一回答的版块，及时了解各企业在疫情期间的真实情况。黑龙江省政务服务网在"主题服务"一栏中设有防疫服务专题、工业企业复工复产诉求的版块，企业可填写复工复产诉求以寻求帮助。同时，黑龙江省在利企服务——企业服务——中小企业服务栏目中设立了"应对疫情，贯彻落实省政府支持中小企业健康发展政策意见"专栏,方便群众线上提出建议进行信息反馈。湖南省在政府门户网站的互动交流版块开设了面向省内企业的"新型冠状病毒肺炎疫情对湖南企业影响的调查问卷",问卷设有"疫情对贵企业生产经营的影响""预计贵企业账上资金能支撑多久""贵企业希望政府出台哪方面政策措施帮助企业渡过难关"等具有针对性的关键问题,便于政府根据信息反馈开展政务工作。

可见,政务公开的内容不仅包括政府出台的政策措施,也包括政府对群众诉求的回应情况。通过政务公开的方式倒逼政府部门尽快答复社会关切,突出问题导向,急群众之所急,以便及时调整政务工作的开展方向。

三 复工复产信息公开存在的问题

(一)公开平台建设尚有短板

调研发现,专栏平台的调研对象中共有 23 个省份设置了复工复产专栏,占比为 90.32%;有 16 个省份设置了中小微企业应对疫情的平台专栏,占比为 51.61%;有 10 个省份设置了与劳动者相关的平台专栏,占比为 32.26%。政府门户网站是政府信息公开的第一平台,但有 8 个省份的复工复产专栏仍然存在不足,相关专栏的缺失可能导致公众了解信息不畅。复工复产的信息发布必然涵盖劳动者、企业主体的相关政策,然而有 21 个省份没有设置劳动者的相关平台,有 15 个省份没有设置中小微企业应对疫情的专栏。由此可见,在政务公开中,官方网站平台的建设仍然存在不足之处,政府部门需要进一步加强平台建设,发挥政府门户网站权威官方的优势,进一步推进政务公开工作。

(二)政策文件公开仍有缺漏

在政务公开工作中,及时公开政策文件非常关键。通过此次复工复产信息公开的调研,项目组发现有 29 个省份公开了复工复产、惠企援岗的政策文件,占比为 93.55%;有 2 个省份没有公开复工复产政策条件,占比为 6.45%。调查对象虽然有限,但仍然反映了政务公开中的问题。针对政务公开工作中政策文件公开不到位的地方，应及时整改，按照政务公开的制度要求全面公开政策文件，便于社会大众第一时间获取所需信息。

调研发现，有11个省份对这些政策文件按照部门进行了分类，占比为35.48%；有4个省份对这些政策文件按照行业进行了分类，占比为12.90%。对政策文件进行分类有利于公众查找信息，对提高政务公开水平具有积极作用。此外，还有18个省份对复工复产、惠企援岗的政策文件进行了相关解读，占比为58.10%。通过对文件进行解读，增进公众对政务的了解，有助于政府举措的推行。未对文件进行分类及解读的省份不在少数，可见各地的政务公开需要进一步加强政策文件的解读力度，优化文件的公开方式。

（三）公开内容不具体

政务重要事务的详细公开，对公众了解政务工作、监督行政工作人员、参与行使权利有着重要的作用。公开复工复产情况有助于社会各界了解疫情期间复工复产的整体情况以及对复工复产政策的落实情况，总结了各市（区）阶段性的复工复产情况，同时也体现了政务公开工作的最新进展，具有一定的必要性。调研数据显示，复工复产信息公开工作还存在不足，公开的内容范围还不到位，需要政府相关部门进一步改进。

调研显示，有10个省份对企业复工复产后的风险排查及健康监测的措施进行了公开，占比为32.26%；有14个省份对企业复工复产后的防护措施进行了公开，占比为45.16%。仍然有21个省份未对企业复工复产的风险排查及健康监测措施进行信息公开，17个省份缺少对企业复工复产后防护措施的公开。

有6个省份汇总了各市（区）的复工复产情况，如湖南省、吉林省等，占比为19.35%，剩下25个省份都没有对各市（区）的复工复产情况进行汇总说明；有12个省份未能公开政府对企业应对疫情的财税政策；有10个省份没有对复工复产情况进行报道，这都不利于群众了解企业复工复产与相关政策的落实情况。

(四) 回应社会舆情的渠道不畅

政务公开制度对保障人民群众的民主权利，推进民主政治建设，促进社会主义民主进程有着重要的作用。其中，及时回应关切有利于维护广大人民群众的利益，有利于推动政务工作的进行。调研发现，在回应社会舆情的相关指标中，仅有7个省份在复工复产相关平台中设置了复工复产情况调查通道，占比为22.58%；仅有2个省份设置了复工复产建议汇总栏目，占比为6.45%；仅有8个省份设置了复工复产热点问答栏目，占比为25.81%。可见，政府在复工复产方面与企业、劳动就业者等市场主体之间的联系方式仍比较有限，多个省份未能提供让企业、劳动者反馈复工复产政策执行过程中遇到问题的沟通平台，难以及时准确地传达公众的需求，不能第一时间发现问题、解决问题，有针对性地调整政策方向。

四　展望

复工复产信息的公开对于疫情防控期间更好更快地恢复经济发展秩序、全面推进政务公开工作具有至关重要的意义。通过信息公开，政府部门将与社会各界切身相关的政策举措及落实动态清晰地展现在公众面前，加大政务工作的透明度。一方面，将各地复工复产的推进情况进行量化并借助信息媒体进行传播公开，能够激励复工复产政策的落实，将不足之处展现在"阳光下"，促使政府部门针对性地解决矛盾，对症下药，带动整体进程。另一方面，疫情防控期间复工复产信息公开是我国有序应对突发公共卫生事件、从容解决紧急情况的一个写照，是我国疫情期间政务公开工作的一项重要内容。将复工复产进展数据化，让世界各国能够了解到我国在疫情期间针对经济恢复方面的应对策略，也能够通过此类信息的公开给世界其他国家制定疫情应对政策提供一定的借鉴，也为后续再次出现类似紧急突发事件提供参考。突发公共卫生事件不可避免，每一次突发事件的发生和处置，都值得我们花时间与精力进行总结研究，为将来突发事件的应对积累经验教训。

调研显示，各个省份对于复工复产的信息公开还不到位，政府应当通过官方平台向公众展示复工复产的整体进展，发挥正向的宣传激励作用，为企业和劳动者提供一个良好的指引平台，帮助其进行科学与理性的判断，稳定疫情期间的市场秩序。由此可见，政务公开工作需要进一步完善和发展，提高信息公开的效率、扩展信息公开的范围，及时回应社会关切，稳定民心，从而提高政府工作的执行力。

（一）加强政府网站建设及专栏设置

提供富有针对性的专题专栏，对推进政务公开工作具有重要的意义。官方平台是市场主体了解国家政策的一个重要渠道，对于构建服务型政府、提升政务服务水平起着举足轻重的作用。疫情期间，各地应当在政府网站设置复工复产专栏，为各主体了解政策文件、解决相关问题提供专门的平台。各省份还需要加强政府官方平台的建设，提供与实时热点政策相关的网站平台。通过调研发现，西藏自治区、新疆维吾尔自治区的网站建设较为完善，其中平台的检索功能也十分新颖，检索内容也较为全面，值得其他省份借鉴。

（二）构建多渠道立体式公开

新时代的政务公开离不开新兴科技的运用，除了政府官方门户网站之外，还应该充分利用新媒体等多个官方渠道，如微博、微信公众号等，进一步扩大信息公开的范围，提升政务公开信息化水平。一方面，市场主体能够通过多个渠道了解最新公布的政策文件以及相关动向，同时多渠道的信息公开有助于复工复产政策的落实。另一方面，社会各界可以通过政务公开看到政府的切实作为，提升政府的公信力。

（三）构建互动公开更好回应关切

设置意见征询栏目，能够为公众提供一个参与政府工作的渠道，从而推动公众参与。根据《关于全面推进政务公开工作的意见》中的总体要求，各政府在官方网站建设中，应当注重意见征询平台栏目的建设。如在复工复产过程中，政府提供意见征询栏目能够便于公众反映在恢复生产秩序环节中遇到的问题，政府在收到相关意见后可以及时回应公众关切，解决与公众息息相关的问题，从而稳健推动复工复产的整体进程。回应公众关切是推动政务公开工作的重要一步，只有听取各主体意见，帮助各个主体及时解决问题，才能够提升政务公开水平。除了意见征询栏目之外，也应当设置相关建议汇总栏目。一方面，能够提高政务工作的效率，避免政府资源的浪费，提升政府的执行力；另一方面，能够及时解决公众遇到的同类型问题，及时答复，提高政务公开的效率与质量。

（四）细化政务公开清单

应当细化信息公开清单目录，什么信息可以公开，什么信息不能公开，应当尽可能提供一个明确的标准，以免因标准模糊引发不必要的治理混乱。通过信息细分对需要公开的政务进行多维整合，对"信息应当公开到何种程度"形成统一认识，在应急管理过程中不乱阵脚，主动应对。同时应当将政务进展形成实录，使得政务工作有据可查，便于群众获取相关信息，满足社会对于政府的信息需求，切实提升政务水平。

（五）灵活调整公开的范围及方式

公开内容应当及时更新，信息公开的范围也应当随着政务落实情况不断调整，及时优化信息公开的方式，同步政府措施的执行进展，全方位进行信息公开，真正实现政府工作的公开透明化。疫情防控期间，政府应当根据复工复产的进程动态调整公开的内容及方式，审时度势，灵活变通，第一时间给予公众最想要了解的信息，以公众获取信息最为便利的方式进行政务公开。通过信息全方位公开，帮助公众实时了解复工复产进展的总体情况，为企业日后的发展策略、业务办理提供据以预判的信息，根据复工复产的进展随时调整公司业务及生产活动的进程，推进企业整体业务发展不受疫情影响，同时出台的财税政策及实施情况，在一定层面上也能提振企业重新走上正轨、恢复正常运营的信心。

健康类科普信息公开的现状与展望

中国社会科学院法学研究所法治指数创新工程项目组[*]

摘　要： 党的十八大以来，党和政府空前重视全民健康，政府部门成为推行全民健康运动的主力军。作为增进全民健康的前提，具有普及健康知识、提升全民健康素养作用的健康类科普信息公开工作显得尤为重要。为了深入研究当前我国市级政府部门的健康知识科普情况，本文以49个较大的市政府作为调研对象，通过卫生健康委员会门户网站、微信公众号等网络平台进行调研，获取相关数据，分析了各市健康科普信息公开的现状、存在的不足及深层次原因，并提出相应的对策。

关键词： 健康中国　政务公开　信息公开　健康科普

一　普及健康类知识的必要性

健康类知识的普及对于提升国民综合素质具有重大意义。随着经济

---

[*] 项目组负责人：田禾，中国社会科学院国家法治指数研究中心主任，法学研究所研究员，中国社会科学院大学法学院特聘教授；吕艳滨，中国社会科学院法学研究所研究员、法治国情调研室主任，中国社会科学院大学法学院宪法与行政法教研室主任、教授。项目组成员：王小梅、王祎茗、车文博、冯迎迎、刘雁鹏、米晓敏、李士局、来雅娜、陆麒元、陈文、胡昌明、洪梅、栗燕杰（按姓氏笔画排序）。执笔人：李士局、来雅娜、陆麒元、陈文（按姓氏笔画排序），中国社会科学院国家法治指数研究中心学术助理。

社会的不断发展，人们越来越关注生活质量和生活品质，对自身身体健康的重视程度日益提高，自然需要不断普及健康类知识。健康知识的普及有助于让人民群众了解医疗卫生知识，有效预防和防范健康风险，对于节约医疗卫生资源、提高人民群众的生活质量颇有助益。

健康类知识对专业性要求比较高，但最了解健康卫生知识的医护人员相对还较为稀缺，广大人民群众了解健康知识的渠道有限，且在网络时代发展迅速的今天，各类涉及健康的错误信息甚至谣言容易误导公众。因此，权威、准确的健康类科普信息的公开和传播在当今时代显得尤为重要。

政府机关理应成为健康类科普信息公开的主力军。健康知识的普及是政府履职的一部分，是政府执政为民、以人民为中心的重要体现。这就需要各级政府部门积极作为，发布权威、准确的科普信息，满足群众的相关信息需求。由政府机关作为公开健康类科普信息的主体有助于确保科普信息的权威性、及时性、便民性。

二 现行健康类信息政务公开的要求

公开健康类信息本身就是相关部门政务公开的重要组成部分。2002年公布的《中华人民共和国科学技术普及法》第十七条规定，医疗卫生、计划生育等国家机关、事业单位应当结合各自的工作开展科普活动。这表明，医疗卫生健康部门应当承担加强医疗卫生等知识普及的职责。2015年10月，党的十八届五中全会首提"健康中国建设"。2016年10月，中共中央、国务院印发的《"健康中国2030"规划纲要》的第21章第4节强调推进健康相关部门依法行政，推进政务公开和信息公开；第4章第1节"提高全民健康素养"中规定，建立健全健康促进与教育体系，提高健康教育服务能力，从小抓起，普及健康科学知识。

健康中国行动推进委员会2019年7月9日印发的《健康中国行动（2019—2030年）》强调，人民健康是民族昌盛和国家富强的重要标志，要普及健康知识，把提升健康素养作为增进全民健康的前提，根据不同人群特点有针对性地加强健康教育与促进，让健康知识、行为和技能成为全民普遍具备的素质和能力，实现健康素养人人有。该《健康中国行动（2019—2030年）》还给出了健康中国行动主要指标，其中的健康知识普及行动指标如下：在健康中国重大行动中，健康知识普及行动列在第一项，在个人和家庭层面提到正确认识健康、养成健康文明的生活方式、关注健康信息、掌握必备的健康技能、科学就医、合理用药、营造健康家庭环境。在政府和社会层面，该文件提出到2022年和2030年，全国居民健康素养水平分别不低于22.00%和30.00%，建立并完善健康科普"两库、一机制"，建立并完善国家和省级健康科普专家库，开展健康科普活动；医务人员掌握与岗位相适应的健康科普知识，并在诊疗过程中主动提供健康指导；建立鼓励医疗卫生机构和医务人员开展健康促进与教育的激励约束机制，调动医务人员参与健康促进与教育工作的积极性；鼓励、扶持中央广电总台和各省级电台、电视台在条件成熟的情况下开办优质健康科普节目；动员更多的社会力量参与健康知识普及工作；开发推广健康适宜技术和支持工具；开展健康促进县（区）建设，着力提升居民健康素养。

2019年7月下发的《关于实施健康中国行动的意见》在基本原则中强调普及知识、提升健康素养；在主要任务中强调实施健康知识普及行动。2019年12月28日公布的《中华人民共和国基本医疗卫生与健康促进法》第四条强调国家和社会尊重、保护公民的健康权，国家实施健康中国战略，普及健康生活，优化健康服务，完善健康保障，建设健康环境，发展健康产业，提升公民全生命周期健康水平。同时，国家建立健康教育制度，保障公民获得健康教育的权利，提高公民的健康素养。其第六十七条规定，各级人民政府应当加强健康教育工作及其专业人才培养，建立健康知识和技能核心信息发布制度，普及健康科学知识，向公众提供科学、准确的健康信息；医疗卫生、教育、体育、宣传等机构、基层群众性自治组织和社会组织应当开展健康知识的宣传和普及。健康知识的宣传应当科学、准确。第六十八条规定，国家将健康教育纳入国民教育体系，学校应当利用多种形式实施健康教育，普及健康知识、科学健身知识、急救知识和技能等。国务院办公厅《2021年政务公开工作要点》也提出，要大力开展健康科普宣传。

2021年6月25日，国务院印发的《全民科学素质行动规划纲要

（2021—2035 年）》（以下简称《科学素质纲要》）在原则部分提出构建政府、社会、市场等协同推进的社会化科普大格局，强化政策法规保障，推动科普内容、形式和手段等创新提升，提高科普的知识含量，满足全社会对高质量科普的需求。《科学素质纲要》提出在"十四五"时期实施的五项提升行动，其中在青少年科学素质提升行动中明确提出建立校内外科学教育资源有效衔接机制，鼓励科学家、工程师、医疗卫生人员等科技工作者走进校园，开展科学教育和生理卫生、自我保护等安全健康教育活动。《科学素质纲要》在老年人科学素质提升行动中提出加强老年人健康科普服务，依托健康教育系统，推动老年人健康科普进社区、进乡村、进机构、进家庭，开展健康大讲堂、老年健康宣传周等活动，利用广播、电视、报刊、网络等各类媒体，普及合理膳食、食品安全、心理健康、体育锻炼、合理用药、应急处置等知识，提高老年人健康素养。充分利用社区老年人日间照料中心、科普园地、党建园地等阵地为老年人提供健康科普服务。《科学素质纲要》在"十四五"时期实施5项重点工程，在科普信息化提升工程中提出实施繁荣科普创作资助计划、实施全媒体科学传播能力提升计划和实施智慧科普建设工程。在基层科普能力提升工程中提出建立应急科普宣教协同机制、健全基层科普服务体系、实施基层科普服务能力提升工程和加强专职科普队伍建设等。

由此可见，虽然《政府信息公开条例》等公开方面的法规中未明确规定有关部门应公开涉健康类科普信息的内容，但有关专门法及文件均从加强知识普及角度，明确了有关部门公开有关科普信息的职责和义务。

三　健康类科普信息的公开现状

本文选取疾病预防、防灾减灾、疫情信息三个领域，于2021年2月至4月底就地方政府卫健委门户网站的科普信息公开情况进行调研分析。

（一）卫健委科普专栏建设情况

1. 卫健委门户网站专栏建设情况

对卫健委门户网站专栏建设情况调研主要考察的是有无科普专栏以

及专栏内容的多少和更新状况。调研对象为《中国政府透明度指数报告（2020）》中选取的49个较大的市政府。

在有无专栏方面，49个较大的市政府中，门户网站上有专门的科普栏目的仅有29家，占59.18%。在49个市政府中设有专栏的城市分别是：河北省石家庄市、辽宁省沈阳市、山东省济南市、吉林省吉林市、广东省广州市、甘肃省兰州市、河南省洛阳市、山西省太原市、辽宁省抚顺市、江苏省徐州市、广州省珠海市、宁夏回族自治区银川市、福建省福州市、辽宁省本溪市、福建省厦门市、河北省唐山市、广东省深圳市、湖北省武汉市、青海省西宁市、湖南省长沙市、四川省成都市、贵州省贵阳市、河北省邯郸市、浙江省杭州市、陕西省西安市、辽宁省鞍山市、山东省青岛市、内蒙古自治区呼和浩特市、山东省淄博市。

科普信息往往涉及生活的方方面面，信息种类繁多，在科普专栏中能对所有信息进行分类、标注或能进一步区分具体二级栏目的城市并不多。典型的如辽宁省沈阳市卫健委在专题专栏中设置了科普专栏，分为"健康沈阳"和"线上线下大讲堂"两部分，其中"健康沈阳"栏目中按照标题进行了简单明了的区分和提示，比如孕期知识标题为"孕妈课堂"、日常生活为"健康科普堂""全国疟疾日""全国爱眼日""世界无烟日""献血日"等。总的来说，"健康沈阳"偏向于生活常识科普，而"线上线下大讲堂"偏向于更专业的个别疾病护理，两个栏目相辅相成。广东省珠海市卫健委门户网站上的科普专栏设在门户网站首页的业务管理栏目中，除了"科教及宣传教育"栏目以外，还设有"疾病控制""妇幼健康""老年健康""职业健康"栏目，但内容是相关的通知和政策，科普内容集中于"科教及宣传教育"中。另外，其他市专栏有具体分类的还有山东省济南市、甘肃省兰州市、宁夏回族自治区银川市、广东省深圳市、湖北省武汉市、青海省西宁市、贵州省贵阳市、河北省邯郸市和四川省成都市，占全部调研对象的22.00%。

科普信息的更新是否及时在各城市间也存在较大差异。观察发现，大部分城市科普专栏更新得更加及时，定期运营该栏目的效果显著。但不少城市科普专栏内容更新存在断层现象。如福建省厦门市市民健康信息系统里的科普信息仅有10条，而且都是2013年更新的。甘肃省兰州市卫健委官网首页有健康服务专栏，在专栏中设有疾病预防、养生保健、用药知识和特色专科介绍四部分，其中疾病预防板块中自2013年3月26日到2020年4月16日，总共发布了193条信息，但是大部分内容是2016年及以前上传的，从2020年1月才又开始上传了几条信息，养生保健仅有2020年4月7日集中上传了5条内容，用药知识板块最新更新于2015年7月28日，最早一条是2013年3月6日，总共有109条信息。从发布时间可以发现，没有定期运维，发布缺乏常态化，2013年时大约一周一次，到2014年变成了一月一次，2015年变成了数月一次，2015年至今更是没有几条信息。表现比较好的如河北省邯郸市，其平均3天更新一条，浙江省杭州市平均两天更新一条，山东省淄博市平均一周更新两次。

随着经济的发展、科技的进步、便民理念的增强，政府机关门户网站的建设应该逐渐升级，其门户网站的页面设计也应该方便群众浏览，变得更加赏心悦目。调研发现，49家市卫健委门户网站的设计和建设各有千秋，但明显有较大进步空间的也有不少。河北省石家庄市卫健委的网站黄页设计略显老套，字体较小，各个功能的排列组合整体显得拥挤，且左侧有悬浮窗口无法关闭，有同样问题的还有山西省太原市。

有些城市虽然没有设置专门的科普专栏，但仍然可以通过网站内部检索功能检索到部分科普信息，或掺杂在信息公开栏目，或在新闻动态、通知公告栏目中。比如河南省郑州市卫健委在基本公卫服务栏目中设置了"公卫人应懂得134问（一）、（二）""公卫人应懂得34问、60问、100问"等内容，内有群众常见问题的整理汇总和回答。另外存在卫健委门户网站将页面转链接到其他网站进行科普的情况，如广东省广州市卫健委网站虽然有"卫生健康普法专栏"，内容从2019年4月26日开始到2021年4月30日，总共提供了31条信息，然而绝大多数信息是普法信息，没有专门的健康知识科普内容。但是在广东省广州市卫健委门户网站首页右侧位置有"健康广州，共创共享"专栏，可以链接到"网上健康教育馆"的网页，该网页是由广州市卫生健康宣传教育中心全权运营的网站。网上健康教育馆中包含各类科普信息，在"咨讯厅"中将所有信息分为5类，分别是"百病防治""生活健康""中医养疗""人群保健"和"本地信息"，信息从2013年7月开始到2021年1月19日共计发布了380条信息；此外该网上健康教育知识馆还设有知识库，可以检索关键词，提供的关键词丰富，且检索功能完善。

2. 卫健委官方微信公众号建设情况

随着微博、微信等平台的普及，借此传播科普信息会有更多、更广泛的受众。为此，除卫健委门户网站上提供的科普信息以外，课题组对49家较大的市是否同步开通微信公众号以及公众号上是否定期提供科普信息进行了简单了解。

通过卫健委门户网站提供准确官方公众号的有山东省淄博市、内蒙古自治区呼和浩特市等，没有提供但通过检索可以很快确定官微的是大多数，但也存在如安徽省淮南市一样难以确定官方微信的情况，安徽省淮南市卫健委并没有提供官方微信公众号，通过检索可以找到"健康淮南在线""健康淮南""淮南智慧医疗"等多个类似公众号，只有对内容进行鉴别才能确定哪一个才是官方微信。

从微信公众号建设开发情况来看，在全部对象中有29家在微信公众号上进行了健康知识科普，占全部评估对象的59.18%。在全部进行了科普教育的城市中，更新及时状况又各有不同。更新频率较快的包括广东省广州市、浙江省宁波市等。"广州健康通"微信公众号上平均每周更新一次信息，每次8条内容，辽宁省沈阳市和吉林省吉林市卫健委微信公众号上几乎每天都有更新，"健康宁波"公众号平均一周或两周更新5条内容。

个别城市微信公众号功能栏目设置还有待进一步完善。如山西省大同市卫生健康委员会有自己的微信公众号，虽然设置了健康科普模块，但点进去显示还在开发中。浙江省宁波市微信公众号中健康服务栏内虽设置了中医调理、老年保健、心理健康、饮食养生栏目，但栏目内并无相关内容。微信公众号内容需要进一步丰富完善的如江苏省无锡市卫生健康委员会微信公众号内信息直接链接江苏省无锡市卫生健康委员会门户网站，没有单独设计运营微信公众号。

（二）卫健委科普专栏内容建设情况

对49个较大的市卫健委网站科普专栏内容进行调研发现，有关弱势群体健康知识、部分疫苗信息、预防传染病知识、肠道性疾病知识、日常生活健康知识科普情况等还存在不少问题。

1. 有关弱势群体（老、孕、幼）健康科普较少

49个调研对象中，在门户网站内所公开的老、孕、幼健康科普知识较少，均未达到总数的一半，最多的只有22个（见图1）。

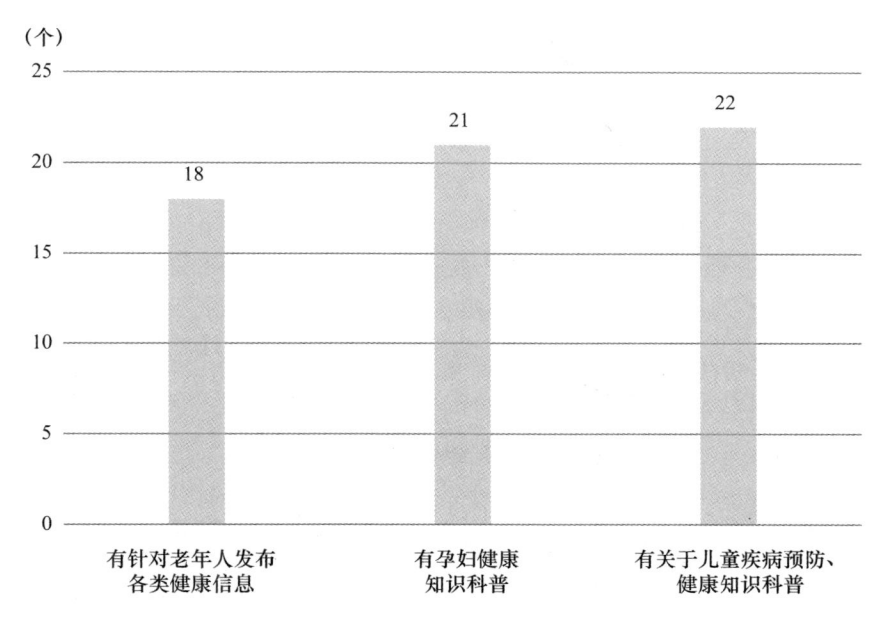

```
（个）
25
                          21         22
20      18
15
10
 5
 0
   有针对老年人发布    有孕妇健康      有关于儿童疾病预防、
    各类健康信息      知识科普         健康知识科普
```

图1 有关弱势群体（老、孕、幼）健康知识科普情况

2. 部分疫苗科普信息不足

疫苗信息科普方面，课题组分别对受女性关注度高的宫颈癌疫苗、常见的流感疫苗、乙肝疫苗以及新冠肺炎疫情暴发后研制出的新冠疫苗的科普信息公开情况进行了评估。有30个地方政府门户网站发布了有关新冠疫苗科普信息，比科普宫颈癌、流感和乙肝疫苗信息的门户网站数量多，这可能与现阶段防控疫情的现实需要有关（见图2）。在其他三种疫苗信息中，发布宫颈癌疫苗信息的门户网站数量最多，这可能是因为高价的宫颈癌疫苗和供求不平衡的现状增强了社会对宫颈癌疫苗的关注度，宫颈癌疫苗在一些地方一针难求，只能按计划分配，引起了公众的关注，对宫颈癌疫苗的科普程度自然高于其他疫苗。但是，仍有23家门户网站没有宫颈癌疫苗的科普信息，其他疫苗的科普信息更是缺少。

(个)

图中数据：
- 有宫颈癌疫苗科普信息：26
- 有流感疫苗科普信息：23
- 有乙肝疫苗科普信息：19
- 有新冠疫苗科普信息：30

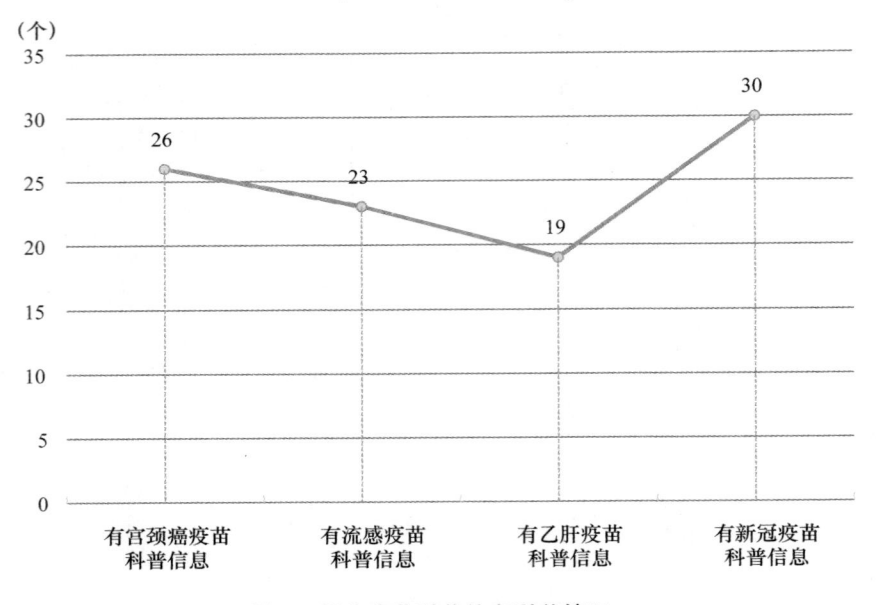

图 2　部分疫苗科普信息科普情况

因此，整体上看，地方卫生健康委员会门户网站疫苗科普工作进展不容乐观，需要加强对疫苗信息科普力度，进一步推动科普信息公开化、大众化。

3. 传染病科普情况有待改进

传染病大范围、跨区域传播会对公众健康造成巨大威胁。在医疗科技发达的今天，仍有一些传染病一旦感染就无法治愈，比如通过血液、母乳等方式传播的艾滋病。调研中对艾滋病、疟疾、肺结核、麻疹、鼠疫科普防控知识等进行了观察。

从图 3 可以看出，在 49 个城市中，有 8 个城市发布了有关鼠疫的防控知识，15 个城市发布了麻疹科普信息，18 个城市发布了疟疾科普信息，23 个城市发布了艾滋病和肺结核科普信息。显然，不同种类的传染病科普情况的差异性较大，与艾滋病和肺结核相比，各地城市的鼠疫科普信息较少，这可能跟我国当前人民生活卫生情况有关。进入 2020 年，我国实现全面脱贫攻坚战的胜利，人民群众的生活条件得到极大改善，医疗技术和卫生状况明显转好，鼠疫传染的可能性降低，患

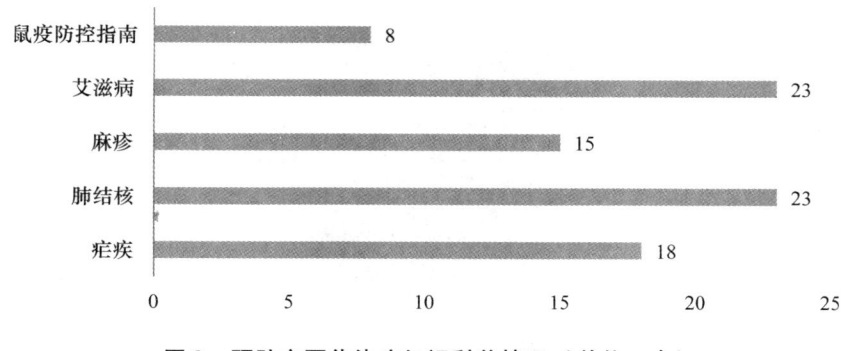

病率降低，所以一些城市未将对防控鼠疫的科普宣传作为重点。

图3 预防主要传染病知识科普情况（单位：个）

肠道性传染病是全球最为常见的传染病之一，其发病率较高，而且流行范围广，尤其在天气炎热的夏季肠道性传染病发病率更高。经常发生的肠道传染疾病多为急性细菌性传染疾病，如细菌性痢疾、伤寒、霍乱以及食物中毒等。大多数肠道传染病发病会有恶心、呕吐、腹痛、腹泻、食欲不振等胃肠道症状，有些伴有发热、头痛、肢体疼痛、全身中毒等症状，若治疗不及时，可引起严重的并发症，甚至导致死亡。因此，一旦被传染将对社会和家庭造成很大的困扰和影响。如何更好地控制和预防肠道传染病应当是社会和相关部门关注的焦点。

调研发现，49个城市中，发布了肠道性传染病预防科普的城市有18个，仅占总数的36.73%，近三分之二的城市没有发布有关信息（见图4）。

4. 日常生活健康科普知识不齐全

重视预防各种传染病的同时，人民群众也要在日常生活中养成良好的生活习惯，才能保持身体健康，避免患上疾病。为此，课题组调研了预防近视、全国爱牙日、熬夜危害、健康饮食科普、"三高"（高血脂、高血压、高血糖）健康知识科普等。调研发现，发布日常生活健康知识科普的城市也没有达到半数，发布"三高"科普知识的城市最多，但只有23个；而发布熬夜危害科普知识的城市更少，只有8个，连总数的六分之一都未达到（见图5）。其他健康科普知识的发布情况也有待加强，发布预防近视科普知识的有20个，发布全国爱牙日科普的15

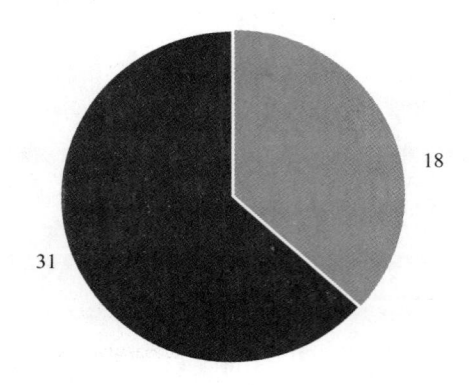

图4 肠道性传染病预防科普情况（单位：个）

■ 有预防肠道传染病科普信息　　■ 无预防肠道传染病科普信息

个，日常健康饮食科普的21个。

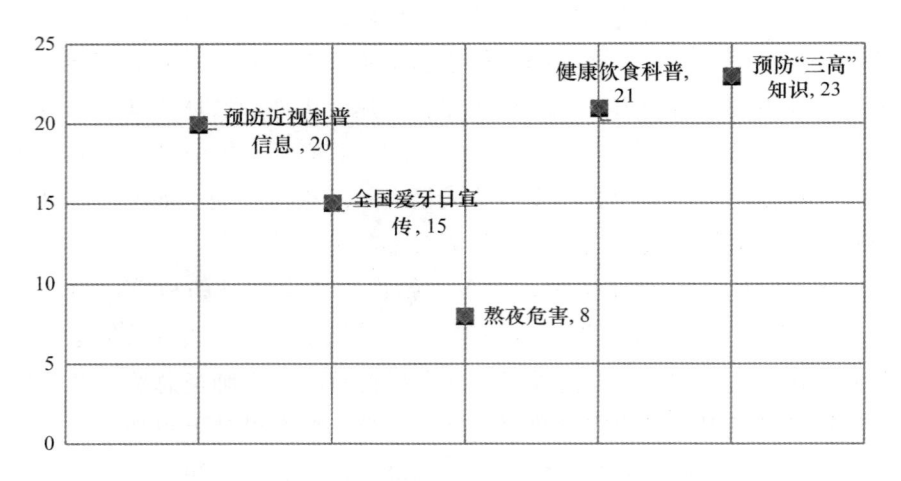

图5 日常生活健康知识科普情况（单位：个）

预防近视科普信息, 20；全国爱牙日宣传, 15；熬夜危害, 8；健康饮食科普, 21；预防"三高"知识, 23

（三）疫情信息科普

以2020年以来肆虐全球的新冠肺炎疫情的科普信息为例，2020年初，各省市政府和卫健委就陆续通过政府门户网站、卫健委门户网站、新闻发布会、网格员等多种途径发布有关新冠病毒的各种科普知识。科普内容从最初的了解新冠病毒、正确佩戴口罩、健康居家，到后期及时更新疫苗接种注意事项、进口冷冻链食物安全问题、国外变异病毒的科普等，科普内容随着现实需要发展日益丰富，但各省市科普状况和更新程度各不相同。例如，河北省政府门户网站除了设置专题平台以外，还单独设置了科普板块，但2021年仅更新了一条，2020年1月25日到10月19日共计发布了163条科普信息，是唯一一个政府门户网站上提供疫情科普信息的省份。吉林省政府网站从2020年2月11日到2021年1月25日共发布了500条内容。天津市卫健委网站疫情防控专栏中的防控知识自2020年1月25日到2020年11月24日共发布了322条内容，但并没有2021年以来的最新更新内容。辽宁省政府网站的疫情防控专题中发布的防疫科普信息从2020年1月26日到4月26日总共更新了190条，但2021年以来没有任何更新，辽宁省卫健委提供的疫情平台中的疫情科普信息自2020年1月24日到2021年1月27日共更新了310条信息。福建省卫健委提供的疫情防控平台上的疫情科普信息从2020年1月20日到2020年4月27日共247条，提供了防疫普法功能，2020年2月15日以来共提供了24条信息，福建省政府提供的专题上自2020年1月23日到2021年1月18日共发布了33条，2021年更新了2条。与之对比明显的是黑龙江省，黑龙江省政府提供的疫情防控专题中的科普信息从2020年4月10日至2021年4月30日共计发布355条，黑龙江省卫健委网站自2020年1月23日到2021年1月29日共发布31条科普信息，但内容不全是关于疫情的。另外，在卫健委提供的疫情防控专题中的"知识战疫"中有52页，共780条信息，但仅有一小部分是关于新冠的。北京市卫健委网站的专栏首页有北京肺炎总览，并且以图表等形式呈现，且北京市政府的疫情防控专栏在设计上更加美观，在栏目设置上分别为最新信息、新闻发布会、北京健康宝、相关服务、防控指南，同时还设置有英文版本。

除了数量上的差异，信息更新及时程度也各有差异。以发布新冠疫苗接种注意事项科普的时间来看，最早的是福建省，更新于2020年12月26日，陕西省信息更新于2021年1月7日，上海市更新于1月19日，天津市更新于2021年3月21日。另外，上海市、吉林省、天津市、辽宁省没有公开与流调相关的科普内容，关于隔离期间的健康科普只有少数隐晦的居家隔离或居家健康知识，并没有集中隔离期间的任何科普信息，关于国外变异病毒的科普信息仅有吉林省在微信平台上于1月推送了一篇"变异病毒来了我们怎么办的"文章，其他调研对象均没有相关内容。

政府信息公开和科普信息发布同时也是与谣言赛跑的过程。为此，不少地方政府都公开了辟谣信息，及时澄清谣言、回应社会关切。但调查发现，各地政府虽发布了一些辟谣信息，但普遍内容不多。如上海市的辟谣信息在新闻栏目中，共6条内容。福建省辟谣信息掺杂在科普信息之中。广东省政府门户网站中有1则辟谣消息，但时间为2020年1月。陕西省官网、天津市、辽宁省、广东省卫健委、黑龙江省政府没有找到任何辟谣信息。

四 原因分析

总体来看，政府机关公开健康类科普信息的情况不够理想，这可能是由以下原因造成的。

（一）对科普信息公开不够重视

步入新时代，党和政府对政府信息公开的重视程度达到前所未有的高度，把信息公开作为保障公民实现民主选举、民主决策、民主管理和民主监督的重要途径。但是，科普信息并没有受到政府部门的足够重视，政府信息公开工作一直侧重于行政事务的公开，对科普信息的重视程度还有极大提升空间。政府有关部门往往会在传染病病例出现以后，再集中进行防治信息科普，导致健康类科普具有一定的滞后性。

（二）科普信息公开缺乏统一规范与要求

科普知识公开工作没有统一的规范和要求，负责网站建设与信息公开工作的工作人员对科普工作的要求并不摸底，到底需要公开哪些科普信息，到底达到什么程度才算合格，没有统一的标准与规范，缺乏权威性的指导，抑制了科普信息公开工作的发展。

(三) 科普专业队伍建设不足

长期以来，各级政府部门普遍面临从事政务公开的专门人员不足、专业性有待提升等困难，科普信息宣传方面也存在同样的问题。而且，各级政府部门往往无专门性机构、无专职人员负责，缺乏有针对性培训，网络平台科普建设能力不足，科普工作重点把握不准，科普队伍人员综合素质有很大的提升空间。

(四) 政府部门科普职责分工不够明确

根据《中华人民共和国科学技术普及法》的有关规定，我国国家机关、武装力量、社会团体、企事业单位、农村基层组织等其他组织都应在各自的范围内开展科普工作，健康类科普信息主要由国家卫生和计划生育委员会（现称国家卫生健康委员会）负责。为了推动健康科普工作开展，原国家卫生和计划生育委员会办公厅在2015年发布了关于印发《健康科普信息生成与传播指南（试行）》的通知，文件包含健康科普信息的定义，健康科普信息生成的原则与流程，健康科普信息传播原则与要求等内容，但没有对系统内上下级部门的科普职能分工作出明确规定，没有明确是由国家部委负责明确健康科普的范围与内容，下级部门只负责转发传达科普信息，还是上下级都有义务负责科普信息的生成、传播工作，这导致出现上下级职能不清，分工不明。同时，对科普工作的成效没有一个明确具体的评价标准，也未建立奖惩激励机制，在有权无责的工作情况下，地方政府部门科普工作动力不足，主动性不强。

五 展望

当前卫生健康委员会的科普信息建设仍有较大提升空间，为进一步推动科普信息公开的完善，有以下几点建议。

（一）提升科普信息公开的意识

做好健康类科普，相关部门就必须要提升对科普工作的重视程度，把科普工作视为政务公开的重要组成部分，提升科普信息公开的意识。同时，加强有关工作人员的培训，可以开展科普信息公开基本认识和重要性宣讲方面的培训，在培训内容、时间、周期和方式等方面充分考虑如何切实提升科普信息公开水平。

（二）明确科普信息公开标准与范围

为了规范科普信息公开工作，政府部门应当制定标准，比如，确定哪类科普信息属于公开的范围，在科普专栏内根据信息的类别分设小专栏，同时，保证那些日常性或重要的科普信息应当予以公开，以及科普信息公开的形式尽量多元化等，进而确定了科普信息公开的要求，明确了有关工作人员开展科普信息公开工作的内容。

（三）加强科普信息公开平台建设

政府网站是政务公开的第一平台，因此，科普信息公开仍然要坚守政府网站这一平台，涉及相关职能的部门及地方政府应当在门户网站设置专门的科普栏目，及时发布、更新科普类信息，提升信息发布的针对性、准确性、趣味性。同时，要充分发挥新时期政府自媒体的作用，利用政府机关运营的各类微平台、自媒体平台传播政府机关发布的权威科普信息，提升公众知晓度。

（四）善用社交媒体平台发动全社会有序参与

在保证科普信息的正确性的基础上，应提高宣传力度，扩大宣传范围，实现科普信息公开的最大效益。加强各新型传播媒介的监管，避免各大健康博主"蹭热度""博眼球"式的随意扭曲或过度解读信息，避免将正确的科普信息沦为歪曲的"真相"。本次调研只选取了微信公众号一项新媒体渠道，事实上，目前微信、微博、抖音等都成为中国网友发表言论、表达自己以及获取信息的重要途径，利用好新媒体平台，有利拓宽公众获取科普信息的途径，实现健康知识共享，充分发挥科普知识的作用。

(五) 保证科普信息公开及时、权威

疫情发生后中国政府对于相关医疗卫生知识科普公开的迅速开展，充分说明了我国政府具有超强的能动性、抗压性和对突发事件的应对能力。但是，危难之际爆发的能力不能在危难缓解之后便弃置一旁。保障政府门户网站等信息发布平台高效运营，明确科普信息更新频率，及时处理陈旧过时的科普信息，确保科普信息符合时代性科学性。同时，要建立科普信息发布机制，规范日常科普知识宣传，提高应对突发卫生事件的科普宣传能力，保证科普信息公开及时、准确、权威。

后　记

　　自 2018 年以来，中国社会科学院国家法治指数研究中心及中国社会科学院法学研究所法治指数创新工程项目组对全国政务公开工作持续进行评估、总结、分析，并出版《中国政府透明度》年度性报告，本书是项目组编辑出版的第四本年度性报告。

　　政务公开是一项关系国家治理、关系法治政府建设、更关系人民群众切实利益的制度设计，因此，积极推动这项制度的落地，需要政府机关内部进行交流沟通、互通有无、取长补短，也需要政府机关保持开放的心态，加强与学术界、社会公众之间的交流，以广泛研究政务公开需求、深入探讨满足群众需求的路径。本书是学术机构搭建的一个跨部门、跨领域的工作展示平台和交流沟通平台，目的是客观展示政务公开成效，推动这项制度向纵深发展。

　　新的一本书更名为《中国政务公开发展报告（2021）》。与之前的年度报告相比较，这本书收录的报告有几点变化。第一，各地方各部门政务公开工作的稿件逐步从总体上、宏观上描述本地方本部门的工作转向了总结分析政务公开具体领域的探索创新和面临的问题，体现了政务公开的问题导向。换言之，与之前面面俱到描述各自相差不大的总体情况相比，今年的文章更多地是从纵深推进政务公开角度，探讨政务公开更为具体的问题，研究如何实现政务公开与社会治理、政务服务、法治政府建设等的深度融合。第二，适度收录了政府部门之外的稿件。它山之石可以攻玉，适当听取行业外的声音有助于更全面地认识自身工作的成效与不足。从来源来看，本次报告既有中国社会科学院国家法治指数研究中心及中国社会科学院法学研究所法治指数创新工程项目组新增加的几项评估和调研报告，也有来自其他院校的学者、法官、律师的研究分析。第三，适度收录了其他领域的调研评估报告。本次年度报告除了继续发布基于2020年对部分抽样对象政务公开工作的评估结果外，还新增加了对全国自贸区和自贸片区政务公开工作的评估报告，以及对政府新闻发布、复工复产信息公开、健康类科普信息公开的调研报告。

自2009年以来，课题组坚持不懈地对政务公开工作做第三方评估，目的是希望与政府部门一起把公开做得更好，助力法治政府建设，让包括我们自己在内的广大群众受益。多年来，各级政府部门日渐开放包容，以从事公开为乐、以做好公开为荣。这也让我们深有成就感。

《中国政务公开发展报告（2021）》的编撰过程继续得到了全国各地专家学者和实务部门的关注和支持。本书也得到中国社会科学出版社社长赵剑英先生、副总编辑王茵女士和责任编辑李沫老师的关心和帮助。广州大学法学院讲师、广州大学粤港澳大湾区法制研究中心研究员王凌光以及中国社会科学院大学硕士研究生王雅凤、牛婉云、史青平、刘梁伟、刘智群、齐仪、李士局、李士钰、来雅娜、肖丽萍、余楚乔、陆麒元、陈文、苑鹏飞、胡景涛、哈云天、袁紫涵、顾晨瀚、候素枝、郭楚滢、唐菱、陶奋鹏、梁洁、梁钰斐、彭执一（按照姓氏笔画排序）协助对本书书稿进行了校对。我们对此深表感谢！

衷心欢迎各界朋友继续关心和支持这份报告！

编　者

2021年8月